살아 있는 민주시민교육

살아 있는 민주시민교육

학교 교실에서 정치·사회적 이슈 다루기

박윤경 지음

사회평론아카데미

살아 있는 민주시민교육

학교 교실에서 정치·사회적 이슈 다루기

2024년 2월 25일 초판 1쇄 인쇄
2024년 2월 29일 초판 1쇄 발행

지은이 박윤경
편집 이소영·조유리·홍미선
디자인 김진운
마케팅 김현주

펴낸이 윤철호
펴낸곳 (주)사회평론아카데미
등록번호 2013-000247(2013년 8월 23일)
전화 02-2191-1545
팩스 02-326-1626
주소 03993 서울특별시 마포구 월드컵북로6길 56
이메일 academy@sapyoung.com
주소 www.sapyoung.com
ISBN 979-11-6707-140-8 93370

사랑하고 존경하는 박승일, 김정하님과

나의 소중한 가족에게

머리말

　2023년 10월 프랑크푸르트 통신박물관에서는 'Arguments, An approach'라는 제목의 기획 전시가 열렸다. "취향(taste)에 대한 논쟁이 가능한가?"라는 질문으로 시작한 이 전시는 논쟁의 정의와 규칙에 대한 설명과 함께, 예술, 사랑, 권력 및 파업 등에 대한 논쟁적인 질문들을 던지며, 민주적 공동체에서 논쟁이 왜 필수적이며, 무엇에 대해, 어떻게 논쟁할 수 있을지를 어린이의 눈높이에 맞춰 친절하게 안내한다. 이 전시의 팸플릿에는 논쟁이 인간 의사소통의 핵심이며, 민주적 공동체 내에서 긍정적이고 흥미로운 논쟁은 우리에게 이해를 촉진하고 관점을 교환하며 가교를 구축할 수 있는 기회를 제공한다고 밝히고 있다. "폭력은 말이 끝나는 곳에서 시작된다."는 한나 아렌트의 글귀를 담은 배너가 전시장 입구에 놓인 이유를 짐작하게 한다.

　필자에게 이 전시가 인상 깊게 다가온 이유는, 학교 민주시민교육이 우리 사회에서 담당해야 하는 것들이 있는데 정작 잘 이루어지고 있지 않다는 사실을 떠올리게 했기 때문이다. 학자들은 사회 구성원들을 민주적 시민으로 길러 내어 민주주의 사회가 잘 작동하도록 하는 것이 학교 교육의 책무이자 약속이라고 말한다. 또한 민주적 시민은 중요한 정치·사회적 이슈에 대해 잘 알고 있고 자신과 입장이 다른 사람들과의 대화와 토론을 통해 합리적인 대안을 모색하는 능력을 갖추어야 한다고 강조한다. 이처럼 정치적 문해력을 갖춘 시민을 기르기 위해서는 학교에서 정치·사회적으로 논쟁적인 이슈들에 대해 탐색할 수 있는 충분한 기회를 제공해야 할 것이다. 그러나 "우리 사회에서 학교 민주시민교육의 약속이 잘 지켜지고 있는가?"라는 물음에 대한 답은 다소 회의적이다.

오늘날 학교 밖 사회는 합리적 대화와 토론보다는 진영 논리에 따라 양극단으로 대립하는 정치적 양극화의 양상을 띠고 있다. 이질적인 입장을 가진 사회 구성원들이 공존하면서 합리적 대안을 모색해 나간다는 민주주의의 전제가 위협받고 있는 것이다. 그만큼 정치·사회적 이슈를 다루는 것이 학교 구성원에게 더 위험한 일이 되어 가고 있다. 정치·사회적 이슈에 대한 대화와 토론이 더 필수적으로 요청되지만 학교 교실에서 다루기는 오히려 더 어려워진 아이러니한 상황이다. 하지만 그렇기 때문에, 또는 그럼에도 학교에서 새롭게 민주시민교육의 길을 찾아야 하는 과제가 우리 앞에 놓여 있다.

그렇다면 우리 사회의 민주주의 발전에 기여하기 위해 무엇을 어떻게 해야 할 것인가? 어떻게 하면 논쟁적인 시대에 토론이 결핍된 교실을 정치·사회적 대화의 안전지대로 만들 것인가? 이 책은 시민교육에 대해 연구하고 가르치는 사람으로서 이 질문들에 답하고자 하는 하나의 시도이다. 다만 이론적 언명을 넘어 학교 구성원인 학생들의 생생한 목소리로부터 답을 찾고자 한다는 점에서 기존 접근 방식들과는 차이가 있다. 필자는 2013년부터 2016년까지 3년간 우리나라 청소년들의 시민성 형성 과정과 특징을 탐색하는 연구를 통해 삶의 배경이 다른 다양한 초·중·고 학생들과 만나 사회 현안과 이슈에 대해 이야기를 나누었다. 아울러 학교에서 정치·사회적 이슈 다루기에 대한 학생들의 인식을 조사했다. 질적 연구자로서 필자는 학생들의 생각을 있는 그대로 드러낼 수 있는 연구 장치를 고안하여 학생들과 여러 정치·사회적 이슈들에 대해 질서 있는 대화를 나누는 과정에서 민주시민교육의 가능성을 엿보았다. 이 책에서는 이를 중심으로 학교 민주시민교육의 과제와 가능성에 대해 다루고자 한다.

이 책은 6부로 이루어져 있다. 1부에서는 학교에서 정치·사회적 이슈를 다루는 것의 필요성과 효과에 대해 설명하고 정치·사회적 이슈 교육을 둘러싼 쟁점들에 대해 소개한다. 2부에서는 호주제 존폐 논쟁과 인구 문제를 중심으로 초·중등 사회과 교과서에서 정치·사회적 이슈를 다루는 방식에 대해 검토한다. 3부에서는 정치·사회적 이슈 학습에 대한 초·중·고 학생들의 인식 조사 결과를 제시한다. 이와 함께 초등학생들의 이슈 대화 및 토론 경험에 대해 다룬다. 4부에서는 학교 교실에서 정치·사회적 이슈를 다루기 위한 교육 전략을 제시한다. 구체적으로 이슈 토론 주제의 선정과 토론 자료 구성 방식에 대해 설명한다. 5부에서는 4부에서 제시한 전략에 따라 이슈 토론에 참여한 학생들의 반응을 분석하여 비대립적 이슈 대화 및 토론의 가능성에 대해 검토한다. 6부에서는 이슈 수업을 둘러싼 다양한 쟁점들에 대한 학생들의 생각을 다룬다. 학교 교실에서 사회적으로 민감한 이슈를 다루는 것, 이슈를 다룰 때 교사의 역할 등에 대한 학생들의 목소리를 확인할 수 있다. 1부의 문제의식이 전체적으로 연결되는 방식으로 내용이 구성되어 있지만, 각각의 장은 독립적인 문제를 다루고 있으므로 관심 있는 내용을 먼저 읽어 나가는 것도 가능하다.

이 책은 우리나라 청소년의 시민성에 대한 연구물들을 정리하기에 앞서, 민주시민교육의 방향성과 전략에 대해 고민하는 학교 현장에 좀 더 직접적으로 도움이 될 만한 내용을 간단하게 정리할 생각으로 기획되었다. 한국연구재단의 지원을 받아 수행한 「한국 청소년 시민성 형성에 대한 질적 연구(2013~2016)」를 바탕으로 발표한 논문 6편과 그 이전에 사회과에서 논쟁적인 이슈를 어떻게 다룰 것인지에 대한 문제의식을 담아 발표한 논문 3편을 함께 묶었다. 각 논문은 하나의 완결성을 갖는 독립된 연구물이지만 민주시민교육의 방향성과 대안을 모색한다는 문제의식이 좀 더 잘 드러날 수 있도록 내용을 해체하여 재구성했다.

이 책이 나오기까지 많은 분의 도움을 받았다. 단행본 발간을 위해 공저한 논문의 사용을 흔쾌히 허락해 주신 조영달 교수님과 이승연, 박정서 박사님에게 감사드린다. 초고를 꼼꼼하게 검토하고 더 나은 책이 될 수 있도록 노고를 아끼지 않으신 출판사 편집팀에도 감사한 마음을 전한다. 이미 발표된 논문들을 한 권의 책으로 묶고 펴내는 데 예상보다 긴 시간이 걸렸다. 그 과정에서 필자의 크고 작은 고민거리들을 함께 나눠 준 가족들에게 감사의 마음을 전한다.

이 책에는 고등학교와 대학에서 가르치며 연구해 온 30여 년의 시간을 통해 형성된 필자 나름의 작은 믿음이 깔려 있다. 우리 사회의 현실은 녹록지 않지만 그래도 더 나아질 수 있다는 희망이 있으며, 그 희망의 씨앗은 학교 교실에서 교사와 학생, 학생과 학생들 사이의 만남을 통해 싹틔울 수 있다는 것이다. 이 사회는 완벽하지 않고 우리 각자도 완전하지는 않지만, 우리가 다른 사람들과 수평적인 상호작용을 통해 배울 수 있다면 최선의 완벽한 답은 아닐지라도 지금 가장 나은 대안을 찾아 나갈 수 있을 것이다. 불완전한 사회 구성원들이 모여 더 진일보한 사회를 만들어 나가는 데 무엇보다 중요한 것은 함께 답을 찾아 나가는 것이며, 그 통로가 바로 공적 대화와 토론이다. 안타깝게도 현재 우리 사회에서 가장 찾아보기 어려운 것이기도 하다. 현재이자 미래 시민으로서 학생들이 학교에서 정치·사회적 이슈에 대한 대화를 나누면서 안전하고 자유롭게 자신의 정치적 지향을 탐색하고 자신과 다른 입장을 가진 타인과 소통하는 민주시민으로서의 자질을 기를 수 있는 더 많은 기회가 제공되기를 바란다. 이런 기대를 안고 부족한 책을 펴내며 독자들의 관심과 목소리를 기다린다.

2024년 2월
박윤경

차례

1부

학교에서 정치·사회적 이슈 다루기가
왜 중요하고, 무엇이 문제인가?

1 학교 민주시민교육과 정치·사회적 이슈 대화 및 토론[1]

1) 정치적 양극화 시대의 학교 민주시민교육

최근 우리 사회에서는 경제적 양극화만이 아니라 정치적 양극화(political polarization)가 사회 발전을 저해할 수 있다는 우려의 목소리가 높다(김성연, 2015; 장철준, 2020; 정동준, 2018). 이와 더불어 정치적 지향성이 다른 사회 구성원들이 사회적으로 중요한 문제를 해결하기 위해 머리를 맞대어 탐구하고, 우선하는 가치를 논하며, 더 바람직한 대안을 모색한다는 합리적 논쟁의 가능성도 의심받고 있다. 정치적으로 양극화된 사회에서는 자신과 정치적 입장이 다른 상대방을 인정하여 "공존 가능한 이견"을 받아들이거나(박상훈, 2015: 295-298; 장철준, 2020: 119-120에서 재인용) "정치적 정보를 편견 없이 받아들여서 자신의 입장을 합리적으로 조정"하기보다는(김성연, 2015: 462) 이미 고정된 정치적 프레임, 이른바 "당파적 입장" 또는 "당파적 편향(partisan bias)"에 따라 쟁점에 대한 입장을 형성하는 당파적 배열이 강화되기 때문이다(정동준, 2018). 문제 해결을 위해 틀을 활용하는 것이 아니라 문제를 틀에 맞추는 전치 현상이 일어나고 있는 것이다. 이러한 정치적 양극화가 공고화되면 "합리적 공존의 부재"와 "정치적 갈등 격화"(김성연, 2015: 460)가 이어져 민주주의의 미래에 대한 전망을 어둡게 한다.

그렇다면 오늘날의 이러한 상황 속에서, 우리나라 청소년들이 성장기 중 대부분의 시간을 보내는 학교에서 이루어지는 민주시민교육에서 가장

---

1   1장의 내용은 필자의 졸고 「정치사회적 이슈 스토리 기반 토론에 대한 초중고 학생들의 반응 분석: 학교 민주시민교육에의 시사점」(박윤경, 2020)의 내용 일부를 재구성하여 작성하였다.

주목해야 할 점은 무엇일까? 학교 민주시민교육의 목표가 청소년들의 민주시민성 함양에 있다고 할 때, 그동안 민주시민성은 민주시민이 갖추어야 할 기능(또는 형식)과 덕목(또는 내용)을 중심으로 논의돼 왔다(김왕근, 1995). 이에 비해 학생들이 어떤 정치적 지향성을 가진 시민으로 성장하는가에 관심을 두고 이에 대해 논의하는 일은 학교 교육에서 다루기에는 다소 위험한 주제로 여겨졌다.

우리나라에서는 2020년에 처음으로 학교 교육의 테두리 안에 있는 만 18세 청소년들이 국가 및 지역 사회의 대표자를 선택하는 참정권의 주체가 되어, 이른바 '시민'으로서 투표권을 행사했다. 대표자를 선출하는 행위는 자신이 살아가는 사회가 어떤 모습이기를 바라는지와 연결되는 중요한 정치적 의사 결정 과정이며, 또한 민주시민으로서 자신의 '정치적 관점'을 확인하는 과정이기도 하다. 따라서 '첫 유권자'와 '예비 유권자'를 가르치는 학교 교육의 테두리 안에서 '좁은 범위의 선거 교육'을 넘어, 보다 넓은 의미에서 학생들의 정치적 의사 결정을 돕기 위한 교육 기회를 제공할 필요가 있다.

2) 청소년의 정치적 문해력과 정치·사회적 이슈 대화 및 토론

이와 관련하여 최근 민주시민성의 요체로서 정치·사회적 이슈에 대한 시민 개개인의 의사 결정과 판단 능력의 중요성이 부각되고 있다. 이른바 정치적 문해력(political literacy)에 대한 요구이다(강영혜 외, 2011: 25). 정치적 문해력이란 정치 체제 및 사회 이슈에 대한 이해와 더불어 서로 다른 정치적 관점을 평가하는 사고력을 포함한다(박윤경·박정서, 2018: 78).

정치적 문해력 향상을 위한 구체적인 대안과 관련하여 정치·사회적 이슈에 대한 대화 및 토론이 다시 주목받고 있다. 정치·사회적 이슈란 "사람들 사이에 중대한 의견의 차이가 있는 정책에 대한 질문"(McAvoy & Hess, 2013: 36), 또는 "한 사회의 구성원들이 비교적 지속적으로 관심을 가지며 정치적 견해에 따라 입장의 차이를 드러내는 문제"라고 할 수 있다(박윤경·박정서, 2018: 80). 이러한 특성으로 인해 이슈를 해결하는 과정은 필연적으로 "서로 다른 의견을 가진 사람들 사이의 대화와 토론을 포함한 상호 작용을 수반"한다(박윤경·이승연, 2015a: 92). 이런 측면에서 미국의 민주시민교육학자인 한(1991)은 이슈와 관련한 토론이 민주 정치의 핵심을 차지한다고 보았다(Hahn, 1991).

그동안 정치·사회적 이슈 대화 및 토론 경험이 정치에 대한 청소년들의 흥미와 지식 함양, 민주적 가치와 기능 발달, 참여적 행동 촉진 등 여러 측면에서 시민성 발달 효과를 보인다는 다수의 연구 결과들이 축적되어 왔다. 일례로 부모와 정치 토론을 가진 경험이 자녀의 정치 지식, 공적 의사소통 능력, 공동체 봉사 활동에 강력한 영향을 미치고(Mclntosh, Hart, & Youniss, 2007: 495-497), 가정이나 학교에서의 정치적 대화나 토론 경험이 청소년들의 시민 참여에 핵심적인 역할을 수행한다는 연구 결과가 있다(Andolina et al., 2003). 더 나아가 이슈 토론 참여가 이슈에 대한 지식 이해는 물론 민주적 가치 형성과 정치 참여 증진을 포함한 민주시민성 함양에 효과적이라는 점이 강조된 바 있다(Hess, 2009: 3; Hess & Posselt, 2002). 특히 개방적이고 편안한 분위기에서 이슈 토론에 참여한 학생들이 정치에 대한 흥미와 정치 효능감 향상을 경험한다는 연구 결과도 있다(Hahn, 2010).

이런 점에 비추어 볼 때, 학생들에게 정치적 쟁점을 내포한 이슈와 관련해 대화하거나 토론하는 기회를 제공하는 일은 학교 민주시민교육에서 매우 핵심적인 부분을 차지한다(Hess, 2009: 37). 따라서 이슈와 관련한 대화와 토론이 이루어질 수 있는 교육 환경을 어떻게 조성할 것인지에 대해 구체적으로 고민하고 실천하려는 노력이 필요하다. 그러나 실상은 이런 기대와는 거리가 멀다. 우리나라의 학교 민주시민교육 현황에 대한 연구에 따르면 교실에서는 여전히 지식 전달 중심 수업이 이루어지고 있으며, 수업 중에 사회 현상을 적극적으로 다루지 못하고 있는 것으로 나타났다(한국교육개발원 보도 자료, 2020.02.17.). 이는 우리 사회의 학생들이 학교에서 정치·사회적 이슈와 관련한 대화나 토론의 경험을 많이 갖지 못한다는 선행 연구와 일맥상통하는 결과이다(박윤경·이승연, 2015b).

따라서 이슈에 대해 대화하고 토론하는 기회를 학교 민주시민교육의 장으로 가져오기 위한 적극적인 방안 모색이 필요하다. 이를 통해 학생들은 서로 다른 생각과 의견을 가진 사람들과 상호 작용하면서 스스로의 정치적 지향성을 탐색하는 기회를 제공받을 수 있다. 각자 나름의 정치적 지향성을 가진 시민으로 성장할 학생들이 좀 더 이른 시기부터 자신과 다른 관점을 가진 사람들과의 안전한 정치적 대화를 경험한다면, 사회 전체적으로 더 많은 자기 성찰과 타협의 가능성, 합의점을 고민하는 시민 구성원으로 자라나 양극화를 완화하는 토대를 만들어 낼 수 있을 것이다.

2 정치·사회적 이슈의 개념과 민주시민교육 효과[2]

1) 정치·사회적 이슈의 개념 및 특징

이슈란 일반적으로 논쟁거리가 되는 주제나 문제를 뜻하는데, 청소년

....

2   2장의 내용은 필자가 공저한 「초등학생의 정치·사회적 이슈 대화 및 토론 경험 분석: 청소년 시민성 교육에의 시사점」, 「초·중·고 학생들의 정치·사회적 이슈 및 이슈 토론 관련 인식 조사: 학교 시민 교육에의 시사점」(박윤경·이승연, 2015a, 2015b)의 내용 일부를 재구성하여 작성하였다.

시민성 측면에서 중요한 이슈는 사회 구성원 다수의 관심을 반영하는 공적 이슈이다. 미국의 사회학자 밀즈(1959, 2000)는 공적 이슈(the public issues)가 개인 문제(the personal troubles)와는 달리 개인의 국지적 환경과 내적 생활 범위를 초월하는 공적인 쟁점이라고 설명한 바 있다(Mills, 1959, 2000). 이슈는 사실·정의·가치나 신념의 차이로 인해 사회 구성원 간 의견이 불일치하여 토론이나 논쟁을 불러일으킬 수 있는 문제들로, 결정적이거나 "옳은" 답이 없는 문제들이다(Evans, Newmann, & Saxe, 1996; 박윤경·박정서, 2018). 국내 학계에서 이슈가 쟁점, 공공 쟁점, 공공 문제 또는 논쟁 문제(controversial issues) 등으로 명명되는 것에서 짐작할 수 있듯이 이슈는 개인적이라기보다는 사회적 차원의 문제들이며, 사회 구성원 사이에서 의견이 대립하지만 아직 사회적 판단이 완결되지 않은 문제들이다(박윤경, 2006: 74; 차경수, 2000: 89). 이러한 이슈의 논쟁적이고 공적인 특성에 비추어 볼 때, 정치·사회적 이슈는 "사회 구성원의 관점에 따라 생각과 입장의 차이가 드러나는 정치, 사회적으로 중요한 문제"라고 정의할 수 있다(박윤경·이승연, 2015b: 92).

이렇듯 논쟁적인 정치·사회적 이슈는 사회 구성원 사이에 "중대한 불일치를 불러일으키는 공공 정책에 대한 질문들"로서, 현실 사회에서 발생하는 공적 문제에 대응하는 공공 정책을 만들기 위해 채택해야 하는 실제적인 질문들이기도 하다(Hess, 2009: 37). 따라서 정치·사회적 이슈에 대응하기 위해 민주 사회의 구성원들은 이러한 이슈에 관심을 갖고, 잘 알기 위해 노력하며, 이를 해결하는 활동에 참여하는 데 필요한 자질들을 갖출 필요가 있다. 이런 이유로 일찍이 많은 학자들이 정치·사회적 이슈를 학생들의 시민성 함양을 위해 학교 교육에서 다루어야 할 중요한 내용으로 강조했다(Hess, 2009, Hunt & Metcalf, 1996; Oliver & Shaver, 1966).

2) 정치·사회적 이슈 대화 및 토론의 효과

가치 대립적인 이슈의 본질적인 속성에 비추어 볼 때, 민주 사회에서 이슈를 다룰 때 가장 적합한 방법은 대등한 관계의 구성원들 사이에서 이루어지는 논리적인 대화와 토론이다(Hess, 2009: 28, 구정화, 1999: 3-4; 노경주, 2000: 98). 이슈와 관련한 답을 구하는 과정은 찬성과 반대 중 어느 한쪽이 다른 한쪽을 논파할 때까지 벌이는 대결이 아니라, 서로 다른 의견을 확인하고 의견을 종합하여 좀 더 나은 대안을 마련해 가는 과정이다(McAvoy & Hess, 2013: 36). 따라서 이슈 토론을 공동의 문제 해결을 위해 시민들이 함께 숙고하는 과정으로 상정하고, "문제 해결을 위해 논쟁이 되는 이슈에 대하여 대립되는 의견들을 진지하게 고려"하는 데에 중점을 둘 필요가 있다(Avery, Levy, & Simmons, 2013: 104).

이슈 대화 및 토론은 민주시민성 형성이라는 측면에서 다양한 효과를 갖는 것으로 보고되고 있다. 예를 들어 부모, 친구, 교사와 정치·사회적 이슈와 관련해 대화하고 토론하는 행위가 청소년의 시민성 발달 및 시민 참여 능력 계발에 매우 핵심적인 역할을 한다는 연구 결과가 제시된 바 있다(Andolina et al., 2003; McIntosh, Hart, & Youniss, 2007; Torney-Purta et al., 2001). 1996년 미국 교육부에서 3600여 명의 고등학생과 그의 부모들을 대상으로 수행한 전국가계교육설문조사(National Household Education Surveys)를 분석한 결과에 따르면, 부모의 시민적 능력, 행동, 태도, 수입, 종족성과 같은 부모 특성이 아니라 청소년과 부모 간의 정치 토론이 청소년의 네 가지 시민적 성과인 국가 뉴스 모니터링 정도, 정치 지식, 공적 의사소통 능력, 공동체 봉사 활동에 강력하고 광범위한 영향을 미치고 있음이 드러났다. 부모 특성 중에서는 부모의 지식만이 청소년의 정치 지식에 영향을 주는 것으로 나타났다. 즉 부모가 정치적 정보의 원천으로 기능하고, 자녀와 정치 토론을 나눌 때, 자녀의 정치 지식을 포함한 시민성 발달에 주요한 역할을 수행할 수 있다는 것이다(McIntosh, Hart, & Youniss, 2007: 495-497; 박윤경·이승연, 2015a). 또 참여적인 청소년들에게 영향을 미친 요인에 대한 연구에 따르면, 가정에서의 좋은 역할 모델, 학교에서의 시민교육 경험, 외부 집단이나 개인으로부터 시민 참여와 관련된 초대를 받은 경험이 유의미한 효과를 발휘한 것으로 나타났다(Andolina et al., 2003). 여기서 주목할 점은 가정과 학교에서의 정치적 대화나 토론이 시민 참여에 핵심적인 역할을 수행한다는 점이다. 가정에서 정규적으로 정치 토론을 하거나 정치적 대화를 자주 듣는 환경에서 자란 청소년들은 정치 뉴스에 더 관심을 갖고, 시민적 활동에 더 자주 참여하는 경향을 보였다. 또한 학교에서 교사가 정치나 정부 관련 문제에 대한 열린 토론을 장려했을 때 시민 행동 관련 점수가 증가했으며, 교실 토론에 참여하여 자신들의 활동을 이야기하도록 장려된 학생들이 봉사 활동을 더 열심히 수행했다. 즉 부모가 누구냐, 학교에서 무엇을 했느냐보다는 부모와 정치적 대화나 토론을 하고 학교에서 정치·사회적 이슈와 관련해 이야기를 나누는 경험을 갖는 것 자체가 청소년의 시민 참여 능력 계발 및 시민성 발달에 핵심적임을 알 수 있다. 28개국 9만 명의 학생을 대상으로 이루어진 국제교육성취도평가협회(International Association for the Evaluation of Educational Achievement, IEA)의 연구에서도, 개방적인 교실 분위기에서 이루어진 이슈 토론이 학생들의 시민 지식, 민주적 가치에 대한 지지, 정치 토론 참여 및 정치 참여를 예측하는 중요한 변수로 나타났다(Torney-Purta et al., 2001; Hess, 2004: 257에서 재인용). 이 연구에 따르면 개방형 교실 분위기에서 학생들은 "이슈를 조사하고 자신과 동료의 의견을 탐구하는 장소로 교실을 경험"한다.

또한 이슈 토론에 참여하는 행위는 관용과 같은 민주적 가치를 형성하고, 이슈에 대한 지식 이해를 도울 뿐 아니라 정치 참여를 증진하는 효과가 있다(Hess, 2009: 3). 이와 더불어 정치에 대한 흥미도와 정치적 효능감 향상(Hahn, 2010)은 물론 시민으로서의 마음가짐(Hess & Posselt, 2002)이나 마음의 습관[3]을 형성할 수 있다(Sheppard, Ashcraft, & Larson, 2011). 이슈 토론과 학습 환경과의 관계를 분석한 연구에 따르면(Hahn, 2010), 개방되고 편안한 분위기에서 이슈 토론을 한 학생들은 정치에 대한 흥미도 및 정치 효능감 향상을 경험할 수 있는 것으로 나타났다. 국내에서도 이슈 토론 학습에 참여한 후 학생들의 학업 성취도가 향상되고 토론 능력의 중요성 인식과 토론에서의 자기 효능감 등이 증가했다는 연구 결과들이 있다(박윤경·이승연, 2015b; 오연주·김종훈, 2012; 이광성, 2002). 이처럼 시민성 교육에서 시민성을 일종의 사고 형식 또는 절차로 보는가, 또는 내용 또는 덕목으로 보는가에 대한 입장 차이와 관계없이 이슈 토론의 교육적 가치는 널리 지지되고 있다. 이상의 논의를 통해 부모, 친구, 교사와의 정치·사회적 이슈에 대한 대화와 토론 경험이 청소년의 민주시민성 형성 및 발달에 매우 핵심적임을 알 수 있다.

....

3   시민으로서의 마음의 습관은 이슈를 언어적으로 명료하게 이해하는 개념적 덕(conceptual virtue), 이슈에 대한 개인의 대응에 영향을 줄 수 있는 경험적·감정적 맥락을 이해하는 심리적 덕(psychological virtue), 자료 읽기, 조사, 질문, 토론을 통해 이슈에 대한 지식을 확인하는 인식론적 덕(epistemic virtue), 시민으로서의 갖추어야 할 바람직한 속성을 이해하는 정치적 덕(political virtue)을 뜻한다(Sheppard, Ashcraft, & Larson, 2011: 75-76).

3 정치·사회적 이슈 다루기의 도전과 쟁점[4]

미래 사회의 시민들을 교육하여 민주주의가 잘 작동하도록 하는 것은 민주 사회에서 학교 교육이 갖는 주된 책무이다(Gutmann & Ben-Porath, 2015: 4). 이를 위해 학교 교육에서는 모든 학생이 민주적 거버넌스 과정에 참여하는 능력을 기를 수 있는 기회를 제공해야 한다. 구트만과 벤포랏 (2015)은 정치적 문제에 대해 숙고하는 능력이야말로 학생들이 민주 사회에서 좋은 삶을 살기 위해 필요한 핵심적인 능력으로, 다른 사람들의 관점에 대한 상황 지식과 이해 및 평가를 요구한다고 보았다(Gutmann & Ben-Porath, 2015: 1). 학교 교육에서 학생들에게 정치·사회적 이슈와 관련한 학습 기회를 제공하는 것도 이런 지점에서 교육적 정당성을 획득한다. 실제로 그동안 많은 학자들이 학교 교육의 민주적 소명을 위한 이슈 학습의 중요성을 역설해 왔으며(Evans, Avery, & Pederson, 2000; Hahn, 1991; Hunt & Metcalf, 1996; Ochoa-Becker, 2007; 노경주, 2000; 조영제, 1998), 이슈 학습이 시민성 형성에 갖는 효과에 대한 연구도 축적되어 왔다(Andolina et al., 2003; Hahn, 2010; Hess, 2009; Hess & Posselt, 2002; Torney-Purta et al., 2001; 오연주·김종훈, 2012; 이광성, 2002). 하지만 여전히 학교 교육에서 정치·사회적 이슈를 다루는 것은 도전적인 과제로 받아들여지고 있다.

미국의 사회과교육학자 헤스(2004)는 학교에서 정치적으로 논쟁적인 문제를 다루는 것을 둘러싼 현실적인 쟁점을 다음의 네 가지로 정리했다(Hess, 2004: 257-258).

---

4   3장의 내용은 필자가 공저한 「학교 수업에서 정치사회적 이슈를 다룬다는 것의 의미 이해: 서울 지역 중·고등학생들에 대한 질적 사례 연구」(박윤경·조영달, 2020), 「초·중·고 학생들의 정치·사회적 이슈 및 이슈 토론 관련 인식 조사: 학교 시민 교육에의 시사점」(박윤경·이승연, 2015b)의 내용 일부를 재구성하여 작성하였다.

첫째, 가장 기본적으로는 사람들이 일반적으로 정치적 문제에 대한 논쟁을 회피하고 싶어 한다는 점이다. 민주 사회 구성원들에게 필수적으로 요구되는 자질임에도 사회적으로 정치적 쟁점에 대해 논쟁하는 것을 싫어하는 분위기가 만연해 있다는 것이다. 바로 이러한 역설을 해결하기 위해, 히빙과 타이스모스(2002)는 학교 교육과정에서 정치적 논쟁을 다룸으로써 "논쟁이 민주주의의 불행한 부산물이 아니라 핵심적이고 중요한 요소 중 하나임"을 가르치자고 주장했다(Hibbing & Theiss-Morse, 2002). 하지만 논쟁에 대한 일반적인 혐오감이 학교 교육에서 정치적 이슈를 다루는 것을 가로막고 있다(Hess, 2004: 257).

둘째, 민주주의 교육의 목적에 대한 견해들이 상이하다는 점이다. 민주 사회의 좋은 시민에 대한 상이 어떠하냐에 따라 정치적 이슈와 관련한 토론을 중요하게 여길 수도 있지만, 그렇지 않을 수도 있다는 것이다.

셋째, 논쟁적인 정치 문제를 다룸으로써 특정 입장을 학생들에게 주입할 수 있다는 우려이다. 교사가 특정 입장을 최상의 답변으로 제시해서만이 아니라 특정 이슈를 다루는 것 자체가 세뇌라는 비판에 직면할 수 있다는 것이다.

넷째, 학교에서 어떤 이슈를 우선적으로 다루어야 하는지에 대한 갈등이 존재한다는 점이다.

한편 박윤경과 이승연(2015b)은 이슈 학습을 둘러싼 국내 쟁점을 크게 이슈 학습의 도입 여부와 시기의 문제, 이슈 학습 주제와 내용 선정의 문제, 이슈 학습에서 교사의 역할에 대한 문제로 정리했다(박윤경·이승연, 2015b: 57-58). 첫 번째 쟁점은 학교 교육에서 이슈 토론을 도입하는 일이 필요한가뿐 아니라, 이슈 학습을 초등학교 단계에서부터 다뤄야 하는가에 대한 문제이다. 전자는 헤스가 제시한 민주주의 교육의 목적에 대한 논쟁과 연관된다. 두 번째 쟁점은 어떤 이슈를 선정할 것인가의 문제뿐 아니라 학교에서 사회적으로 민감한 이슈를 다루는 일에 대한 의견 불일치이다. 이는 헤스(Hess, 2004)가 제시한 이슈 선정 논쟁과 연관된다. 세 번째 쟁점은 이슈 학습에서 교사가 이슈에 대한 옳은 답을 제공하거나 자신의 의견을 공개해도 좋은가와 같은 질문과 관련된 문제이다. 이는 헤스가 언급한 주입 문제와 연관된다. 각각에 대해 좀 더 자세히 이야기해 보자.

1) 이슈 도입 시기의 문제

이슈 도입 여부 및 시기의 문제는 학교 교육에 정치·사회적 이슈를 도입하는 것이 적합한가, 도입한다면 언제부터가 적절한 시점인가를 둘러싼 의견 대립이다. 이와 관련하여 이슈 중심 교육이 현실적이지도 않고 학습 효과도 부족하다는 입장이 있는가 하면, 이와 달리 이슈 학습이 유용할 뿐 아니라 실천 가능하다는 입장이 있다(구정화, 2009: 2-3; 노경주, 2000: 87).

이슈 도입에 찬성하는 입장에서도 초등학교에서의 이슈 학습 도입 여부를 중심으로 적절한 도입 시기가 언제인지에 대한 논란이 있다. 반대론자들은 초등학생들이 인지 발달 측면에서 보았을 때 이슈에 대한 지식과 정보가 부족하고, 이슈를 다루기에는 인지적으로 미성숙하다는 점을 주요 논거로 삼는다(구정화, 2003: 3-4; 노경주, 2000: 84-90). 이에 대해 노경주(2000)는 초등학생들이 이슈를 다루는 문제는 학생의 삶과 연관된 교육을 한다는 점에서 존재론적 당위성을 가질 뿐 아니라, 고차 사고력 함양이라는 측면에서 교육적 유용성도 가지고 있다고 역설한다(노경주, 2000: 86-91). 또한 구정화(2003)는 초등학생들이 이슈를 다루는 것이 학습 내용으로서 유의미하며, 실제로 민주시민성과 관련된 효과를 검증한 연구들이 존재한다는 점을 강조한다(구정화, 2003: 3-4). 이와 관련해 초등학교 교사들 사이에서는 5학년부터 이슈 토론이 가능하다는 의견이 가장 많았으며(구정화, 2003: 13), 실제로 초등학교 고학년을 대상으로 논쟁 문제에 대한 학습 기회를 제공하여 교사의 역할에 따라 효과가 달라짐을 검증한 연구가 이루어진 바 있다(이광성, 2002). 하지만 이슈 학습 관련 연구들은 여전히 대부분 중·고등학교를 중심으로 이루어지고 있다(구정화, 2009: 11).

2) 이슈 주제 선정의 문제

이슈 토론의 주제 및 내용 선정 문제는 교실에서 어떤 이슈를 다루는 것이 적합한가를 둘러싼 의견 대립이다. 이는 한편으로는 내용 선정과 관련된 선택의 문제일 수 있지만, 핵심은 학교에서 사회적으로 민감한 이슈를 다루는 것이 적합한지를 둘러싼 입장의 불일치에 있다. 정치·사회적 이슈는 내용 범위와 특성을 기준으로 사회 구조적이며 닫힌 금기 영역의 주제와 사회 정책적이며 공론장에서 논의 가능한 주제(구정화, 2009; 오연주, 2005)로 대별할 수 있다. 많은 학자가 사회 구성원 간의 갈등이 존재하지만 사람들이 공적으로 거론하는 것을 회피하는 닫힌 영역(closed areas)이나 금기 주제(taboo), 또는 가치나 신념에 따른 의견 대립이 발생할 수 있는 도전적인 문제를 다룰 필요가 있다는 점을 강조해 왔다(Evans, Avery, & Pederson, 2000; Hunt & Metcalf, 1996; 노경주, 2000; 박윤경·이승연, 2016; 오연주, 2014). 노경주(2000)는 기존의 학교 교육이 "지나치게 보수적이고 객관주의적이며 긍정적인 견해만을 학생들에게 제시해 왔다"라고 비판하며, "사회 구성원들 간에 심각한 갈등이 존재하거나 모순이 은폐된, 도전적이고 심층 탐구를 요구하는 문제"를 다룰 필요가 있다고 주장했다(노경주, 2000: 87-89). 그러나 2000년도 이후 이슈 및 이슈 토론 관련 연구 동향을 분석한 결과, 선행 연구들은 금기 문제와 공론 문제 중에서 이미 사회적으로 공론화된 주제를 다룬다는 점에서 상대적으로 "보수적 관점"의 연구 경향을 보이는 것으로 나타났다(구정화, 2009: 14-15).

국내의 보수적 연구 경향과는 달리 초·중등 학생들은 사회적으로 민감한 이슈를 수업에서 다루는 것에 대해 상당히 긍정적으로 반응한 것으로 나타났다(박윤경·이승연, 2015b). 현재 학생들이 학교 이슈 수업과 관련된 사회적 논쟁에서 직접적인 이해 당사자로 등장하고 있다는 점에서, 학생들이 생각하는 민감한 이슈의 의미와 이러한 이슈를 학교 수업에서 다루는 것에 대한 의견을 확인할 필요가 있다.

3) 이슈 토론에서 교사 역할의 문제

이슈 토론에서 교사 역할의 문제는 이슈 토론 과정에서 교사가 어떤 입장을 취하는 것이 적절한지에 대한 의견 대립이다. 이는 구체적으로 교사가 이슈에 대한 옳은 답을 제공해야 하는가, 아니면 서로 다른 의견을 제시하는 대신 중립적이어야 하는가, 또 자신의 의견을 공개해야 하는가라는 질문과 관련된다. 이에 대한 학계의 논의는 주로 켈리(Kelly, 1986)와 헤스(Hess, 2004)의 교사 역할 유형을 중심으로 이루어져 왔다.

켈리(1986)는 교실 수업에서 이슈를 다루는지 여부, 이슈를 다룰 때 이슈에 대한 서로 다른 견해를 모두 제공하는지 여부, 그리고 교사가 자신의 의견을 공개하는지 여부를 중심으로 교사의 역할 유형을 크게 배타적 중립형(exclusive neutrality), 배타적 편파형(exclusive partiality), 중립적 공정형(neutral impartiality), 공정한 참여형(committed impartiality)으로 구분했다. 배타적 중립형은 교실에서 교사가 중립적인 지식 외에는 어떠한 논쟁적인 주제도 소개하지 않는 입장이고, 배타적 편파형은 논쟁 문제를 다루기는 하되 어느 하나의 입장만을 일방적으로 제시하여 학생들이 받아들이도록 유도하는 입장이다. 중립적 공정형은 학생들에게 다양한 시각으로 논쟁 문제를 학습할 기회를 제공하되 교사가 어떤 입장을 취해서 교육해서는 안 된다는 입장이며, 공정한 참여형은 다양한 논쟁 문제를 학습할 수 있도록 환경을 조성하되 교사가 교육적으로 바람직하다고 생각하는 방향에서 신념을 가지고 지도하는 입장이다(박윤경, 2006).

국내 학자들은 대부분 네 가지 유형 중에서 공정한 참여형을 교사의 바람직한 역할로 제안한다(노경주, 2000; 조영제, 1998; 차경수, 1994). 차경수(1994)는 우리 사회의 특성에서 논거를 찾고 있으며, 조영제(1998)는 사회적 기본 가치로서의 민주적 신념을 전달한다는 측면에서 필요성을 주장한다. 노경주(2000)는 초등학교라는 특수성에 비추어 공정한 참여를 강조했다. 이와 달리 교사를 이데올로기적 편향성을 가진 존재로 파악하고 교사가 중립적 입장을 취해야 한다는 주장도 제기된 바 있다(이윤호, 2003).

교사와 학생의 인식을 살펴본 연구에 따르면, 서울 지역 고등학생들이 기대하는 교사의 역할은 공정한 참여형(구정화, 1999)인 반면, 경인 지역 초등학교 교사들은 중립적 공정형을 가장 적합한 유형으로 인식하는 것으로 나타났다(구정화, 2003). 한편 광주 시내 초등학교 6학년을 대상으로 한 연구에 따르면, 교사가 중립형이나 설명형보다 공정형의 역할을 취할 때 학생들의 학업 성취도가 더 높아졌다는 결과도 있다(이광성, 2002).

헤스(Hess, 2004)는 중·고등학교 사회과 교사들이 논쟁적인 정치적 이슈를 다루는 방법을 분석한 후, 이슈 학습에 대한 교사들의 접근 방식을 크게 부인(denial), 특혜(privilege), 회피(avoidance), 균형(balance)으로 구분했다. '부인'이 교사가 특정 이슈의 논쟁성 자체를 인정하지 않는 방식이라면, '특혜'는 논쟁적이라고 생각하는 이슈를 특정 관점에서 가르치는 방식이다. '회피'는 논쟁적인 이슈를 다루기 싫어하는 유형인데, 주된 이유는 논쟁적 이슈를 다룸으로써 사회적 논란을 일으키고 싶지 않거나 교사 스스로가 이슈에 공정하게 접근할 수 없다는 두려움을 가지고 있기 때문이다. 마지막으로, '균형'은 학생들이 논쟁적인 이슈와 관련된 다양한 관점에 노출될 수 있도록 이슈를 다루는 방식이다. 이와 관련하여 중·고등학교 교사들을 대상으로 조사한 바에 따르면, 쟁점과 관련된 다양한 관점을 학생들에게 소개하고 공정하게 다루려는 '균형' 입장의 교사가 가장 높은 비중을 차지하는 것으로 나타났다(오연주, 2014).

한편 서울 지역 초·중등 학생들은 이슈 수업에서 '서로 다른 의견을 모두 알려 주어야 한다'라는 문항과 '교사가 자신의 의견을 공개하는 것이 좋다'라는 문항에 모두 긍정적으로 반응했다(박윤경·이승연, 2015b).

이상의 연구 결과를 살펴보면, 교사, 학생, 학자 모두 논쟁적인 이슈와 관련된 다양한 관점을 수업에서 다루어야 한다는 점에 대해서는 대체로 의견이 일치하지만, 교사가 이슈에 대한 견해를 밝히는 것이 좋은지에 대해서는 입장이 다른 것으로 보인다. 하지만 인식 조사 연구의 한계로 인해, 학생들이 교사 의견 공개의 의미를 어떻게 이해하고 있는지에 대해서는 파악하기 어렵다. 따라서 교사의 의견 공개가 주입이나 교화로도 읽힐 수 있는 현실적 상황을 고려할 때, 학생들이 교사의 의견 공개에 대해 어떠한 기대와 우려를 갖는지 좀 더 면밀히 확인할 필요가 있다.

이상의 쟁점들 중에서 정치적 양극화 현상이 대두하는 현 시점에서 상대적으로 중요성이 부각되고 있는 쟁점들은 학교 수업에서 정치·사회적으로 민감한 이슈를 다루어도 좋은가 하는 문제와 교사가 이를 수업에서 어떻게 다룰 것인가 하는 문제이다.

2부

교과서는 정치·사회적 이슈를 어떻게 다루는가?[1]

1 정치·사회적 이슈와 교과서

교과서에서 정치·사회적 이슈를 어떻게 다루어야 하는지에 대한 문제는 지금까지 국내 학계에서 깊이 있게 논의되지 못했다. 사회과를 중심으로 이루어진 기존 연구들은 이슈 학습과 관련하여 교과서보다는 주로 교사의 역할에 주목해 왔다. 이는 교사들이 수업 내용 및 방법을 결정하는 최종 의사 결정자라는 점에 비추어 볼 때 일견 타당한 접근법이라고 할 수 있다. 하지만 교사들이 수업을 준비할 때 가장 먼저 보는 것이 교과서(박윤경, 2001: 134)라는 점에서, 수업과 관련해 교사들이 내리는 최종적인 의사 결정에 교과서가 중요한 영향을 미치고 있음을 무시할 수는 없다. 다른 한편, 교과서는 학생들에게 직접적으로 노출되어 있는 공식적인 학습 매체다. 학생들은 교사를 통하지 않고도 스스로 교과서를 해석할 기회를 갖는다. 교과서에서 주제를 제시하는 방식은 학생들의 학습 방향에 영향을 줄 수 있다.[2] 이처럼 교과서가 교사의 의사 결정 및 학생들의 학습에 미치는 영향을 고려할 때, 교과서에서 정치·사회적 이슈를 어떻게 다루는 것이 적합한가

....

1   2부의 내용은 필자의 졸고 「사회과 교과서에서 사회적 논쟁 문제를 다루는 방식: 호주제를 중심으로」(박윤경, 2006)와 「초등학교 사회 교과서의 인구 교육 내용 분석」(박윤경, 2012), 「미국 초등학교 사회 교과서의 인구 교육 내용 분석: 사회과 인구 교육에의 시사점 도출」(박윤경, 2013)의 내용을 재구성하여 작성하였다.

2   학계와 교육 현장에서는 교과서를 '학습의 자료'로 규정하고 '교과서에 대한 학습'보다는 '교과서를 활용한 학습'을 지향하고 있다. 하지만 교과서의 기능이나 위상에 대한 새로운 정의가 제시되고 있지만, 교과서는 여전히 교실 수업에서 가장 핵심적인 학습 매체로 기능하고 있다. 사회과 교실 수업에 대한 질적 연구 결과들에 따르면, 교사들은 수업을 설계하기 위해 가장 먼저 교과서를 참조하며(박윤경, 2001), 교과서를 해설하는 방식으로 실제 수업을 진행하기도 한다(이혁규, 1996; 조영달, 2001). 이런 현실에 비추어 볼 때, 교과서에서 학습 주제를 제시하는 방식이 교사의 수업 설계 및 학생들의 학습에 커다란 영향을 줄 것임을 짐작할 수 있다(박윤경, 2006).

에 대한 논의는 매우 중요한 의미를 갖는다.

2부에서는 호주제와 인구 문제를 중심으로 교과서에서 정치·사회적 이슈를 어떻게 다루었는지에 대해 비판적으로 고찰하고자 한다. 호주제 존폐 논쟁은 우리 사회에서 30여 년간 지속되어 오다가, 2005년 위헌 결정으로 호주제가 폐지되면서 이를 둘러싼 사회적 논쟁이 종결됐다. 뜨거운 정치·사회적 이슈에 대한 사회적 합의점이 마련되면서 이슈로서의 지위를 상실했다는 점에서 '열린 이슈에서 닫힌 이슈로 변화'했다는 독특한 성격을 갖는다. 이와 달리 인구 문제, 정확히 말해서 저출산·고령화 문제는 사회적 해법을 모색해야 할 국가적 사안으로 다루어지다가 최근 그 논쟁적 성격이 부각되고 있다는 점에서 '닫힌 이슈에서 열린 이슈로 변화'하고 있다고 할 수 있다. 이처럼 논의 전개의 방향성이 서로 다른 이슈들이 교과서에서는 어떻게 다루어졌는지를 분석함으로써 교육 현장에서 사회적 이슈를 다루는 방식에서 나타날 수 있는 문제점과 개선 방안에 대해 고민해 보고자 한다.

이와 관련하여 2부에서는 우리나라와 미국의 사회과 교과서를 분석한 연구 결과를 중심으로 논의를 전개한다. 첫 번째, 호주제 존폐 논쟁 연구는 호주제 폐지 시점을 전후로 발행된 고등학교 사회과 교과서에서 호주제 관련 내용을 다룬 양상을 비교·분석한 것이다. 두 번째, 인구 교육 내용 연구는 우리나라와 미국의 초등학교 사회 교과서에서 저출산·고령화 등 인구 문제를 포함하여 포괄적으로 인구 교육 내용을 다루는 방식을 분석했다.

2 교과서 속의 호주제 존폐 논쟁

1) 연구 개관

호주제는 한국 사회에서 가족의 일상생활에 실질적인 영향을 미친 규범이자 문화인 동시에 변화의 요구에 직면해 온 논쟁적 제도였다. 호주제 폐지론자들은 호주제가 성차별적이며 가족의 변화를 담아내지 못하는 낡은 제도라고 주장해 온 반면, 존치론자들은 보존 가치가 있는 전통이자 가족을 유지해 주는 근간이라고 주장해 왔다. 이에 대해 2005년 2월 3일, 헌법재판소는 우리 사회의 대표적인 가족 제도였던 호주제가 위헌이라는 결정을 내렸다. 이어 3월 2일 국회에서는 호주제 폐지를 골자로 한 민법 개정안을 통과시켰다. 이로써 1970년대 초반부터 이어져 온 호주제 존폐 논쟁은 일단락됐다. 호주제 위헌 판결과 이에 수반한 민법 개정으로 마침내 호주제라는 "논쟁적인 사회 문제가 탈논쟁 문제화"된 것이다.

이번 장에서는 고등학교 사회과를 중심으로 긴 논쟁사의 마지막 시기에 우리 사회의 대표적인 논쟁 문제였던 호주제가 교과서에서 어떻게 다루어졌는지를 살펴보고자 한다.

구체적인 연구 질문은 다음과 같다.

첫째, 교과서에서 호주제를 다루고 있는 부분은 어디이며, 호주제를 다루는 목적은 무엇인가?

둘째, 교과서별로 호주제를 다루는 방식에는 어떤 차이가 있는가?

셋째, 호주제 폐지 이후 교과서 내용은 어떻게 변화했는가?

교과서에서 호주제 폐지 논쟁을 전후하여 호주제 관련 내용을 어떻게 다루고 있는지를 확인하기 위해 7차 개정 교육과정 시기에 발행된 고등학교 『사회·문화』 교과서 7종에 대한 질적 내용 분석(qualitative content

[표 2-1] 호주제 내용 분석 대상 및 범위(7종 14권, 가나다순)

출판사	분석 범위*	
	III단원	IV단원
교학사	115~136	192
금성출판사	96~109	157~159
대한교과서	98~110	156~157
법문사	90~101	146~149
중앙교육진흥연구소	110~129	176~177
지학사	86~101	144~147
천재교육	104~117	164~169

*2005년도 및 2006년도 발행 교과서 동일.

analysis)을 수행했다. 『사회·문화』 교과서는 호주제와 밀접한 가족이라는 주제를 가장 집중적으로 다루고 있다는 점에서 분석 대상으로 선정했다.[3] 연구를 위해 분석한 교과서는 2005년 3월에 발행된 교과서 7종과 2006년 3월에 발행된 교과서 7종을 합하여 모두 열네 권이다([표 2-1] 참조). 교과서별로 호주제를 다루는 방식의 차이를 확인하기 위해 호주제 폐지 이전에 발행된 2005년도 교과서를 먼저 분석한 후, 2006년도 발행 교과서는 호주제 폐지 이후에 교과서별로 호주제와 관련된 내용 및 기술 방식에 어떠한 변화가 일어났는지를 확인하기 위해 활용했다.

교과서 내용 분석은 양적인 방식이나 질적인 방식으로 모두 이루어

....

3   물론 고등학교 사회과 선택 과목인 『법과 사회』에서도 호주제에 대한 내용을 다루고 있으나, 교과서별로 다양한 접근 방식을 비교하는 실익을 고려하여 이 연구에서는 『사회·문화』 교과서를 분석 대상으로 삼았다. 다만 『법과 사회』 교과서가 호주제를 비교적 큰 비중으로 다루고 있다는 점을 고려하여 연구 결과와 관련하여 참조가 가능한 부분에서 내용 집필상의 특징을 부가적으로 언급했다. 참고로 7차 교육과정 시기에 개발된 『법과 사회』 교과서는 1종이며, 2006년도에 발행된 인정 교과서를 포함하면 2종이다.

질 수 있다(Berg, 1995: 175). 이 연구에서는 교과서 내용의 구성이나 분량과 같은 형식적인 특성보다는 교과서에 기술된 내용에 담긴 의미와 성격을 드러내는 데 더 초점을 맞추고자 했다는 점에서 질적인 내용 분석에 강조점을 두었다. 교과서 내용 분석 과정은 크게 세 단계로 이루어졌으며, 각 단계를 거치면서 분석의 초점이 변화하고 심화되었다.

1차 분석 과정에서는 다음의 세 가지에 초점을 두었다. 첫째, 각 교과서에서 호주제를 학습 내용이나 주제 요소로서 다루고 있는가? 둘째, 호주제는 어떤 주제 및 단원 영역에서 다루어지고 있는가? 셋째, 호주제는 본문, 탐구 활동, 읽기 자료, 삽화 중에서 어떤 방식으로 제시되고 있는가?

2차 분석 과정에서는 호주제와 관련하여 구체적으로 언급된 내용이 무엇인지, 호주제가 다뤄지는 목적이나 기능이 무엇인지, 호주제에 대해 어떤 평가적 진술이 제시되고 있는지, 호주제를 제도나 문화 등 어떤 방식으로 인식하고 있는지를 중심으로 좀 더 심화된 분석을 했다. 1차 분석이 주로 '교과서가 호주제와 관련하여 어떤 내용을, 어느 정도의 비중으로 다루고 있는가'를 확인하기 위한 기술적 분석 과정이었다면, 2차 분석은 연구의 핵심 질문인 '교과서가 호주제를 어떻게 다루고 있는가'를 탐구하기 위한 해석적 분석 과정이었다. 이때 호주제 존폐 논쟁의 내용과 그 함의에 대한 선행 이해는 해석적 분석을 위한 토대가 됐다.

3차 분석 단계에서는 호주제 폐지 전후에 발행된 동일 교과서의 내용을 일대일로 대조 비교하면서, 호주제 폐지 이후 교과서의 내용 및 진술 방향에 어떤 변화가 나타났는지를 확인했다.

세 단계 분석 과정을 통해 교과서별로 호주제 문제에 접근하는 방식에서 어떤 유형화된 차별성이 있는지를 확인하고자 했다. 분석 결과에 대한 타당성을 확보하기 위해 전체 분석 과정에서 연구자 스스로 끊임없이 반대 가설을 제기해 보는 사고 실험을 했으며, 최종적으로는 분석 내용과 용

어 사용의 적절성을 제삼자의 눈으로 평가하기 위해 법학 전문가와 사회
과교육학 전문가의 의견을 듣고 반영했다.

2) 호주제 존폐 논쟁의 구조

(1) 호주제 존폐 논쟁의 역사

호주제 폐지는 오랜 시간 우리 사회를 뜨겁게 달군 사회적 쟁점이었
다. 호주제 폐지를 둘러싼 논쟁은 사회 구성원들 사이의 의견 대립, 무엇이
우선적이거나 옳고 그른지 등에 대한 가치 판단 요구, 문제 해결이 갖는 사
회적 중요성이라는 사회적 쟁점의 세 가지 속성을 잘 보여 준다.

호주제 폐지 논쟁의 역사는 호주제 존폐 논쟁 당시의 민법이 제정되었
던 1957년까지 거슬러 올라간다. 당시 여성계는 호주제가 부계 중심의 가
부장적 가족 제도의 근간이라고 비판하며 남녀평등적인 가족법을 요구한
바 있다. 1970년대 이후부터는 '범여성 가족법 개정 촉진회', '가정 법률 상
담소', '가족법 개정을 위한 여성 연합회' 등이 중심이 되어 호주제 폐지를
위한 운동이 본격적으로 진행됐다. 여성계의 지속적인 요구는 부분적으로
수용되어 1989년에는 호주의 권리와 의무에 대한 조항을 대폭 삭제하고
호주 상속을 승계로 변경하는 방향으로 민법이 개정됐다.

이후 1997년에 여성단체가 '부모 성 함께 쓰기'를 선언하고, 1998년
에 '호주제 폐지를 위한 시민의 모임'이 결성되면서 호주제 폐지 논쟁은 다
시 불붙기 시작했다. 2000년에 113개 여성 단체들이 연합하여 결성한 '호
주제 폐지를 위한 시민연대'는 '호주제 폐지에 관한 청원서'를 국회에 제출
했다. 주요 내용은 민법에서 부가 입적 제도, 부가 성본 우선주의, 남성 중
심 호주 승계 제도와 관련된 조항을 삭제하는 것이었다. 다른 한편, 시민연
대와 '민주사회를 위한 변호사 모임'이 함께 호주제 위헌 소송을 진행했다

(민주사회를위한변호사모임, 2003: 11-14; 여성부, 2005).

이에 대해 유림 측은 '가정제도 개정 법률안 반대 범국민 투쟁위원회', '가족법 개정 저지 범국민 협의회' 등을 결성하여 활동했다(민주사회를위한 변호사모임, 2003: 85-86). 호주제 존폐를 둘러싼 논쟁은 2003년 이후 대중 매체로 확대되어 커다란 사회 쟁점으로 부각되기 시작했다(김경희, 2004: 379-384).

이렇게 호주제 폐지를 둘러싼 논쟁은 호주제의 주된 피해자 집단을 대변하는 여성계의 폐지 주장에 기득권 집단을 대변하는 유림이 맞서는 양상으로 전개됐다. 즉 폐지론자들의 공격에 대응하여 존치론자들이 대응하는 양태였다.

여성계와 유림계로 대표되는 호주제 존폐 논쟁과 관련해 일반 국민의 의견도 엇갈리는 것으로 확인됐다. 2003년 말 한국갤럽에서 실시한 여론 조사 결과에 따르면, 일반 시민 중 호주제에 찬성하는 의견은 45.4%, 반대하는 의견은 46.2%였다(김경희, 2004: 380). 호주제 폐지가 사회적 쟁점으로 뚜렷하게 부각된 시기에 사회 구성원 사이에서 찬반 입장이 팽팽하게 맞서고 있었음을 알 수 있다.

호주제 논쟁이 격렬했던 이유는 단지 의견 대립 집단이 수적으로 비슷하기 때문만은 아니었다. 그보다는 우리 사회의 가족생활 및 남녀 관계와 관련하여 호주제가 상징하는 바가 무엇인가에 대한 판단이 달랐기 때문이었다. 폐지론자에게 호주제는 우리 사회 가족생활의 근본적인 모순을 상징하는 것이었던 반면, 존치론자에게는 가족의 안정과 유지를 가능하게 하는 최소한의 장치로 여겨졌던 것이다. 호주제에 대한 상이한 판단은 호주제 폐지가 가족생활에 미치게 될 영향에 대해서도 상반된 전망을 내놓게 했다. 이렇듯 호주제 폐지 논쟁은 우리 사회에서 바람직한 가족 질서 및 남녀 관계는 어떠한 것인가를 둘러싸고 사회 구성원 사이에 가치 갈등이 존재한다는 것을 보여 주는 사례였다.

특히 1990년대 후반부터는 호주제로 인해 실질적인 고통을 호소하는 사회 구성원이 증가함에 따라, 제도의 존치 여부에 대한 판단을 더 이상 미룰 수 없다는 사회적인 절박함이 논쟁을 가열시켰다. 따라서 호주제 존폐 논쟁을 해결하는 과정은 가족과 관련된 우리 사회의 가치 및 바람직한 남녀 관계의 모습을 재확인하고, 이와 관련하여 호주제 폐지가 사회적으로 어떤 의미와 효과를 갖는지 판단하도록 요구하는 것이었다.

다음에서는 호주제 존폐를 주장했던 양측의 논거와 이에 대한 헌법재판소(2005)의 판단을 통해 호주제 존폐 논쟁의 쟁점을 구체적으로 살펴보고자 한다.

(2) 호주제 폐지 논쟁의 쟁점

호주제 존폐 논쟁사에서도 드러나듯이 호주제 폐지 논쟁은 흔히 여성계와 유림계의 대결 양상으로 부각되었다(김경희, 2004: 380). 1989년 민법이 개정된 이후 진행된 호주제 논쟁에서 여성계로 대변되는 폐지론자들이 제시한 주된 논거는 다음과 같다. 첫째, 호주제는 남성이 우선적으로 호주제를 승계하도록 한다는 점에서 성차별적이다. 둘째, 호주제는 결혼한 여성을 남성의 집안으로 강제 편입하는 부가 입적제를 택하여 혼인한 남녀가 가족 공동체를 형성할 때부터 불평등한 관계에서 출발하도록 함으로써 개인의 존엄을 훼손한다. 셋째, 자녀의 입적 및 부자동성주의를 유지함으로써 이혼 및 재혼 가족이 증가하고 있는 사회적 추세에 비추어 여러 가지 문제점을 낳고 있다. 이혼 후 재혼으로 구성된 가족은 자녀를 입적하는 문제나 자녀의 성이 부모와 다르다는 문제들 때문에 가족생활에 어려움을 겪는다(김경희, 2004: 384-387; 민주사회를위한변호사모임, 2003: 68-85). 이처럼 남녀 차별적 호주 승계권, 부자동성주의, 부가 입적 등을 규정하고 있는 호주제는 사회 변화의 추세에 부합하지 않을 뿐만 아니라, 개인의 존엄과 남녀평등을 명시한 헌법에도 위배되는 위헌적인 제도이므로 폐지되어야 한다는 것이다.

호주제 폐지론자들의 주장에 맞서 유림계로 대변되는 호주제 존치론자들은 주로 다음과 같은 이유를 들어 호주제의 존속을 주장했다. 첫째, 호주제는 우리 민족의 전통문화이므로 유지되고 보존되어야 한다. 둘째, 호주제를 폐지하면 어른 공경 사상이 사라지고 가족 공동체를 유지하기 어려우며 가족 해체를 심화시킬 수 있다. 셋째, 호주제를 폐지하면 새로운 편제 방식을 도입하기 위해 불필요하게 많은 비용과 시간을 투입해야 한다. 넷째, 1990년 민법 개정을 통해 호주권이 대폭 축소되어 호주제는 이미 유명무실한 제도이므로 굳이 폐지할 필요가 없다(김경희, 2004: 387-388; 민주사회를위한변호사모임, 2003: 86-91). 즉 호주제는 전통문화로서 가치를 지니며 우리 사회의 바람직한 가족 문화 유지에 도움을 주기 때문에 유지해야 한다는 주장이다.

호주제 존폐를 둘러싸고 사회적 논쟁이 이렇게 심화하는 가운데 헌법재판소(이하 헌재)는 호주제의 위헌성 여부에 대한 최종 판단을 요구받았다. 직접적인 위헌 판결의 대상은 호주제와 관련된 가족법의 일부 조항이었지만,[4] 헌재는 위헌 심판의 본질적인 대상이 호주제라는 제도 전체라고 인식했다. 호주제의 위헌성을 심판하는 과정에서 헌재는 호주제 폐지와 관련된 핵심 쟁점을 크게 호주제의 전통성 여부, 위헌성 여부, 대안적 신분

---

4 헌재의 위헌 판결 대상은 다음과 같다.
   ① 제778조(호주의 정의) 일가의 계통을 계승한 자, 분가한 자 또는 기타 사유로 인하여 일가를 창립하거나 부흥한 자는 호주가 된다.
   ② 제781조 제1항 본문 후단(자의 입적) 자는 부가에 입적한다.
   ③ 제826조 제3항(처의 입적) 처는 부의 가에 입적한다. 그러나, 처가 친가의 호주 또는 호주승계인인 때에는 부가 처의 가에 입적할 수 있다.

제도의 가능성이라는 세 가지 문제로 정리했다(헌법재판소, 2005).

먼저, 첫 번째 쟁점인 호주제의 전통성 여부와 관련하여 헌재는 호주제가 개인의 존엄과 양성평등에 반하는 보호 가치가 없는 '사회적 폐습'이라고 판단했다. 두 번째, 가장 핵심적인 문제였던 호주제의 위헌성과 관련하여 헌재는 호주제가 "혼인과 가족생활은 개인의 존엄과 양성의 평등을 기초로 성립되고 유지되어야 하며, 국가는 이를 보장한다(제36조 1항)"라는 헌법 규정에 비추어 위헌적이라고 판단했다. 구체적으로 가족생활에서 남녀를 차별함으로써 양성평등의 원칙을 위반하고 있다는 점, 혼인과 가족생활에 대한 개인과 가족의 자율적 결정권을 침해하여 개인의 존엄을 위반하고 있다는 점, 가족의 형태가 다양화되고 있는 사회 환경 및 가족상의 변화에 배치된다는 점을 위헌성 판단의 근거로 제시했다. 세 번째 쟁점인 대안적인 신분 등록 제도와 관련해서는 호적법 개정 시까지 현행의 호적법을 계속 적용한다는 대안을 제시했다.

(3) 호주제 폐지 논쟁의 의미

첨예한 논쟁점들을 2년여에 걸쳐 검토한 끝에, 헌재는 2005년 2월 3일 마침내 "민법 제778조, 제781조 제1항 본문 후단, 제826조 제3항 본문은 헌법에 합치되지 아니한다"라는 판결을 내렸다. 이로써 한국 가족법 개정 역사에서 줄기차게 제기되어 온 호주제 존폐 논의는 일단락됐다(양현아, 2002: 201). 호주제 헌법불합치 판결이 내려진 이후, 같은 해 3월 2일 국회 본회의에서 호주제 폐지를 중심으로 한 민법 개정 법률안이 통과됐다.[5]

....

5   호주제와 관련된 내용은 기존 민법의 제4편 제2장인 "호주와 가족" 부분에서 집중적으로 다루었다. 호주제가 폐지되면서 제2장의 제목이 "가족의 범위와 자의 성과 본"으로 변경됐고 (법제사법위원회, 2005), 호주제를 전제로 규정되어 있던 기존의 법 조항이 삭제됐다. 이와

민법 개정안의 내용은 호주제를 기반으로 할 때만 의미가 있던 조항들을 삭제하고, 현실의 가족생활에 좀 더 부합한 법 규정을 만들어 내고자 노력한 결과로 볼 수 있다. 그러나 여전히 가족의 범위 설정 및 자의 성과 본에 관한 규정 등에 있어서 현실의 가족 상황을 충실히 반영하고 있지 못하다는 비판도 제기됐다. 민법상에 규정된 가족의 범위가 현실의 가족을 포괄하기에는 지나치게 협소하다는 지적이었다(이재경, 2004). 또한 자의 성과 본 규정이 양성평등이나 양계 혈통의 인정이라는 원칙에 미치지 못한다는 지적도 있었다. 이러한 비판도 있었지만, 전반적으로는 개정된 민법이 우리 사회의 가족 현실 변화에 조응하기 위해 상당 부분 개선됐다는 평가를 받았다.

호주제 폐지 논쟁의 쟁점과 그 결과를 살펴본 결과, 호주제 폐지 논쟁이 결국 누구를 가족으로 볼 것인가, 우리 사회에서 가족생활의 핵심 가치를 무엇으로 볼 것인가, 또한 가족의 변화를 어떻게 바라볼 것인가 등을 둘러싼 것이었음을 알 수 있다. 헌재는 호주제 폐지 결정을 통해 혼인 및 가족생활에서의 핵심 가치가 양성평등과 개인의 존엄이 실현되는 것이라고 선언했다. 민법 개정안은 호주제를 근간으로 가족의 범위와 형성 원리를 규정해 온 방식이 폐기됐음을 확인해 준다. 모두 가족의 사회적인 변화를 수용하고자 하는 노력이다. 호주제 폐지 논쟁의 종결이 전달하는 이러한

....

함께 기존의 법 조항을 수정하여 내용을 새롭게 규정했다. 새롭게 규정된 조항은 제779조(가족의 범위), 제781조(자의 입적 및 성과 본) 제①항에서 제⑥항까지이다. 민법 개정안은 가족의 범위를 '배우자, 직계 혈족 및 형제자매' 또는 '생계를 같이 하는 경우, 직계 혈족의 배우자, 배우자의 직계 혈족, 배우자의 형제자매'라고 규정한다. 이는 호주를 매개로 하여 가족의 범위를 정하던 기존 방식을 폐기한 것이다. 또한 자녀가 출생하면 아버지의 호적에 입적된다는 조항을 삭제했다. 그러나 자녀가 아버지의 성과 본을 따른다는 규정은 원칙으로 유지된다. 다만 혼인 신고 시 협의에 의해 어머니의 성과 본을 따를 수 있게 했다는 점에서 부성 원칙의 강제성은 약화됐다.

메시지는 교과서에서 가족을 규정하거나 가족생활의 원리를 제시할 때 보다 분명하게 명시해야 할 부분이다.

3) 교과서에서 호주제 존폐 논쟁을 다루는 방식

(1) 인용 수준의 차이: 인용 부재-약한 인용-강한 인용

교과서에서 호주제와 관련된 내용을 어떻게 다루고 있는지 알아보기 위해, 일차적으로 교과서에서 호주제를 다루고 있는지와 함께 호주제를 다루는 주제 영역 및 제시 방식에 관한 기술적인 분석을 수행했다. 분석 결과, 교과서에 따라 상이한 수준에서 호주제를 다루고 있는 것으로 나타났다. 첫 번째는 호주제를 전혀 언급하지 않는 '인용 부재의 수준'이다. 2개 교과서가 이에 해당한다. 두 번째는 호주제를 직접 언급하지는 않되 호주제라는 제도를 전제로 한 내용을 제시하는 '약한 인용의 수준'이다. 이에 해당하는 2개 교과서는 호주제를 직접적으로 언급하지는 않지만 호적, 혼인 신고서, 호주 등 호주제를 전제로 하는 개념들을 언급하고 있었다. 세 번째는 호주제라는 개념을 학습 주제나 소재로 명시적으로 언급하는 '강한 인용의 수준'이다. 이에 해당하는 3개 교과서에서는 학습의 주요 대상 또는 보조 자료의 차원에서 호주제 개념을 직접적으로 언급했다. 약한 수준의 인용 역시 호주제를 다루는 의미 있는 접근 방식이라는 점에서 호주제를 약하거나 강하게 인용한 5종의 교과서를 집중 분석 대상으로 삼았다.

교과서에서 호주제를 강한 수준 또는 약한 수준에서 인용한 것은 교과서 집필자들이 교육과정 문서를 구체화하는 과정에서 이루어진 해석의 결과다. 『사회·문화』 교과서 집필의 기초가 되는 7차 교육과정 및 해설서에서는 교수·학습의 주제나 소재로 호주제를 다루도록 직접적으로 명시하고 있지 않다.[6] 이에 비추어 볼 때, 호주제가 다른 상위의 학습 목표를 달성하기 위한 학습 소재로 기능하고 있음을 짐작할 수 있다. 호주제가 다뤄지는 단원 및 주제 영역을 살펴봄으로써 호주제라는 학습 요소가 『사회·문화』 교과서에서 어떤 목적으로, 또는 어떤 학습적 기능을 수행하기 위해 설정되었는지를 추론할 수 있을 것이다.

5종의 교과서에서 호주제를 공통으로 언급하고 있는 주제 단원은 'III. 공동체 생활과 지역 사회'에 속한 '가족생활과 친족 관계의 이해'라는 중단원이었다. 예외적으로 1개 교과서가 'IV. 인간과 문화 현상의 이해'에서도 호주제를 다루고 있었다. 대단원과 중단원 수준에서는 동일한 부분에서 호주제를 다루고 있지만, 소단원 수준에서 호주제를 언급한 부분은 교과서별로 차이가 있었다. 호주제는 주로 '가족의 정의와 형성 원리(금성출판사, 법문사, 중앙교육진흥연구소)', '우리나라 가족과 친족의 특징과 변화(교학사, 중앙교육진흥연구소, 천재교육)', '우리나라 가족생활의 문화(중앙교육진흥연구소)'와 관련하여 제시됐다. 교과서에서 호주제는 주로 우리 사회 가족의 제도적, 또는 문화적 특징과 관련하여 다뤄지고 있음을 알 수 있다.[7]

....

6   호주제가 언급된 교과서 단원과 관련된 『사회·문화』 교육과정의 내용은 다음과 같다(교육부, 1997: 184).
     (3) 공동체 생활과 지역 사회
         (가) 가족생활과 친족 관계의 이해
             ① 가족과 친족의 형태 및 사회적 기능에 대하여 알아본다.
             ② 우리나라의 가족과 친족의 특성과 변화 과정을 이해하고, 앞으로 어떻게 변화될 것인지를 전망해 본다.
             ③ 급격한 사회 변동에 따라 나타나는 가족 문제의 양상과 과제를 살펴보고, 합리적인 대처 방안을 조사해 본다.
     (4) 인간과 문화 현상의 이해
         (나) 문화의 속성과 일상생활의 이해
             ② 문화의 시각에서 혼인과 가족 및 친족을 이해한다.
7   『법과 사회』 교육과정에서는 '혼인과 친권에 대한 구체적 사례를 통해 가족 간 법률관계의

그런데 호주제가 인용되는 수준과 호주제가 활용되는 주제 사이에서 약간의 관련성을 발견할 수 있다. 호주제가 '가족의 정의, 기능, 형성'이라는 주제와 관련하여 언급될 때는 호주제가 간접적으로 다뤄지는 '약한 인용의 수준'인 경우가 많으며(금성출판사, 법문사, 중앙교육진흥연구소), '가족의 변화 및 문화'라는 주제와 관련하여 언급될 때는 호주제가 직접적으로 명시되는 '강한 인용의 수준'인 경우가 많았다(교학사, 중앙교육진흥연구소, 천재교육).

(2) 인용 방식의 차이: 법적 실체 vs 논쟁적 제도

'사회과 교과서에서 호주제를 어떻게 다루고 있는가'라는 연구 문제에 답하기 위해 호주제와 관련한 내용을 다루고 있는 5종 교과서를 2차 내용 분석의 대상으로 삼았다.[8] 호주제를 언급하고 있는 5종의 교과서는 앞서 기술한 바와 같이, 상이한 두 가지 차원에서 호주제를 인용하고 있었다. 그러나 같은 인용 수준일지라도 교과서에서 호주제를 학습의 주제 및 소재로 다루는 방식에는 차이가 있었다. 크게 나누어 호주제를 우리 사회의 가족을 규정하는 법적 실체로서 제시하는 방식, 우리 사회의 가족 변화와 관련된 논쟁적인 제도로 제시하는 방식, 법적 실체와 논쟁적 제도라는 두 가지 면을 모두 제시하는 방식으로 대별할 수 있다. 세 가지 유형별 접근 방식의 특징은 다음과 같다.

....

법리를 탐구한다'라는 부분이 호주제와 관련되어 있다(교육부, 1997: 160). 이를 반영하여 교과서에서는 출생, 혼인, 상속 등 가족 내 법률관계와 관련하여 호주제를 다루고 있다(김범주 외, 2005: 49-58; 박성혁·김현철·곽한영, 2006: 267-286).

8　7종 중 2종의 교과서에서는 호주제를 다루고 있지 않았다. 교과서에서 어떤 사회 현상을 제재로 다루는 것 못지않게 그것을 다루지 않는다는 것 역시 주목해야 할 중요한 현상이다. 그러나 호주제가 교육과정에서 요구하는 학습 주제가 아니었다는 점과 내용 분석만으로는 해당 교과서에서 호주제가 실리지 않은 이유를 확인할 수 없다는 점에서 두 교과서는 분석 대상에서 제외했다.

① 유형 1: 가족을 규정하는 법적 실체

첫 번째 유형은 호주제를 우리 사회의 가족을 규정하는 법적 실체로 제시하는 입장이다. 호주제를 약한 수준에서 인용하는 법문사와 금성출판사의 교과서가 이런 입장을 취하고 있다. 두 교과서는 교과서에서 호주제라는 말을 직접적으로 언급하고 있지는 않다. 그러나 가족의 정의 및 형성을 '호적'과 연결하여 살펴봄으로써, 호주제를 가족 관계의 기저에서 작동하고 있는 원리로서 인정하고 있다.

금성출판사의 경우, 아래와 같이 본문에서 가족을 형성하는 기초는 혼인인데, 우리나라는 호적법에 따라 혼인 신고가 이루어지면 합법적인 혼인으로 인정되면서 가족 관계의 권리와 의무가 부여된다고 기술하고 있다. 즉 호주제를 기초로 한 호적법에 근거하여 합법적 혼인이 성립된다는 점을 명시함으로써, 호주제를 논쟁의 대상이라기보다는 현재의 가족 관계를 규율하는 가족법적인 실체로서 인정하고 있는 것이다. 이러한 입장은 혼인 신고서를 실제로 작성해 보게 하는 탐구 활동에서 더욱 명확하게 드러난다. 혼인 신고서 양식의 일부를 제시한 탐구 활동에서는 학생들에게 혼인 신고의 의미를 생각하고 혼인 신고서를 작성해 보는 활동을 제안한다. 두 활동 모두 제도에 대한 비판적 접근이라기보다는 현행 제도가 현실 사회에서 수행하고 있는 기능적 측면에 초점을 맞추고 있다.

가족이란 혈연, 혼인, 입양 등에 의하여 맺어진 결합체로서, 가족을 형성하는 기초는 혼인이다. 우리나라에서는 호적법에 따라 혼인 신고가 이루어지면 합법적 혼인이 인정되고, 가족 관계의 권리와 의무가 부여된다. 그러나 혼인의 파기로 가족의 일부 또는 전부가 해체되기도 한다.

(김태헌 외, 2005: 98)

법문사의 경우에는 '가족과 친족의 형태와 기능'이라는 소단원에서 더 적극적으로 호적을 활용하고 있다. 가족의 형성을 설명하기 위해 가상의 가족 호적을 제시한 후, 호적에 기재된 내용을 자세히 살펴서 우리 사회에서 가족이 어떻게 형성되는지를 확인하게 한다. 또 '호적 등본을 통해 알아본 가족의 형성 과정'이라는 사례 탐구에서는 "우리나라에서는 호적을 열람해 보면 자신의 가족이 누구인지 알 수 있다. 동일한 호적에 입적된 사람은 모두 한 가족이 되기 때문이다"라고 기술하고 있다. 이후 가족의 형태를 설명하는 부분에서도 본가, 분가와 같은 용어를 사용하며 가족을 동일 호적상의 집단으로 규정하고 있다. 즉 호주제를 가족 구성원 여부를 판단하고 가족의 형성 원리를 가늠케 하는 사회적으로 합의된 준거로 파악하고 있는 것이다.

이렇게 두 출판사의 교과서는 호주제를 우리 사회에서 가족의 범위를 확인하고 가족의 형성 원리를 확인하는 법적인 실체로서 인정하고 있다. 반면 호주제, 또는 가족의 정의 및 범위 등을 둘러싼 사회적 논쟁은 전혀 다루지 않는다.[9]

② 유형 2: 가족의 변화에 따른 논쟁적 제도

두 번째 유형은 호주제를 논쟁적인 가족 제도로 제시하는 방식이다. 교학사와 천재교육의 교과서들이 이에 해당한다. 교학사의 경우, '우리나

....

[9] 법무부에서 발행한 인정 도서인 『법과 생활』역시 [유형 1]에 속한다. 해당 교과서에서는 법적으로 인정받는 출생, 입양, 혼인의 근간으로 호적법과 호적 등을 제시한다. 호적법에 따라 신고를 하고 호적에 이름을 올리는 것으로 가족이 되고, 가족으로서의 권리를 보호받는다는 것이 요지다. 가족을 순전히 실정법적인 법률관계 속에서만 이해하고 있다. 비록 민법 개정에 따라 2008년 호적이 폐기된다는 간단한 언급은 있으나 호적 폐기와 관련된 쟁점이나 가족생활에 미치는 영향에 대해서는 언급하지 않는다(박성혁·김현철·곽한영, 2006: 267~286).

라의 가족과 친족의 변화'라는 소단원에서 호주제를 '호주제 폐지 운동'이라는 제목의 탐구 활동에서 다루고 있다. 탐구 활동에서는 호주제를 제도의 존속과 폐지라는 상반된 주장이 맞서고 있는 논쟁적인 제도로 소개했다. 아래와 같이 도입부에서 호주의 의미와 호주제 존폐에 대한 입장 차이를 간략히 언급한 다음, 호주제 피해 사례를 제시한다. 이러한 문제 제기를 바탕으로 학생들에게 호주의 의미와 권리, 호주제 관련 법 조항, 호주제 찬반 논거, 외국 제도와의 유사점과 차이점 등을 조사하도록 한다. 탐구 활동의 핵심은 호주제를 둘러싼 쟁점의 내용과 논거를 확인하고 평가하게 하는 것이다. 현행 호주제의 내용을 알아보거나 외국의 유사 제도를 확인하는 활동은 호주제 존폐 논쟁을 이해하고 판단하는 기초로 활용된다. 즉 교학사는 우리나라의 가족과 친족 관계의 변화를 확인하는 것과 관련된 매우 논쟁적인 제도라는 관점에서 호주제에 접근하고 있다.

> 호주란 민법상 집안의 장으로서, 가족을 대표하는 자를 일컫는 말이다. 그런데 최근 여성계를 중심으로 호주제를 폐지하자는 운동이 전개되고 있으며, 다른 한편에서는 우리의 전통이므로 존속되어야 한다는 주장이 맞서고 있다. 왜 이러한 운동이 일어나고 있는지 알아보자.
>
> (중략)
>
> [탐구3] 호주제 폐지를 찬성하는 입장과 반대하는 입장의 근거가 무엇인지 알아보자.
>
> (전숙자 외, 2005: 129)

호주제를 우리 가족 제도의 변화와 관련하여 바라보는 입장에서 호주제 폐지 운동은 현재 우리나라의 가족 및 친족의 변화상을 잘 드러내 주는 소재이다. 교학사는 '우리나라 가족과 친족의 변화'라는 본문에서 남녀평등, 개인주의, 부부 중심 가치관 확산에 따라 자녀 수 감소, 가족 유형의 다양화, 친족 간의 유대 약화, 부부 양쪽 친족 간의 유대 균등화 현상이 나타나고 있다고 지적한다. 호주제를 둘러싼 논쟁은 이러한 사회의 변화상을 반영하는 현상으로 제시되고 있다. 이는 탐구 활동 바로 다음 쪽에 제시된 '가족법을 통해 본 우리나라의 가족과 친족'이라는 읽기 자료의 내용을 통해 더 분명하게 확인된다. 호주제 및 관련 규정을 삭제하도록 요구하기 위해 2004년 국회에 제출된 민법 개정안을 소개하고, 이러한 방향으로 변화된 가족법이 부모 평등, 부부 평등, 남녀평등 실현에 기여하는 현대적인 가족법이라고 평가하고 있다. 이 관점은 호주제라는 제도와 관련하여 가장 친여성적인 입장을 보여준다. 이는 단원의 집필자가 여성이라는 점과도 연관이 있는 것으로 보인다. 여성 교과서 집필자가 남성 집필자에 비해 좀 더 성평등한 의식과 성향을 보인다는 연구 결과(최정윤, 2006)는 이러한 추측을 뒷받침한다.

우리 가족의 변화를 반영하는 근거로 호주제를 소개하는 것은 천재교육의 교과서도 마찬가지다. 천재교육의 경우, '가족법 개정으로 본 우리나라의 가족과 친족'이라는 읽기 자료에서 제781조(자의 입적, 성과 본), 제789조(법정 분가), 제809조(동성혼 등의 금지), 제991조(호주 승계권의 포기), 제1009조(법정 상속분)처럼 호주제와 관련된 법률 규정들을 소개한다. 이들 중 제991조, 제1009조에 대해서는 개정 취지와 변화된 내용을 설명하고 있다. 특히 아래 제시한 바와 같이, 호주 승계권의 포기 조항(제991조)이 기존의 호주 상속 제도에서 개선된 것이라고 평가하면서, 호주제를 상징적인 것으로 만들고 장남의 호주 승계권 포기가 가능하다는 점을 그 이유로 들었다. 이 자료는 "현대 사회의 남녀평등, 부부 중심 가치관이 확산되면서 우리나라의 가족과 친족에도 변화가 나타나고 있다"라는 본문 내용을 뒷받침하며 우리의 가족생활이 평등주의적으로 변화되고 있다는 것을 확인하는 기능을 하고 있다.

> 호주 상속 제도를 호주 승계 제도로 개선하였다. 호주 제도는 두되 상징적인
> 것으로 만들었고, 호주는 신분상의 지위이므로 상속이 아닌 호주 승계로 그
> 명칭을 바꾸었다. 또한 전에는 장자, 장손은 강제적으로 호주 상속을 할 수밖
> 에 없었으나, 이제는 장남도 호주 승계를 원치 않으면 포기할 수 있다.
>
> (노경주 외, 2005: 116)

교학사와 천재교육은 모두 호주제를 가족의 변화상을 반영하는 제도
로 제시하고 있다. 두 교과서 모두 호주제를 개선하는 방향이 우리 사회가
지향하는 가족의 모습에 비추어 더 바람직하다는 의견을 드러내고 있다.
이러한 유사성이 있지만, 두 교과서에서 호주제를 다루는 방식에는 다소
차이가 있다. 교학사가 호주제가 논쟁에 직면해 있다는 점을 가시적으로
드러내는 것과 달리, 천재교육은 호주제를 포함한 가족법의 변화를 보여
줌으로써 논쟁의 결과만을 제시하고 있을 뿐 논쟁적인 과정을 직접적으로
제시하지는 않는다. 또한 교학사는 학생들에게 호주제에 대해 논쟁할 기회
를 제공하지만, 천재교육은 제공하지 않는다. 이런 차이에도 두 교과서 모
두 호주제가 사회 변화와 관련하여 과거 또는 현재 논쟁에 노출되어 있음
을 보여 준다는 점에서는 동일하다고 볼 수 있다.

③ 유형 3: 법적 실체이자 논쟁적 제도

세 번째 유형은 호주제가 법적 실체이자 논쟁적 제도라는 두 가지 측
면을 모두 제시한 경우다. 중앙교육진흥연구소의 교과서가 여기에 해당한
다. 이 교과서에서는 먼저 '가족의 형성과 기능'이라는 소단원에서 '가족이
란 무엇인가'를 설명하기 위해 본문에서 우리나라 가족법이 규정하는 가

족의 정의를 제시한다. 아래와 같이 가족법에 따라 가족을 "혼인, 혈연, 입양의 관계로 맺어진 동일 호적 내의 친족 집단"으로 규정하고, 법률이 정한 바에 따라 혼인 신고를 하지 않은 경우는 "가족으로 인정되지 않는다"라고 설명한다. 또한 '우리나라 민법의 가족 규정'이라는 참고 자료를 통해 호주의 정의(제778조), 가족의 범위(제779조), 법정 분가(제789조)에 대한 민법 규정을 제시한다. 이 부분에서는 가족의 범위와 합법적 가족을 규정하는 기성 질서로서 호주제를 인정하고 있다.

> 우리나라의 가족법(민법 중의 친족·상속편)은 가족을 혼인, 혈연, 입양의 관계로 맺어진 동일 호적 내의 친족 집단으로 규정하고 있다. 즉, 법률에서 규정하고 있는 신고 절차를 따르지 않고서는 가족을 형성할 수 없다. 따라서 혼인하지 않은 동거인이나 미혼모, 동성애자 부부 등은 가족으로 인정되지 않는다.
>
> (최현섭 외, 2005: 110-111)

이런 입장은 호적 등본상의 구성원과 주민 등록 등본상의 구성원을 비교하는 탐구 활동에서 강화된다. 이 탐구 활동의 의도는 가족이 반드시 하나의 가구를 형성하여 생활하는 것은 아니라는 사실을 확인하는 데 있다. 이 질문은 법률적 실체로서의 가족과 생활 공동체로서의 가족이 다를 수 있음을 확인하는 활동으로도 활용될 수 있다. 하지만 이 탐구 활동에서는 호적 등본에 기재된 사람들은 '가족'으로, 생활 공동체는 '가구'라는 명칭으로 구분함으로써 호적이 가족의 범위를 규정하는 준거라는 입장을 그대로 반영하고 있다.

이와 달리 '가족과 친족 집단의 변화'라는 소단원에서는 호주제에 대한 논쟁적 시각을 제시한다. 교과서에서는 '민법(친족·상속편) 개정으로 보는 가족과 친족 관계의 변화'라는 탐구 활동에서 호주제와 관련된 민법의 변화를 비교하고, 현행 호주제와 관련된 찬반 논쟁을 조사한 뒤 자신의 의견을 정리해 보는 과제를 제시하고 있다. 그 앞에는 호주제의 논쟁적 성격을 짐작케 하는 '호주제 폐지를 위한 거리 서명'이라는 사진이 실려 있다. 이 부분에서 호주제는 가족 및 친족 관계의 변화를 반영하여 변화해 가는 제도로 그려지고 있다. 더 나아가 호주제라는 제도의 존속 자체가 논쟁적인 것으로 제시된다.

이런 입장은 가족생활을 문화적 측면에서 접근하는 '가족생활과 문화'라는 소단원에서 다시 확인된다. 본문에서 우리 사회의 가족 문화가 변화되고 있다는 것을 보여 주는 예로 동성동본 금혼 규정 폐지, 자녀 균분 상속 조항 신설과 함께 호주제 폐지 문제가 거론된다는 점을 기술하고 있다. 또한 '호주제'라는 탐구 활동을 통해 호주제 폐지라는 주장을 담은 엽서 둘을 제시한 후, 그림을 바탕으로 우리 가족 제도의 특징과 문제점을 확인하도록 하고 있다. 호주제가 변화의 요구에 직면해 있는 문제적 요소를 지닌 가족 제도로 제시되고 있는 것이다.

중앙교육진흥연구소의 교과서는 호주제를 법적 실체로서 인정하면서도 변화의 요구에 직면해 있는 논쟁적인 사회 제도라는 점도 아울러 제시하고 있다. 호주제가 갖는 두 가지 측면을 제시하고 있다는 점에서는 긍정적이지만, 두 가지 측면이 유기적으로 연관되어 제시되고 있지는 못하다.[10]

....

10 『법과 사회』 교과서 1종도 [유형 3]에 해당한다. 법적으로 인정받는 혼인의 형식적 요건으로 호적법에 따른 혼인 신고를 언급할 때는 호주제를 엄연한 법적 실체로 인정한다. 하지만 호주제를 직접 설명하는 부분에서는 호주제가 민법 개정에 따라 변화되어 왔으며, 여전히 찬반 논의가 지속되고 있는 논쟁적인 제도임을 분명히 드러낸다. 한편 호주제를 가부장적 대가족 제도의 잔존물이라고 부정적으로 평가하고 있다(김범주 외, 2005: 49-58).

(3) 호주제 폐지에 대한 대응: 무반응 vs 소극적 수용

앞에서는 호주제 폐지 이전에 발행된 교과서에서 호주제가 어떻게 다루어졌는지를 살펴보았다. 교과서에 따라 호주제를 법적 실체로서 수용하거나 논쟁적인 문제로서 탐구할 대상으로 삼고 있었다. 어떠한 입장이든 호주제가 폐지되고 관련 민법이 개정됨에 따라 내용 수정이 불가피한 상황이 되었다. 이러한 상황에 직면하여 호주제를 다룬 기존 교과서의 내용 및 진술 방향에는 어떤 변화가 나타났을까? 호주제 폐지 이후 발행된 교과서의 내용을 비교 분석한 결과, 두 가지의 상이한 대응 양상을 발견할 수 있었다. 하나는 호주제 폐지라는 사회 변화에 전혀 반응하지 않는 '무반응의 대응' 양상이었고, 다른 하나는 기존 진술을 부분적으로 수정하거나 보완하는 수준에 그친 '소극적 수용의 대응' 양상이었다.

① 무반응의 대응

'무반응의 대응' 양상을 보인 교과서는 금성출판사, 법문사, 천재교육의 교과서들이었다. 호주제를 가족생활을 규율하는 법적인 실체로 다루었던 금성출판사와 법문사의 교과서들은 호주제 폐지 결정 이후에도 내용이 전혀 달라지지 않았다. 금성출판사의 경우, 여전히 호적법에 기대어 가족을 정의하고 가족의 형성 원리를 설명하고 있었다. 동일한 호적이 곧 가족을 의미한다는 기술도 수정하지 않았다. 법문사 역시 호주제 폐지 결정 이후에도 가족 형성 과정을 호적 등본에 표현된 혼인, 출산, 입양과 연관 지어 설명하고 있다. 두 쪽에 해당하는 본문에서 호적, 본가, 분가라는 용어를 그대로 사용하고 사례로 제시된 호적 서류를 통해 본적, 본, 입적, 호주 등의 말을 명시하고 있다. 교과서 반쪽 분량의 호적 등본 서류는 호주제를 여전히 가족 관계에 강하게 작동하는 법률적인 실체로 받아들이게 한다. 천재교육의 교과서 역시 수정된 내용은 없었다. 2005년에 개정된 민법 개정안 대신 여전히 1991년부터 시행되어 1997년 부분 개정된 내용을 담고 있는 법률 규정과 해설을 그대로 싣고 있다. 비록 호주제를 대체할 새로운 신분 등록 제도가 입법화되기 전까지는 기존의 호주제가 유지되는 상황이기는 하나, 가족 현실과 관련된 사회 담론의 변화를 전혀 언급하고 있지 않은 상황은 매우 문제적일 수 있다.

② 소극적 수용의 대응

교학사와 중앙교육진흥연구소의 교과서는 부분적으로나마 내용을 수정했다. 교학사의 경우, 호주제 폐지 이전에 탐구 활동 및 읽기 자료를 통해 호주제를 시민 단체가 벌이는 폐지 운동의 대상이자 시대 변화에 맞게 수정해야 할 가족법의 일부로 제시했다. 이미 호주제의 변화 가능성을 염두에 두고 교과서를 집필한 탓인지 내용상 크게 변화된 부분은 없었다. 기존의 읽기 자료에서 '2004년 6월 3일 국회에 제출된 민법 개정안'이라고 하나의 제안으로 표현했던 것을 '2005년 3월 2일 국회를 통과한 민법 개정안'이라고 수정해 확정된 사실로 기술했다. 이에 비해 탐구 활동은 보다 크게 달라졌다. 아래와 같이 호주제 폐지를 둘러싼 논쟁 상태를 간단히 언급했던 문두를 호주제 폐지와 법 개정 상황을 설명하는 내용으로 대체하여, 7종 교과서 중에서 호주제 폐지의 경과를 가장 자세히 설명하고 있다. 하지만 탐구 과제는 호주제 폐지 이전과 다름없이 제시되어 있다.

그리고 2005년 2월에 헌법재판소는 호주제는 헌법상에서 양성평등과 개인 존엄의 원칙에 위배된다는 헌법 불합치의 판정을 내렸다. 그리고 2005년 3월 2일 국회에서 민법 개정안(호주제 폐지안)을 통과시켰다. 이에 따라 호적법이 폐기되어 대체 입법이 행해지고, 2년여 경과 기간을 거쳐 2008년 1월 1일부터 실시된다.

(전숙자 외, 2006: 129)

중앙교육진흥연구소 교과서에서도 부분적으로 내용이 수정됐다. '가족의 형성과 기능'을 다룬 소단원의 내용은 전혀 달라지지 않았다. 가족을 동일 호적 내 친족 집단으로 규정한 가족의 정의라든지 호주의 정의, 가족의 범위, 법정 분가처럼 기존의 호주제를 근간으로 하는 민법 규정이라든지, 호적 등본을 살펴보게 하는 탐구 활동 등 '가족의 형성과 기능' 부분에서 언급된 법적 실체로서의 호주제에 대한 내용은 수정되지 않은 채 그대로 제시되어 있다. 호주제 폐지에 따라 내용이 수정된 곳은 '가족과 친족의 변화' 단원에 제시된 탐구 활동 부분이었다. 기존 민법 개정안을 호주제 폐지를 주된 내용으로 하는 개정 민법(2008년 1월 1일 시행)의 내용으로 전면 수정한 것이다. 이 부분에서는 호주의 정의(제778조), 가족의 범위(제779조), 자의 입적 및 성과 본(제781조), 입적, 복적, 일가 창립, 분가 등(제780, 782~796조), 동성동본 금혼(제809조), 아내의 입적(제826조), 호주 승계(제4편 제8장) 등 호주제와 관련하여 수정되거나 삭제된 내용을 싣고 있다. 자료와 함께 탐구 과제도 수정되어 개정 민법의 변화와 의의, 새로운 신분 등록부의 내용, 개정 민법에 따른 가족 범위의 변화, 호주제 폐지를 둘러싼 찬반 논쟁에 대한 질문을 제시했다. 세 번째 소단원에서의 수정과는 달리 네 번째 대단원의 본문에 제시된 호주제 관련 진술과 탐구 활동은 전혀 수정되지 않았다. 여전히 호주제 폐지에 대한 논쟁이 진행 중인 것으로 기술되고 있다. 동일 교과서 안에서 단원별로 서로 내용을 다르게 기술하고 있는 점은 일관된 수정 방향이 없음을 보여 준다.

교학사와 중앙진흥교육연구소의 교과서가 호주제 폐지와 민법 개정이라는 사회 변화에 신속하게 대응하여 교과서 내용을 수정했지만, 이들이 단편적이고 부분적인 내용 변화에 그쳤다는 점에서 '소극적 수용의 대응'

이라고 할 수 있다. 이를 소극적 수용이라고 평가한 것은 더 적극적인 해석에 바탕을 둔 대응이 가능하며 필요하다는 판단 때문이다.

'적극적 해석의 대응'이란 호주제 폐지 논쟁의 과정과 결과가 전달하는 메시지를 거시적인 학습 주제와 연관 지어 제시하고, 학생들에게 그 메시지가 의미하는 바를 생각할 기회를 제공하는 것이다. 호주제 폐지는 남녀평등적 가족관, 가족생활에 대한 개인의 자율적 선택권 보장, 가족생활의 변화에 대한 법적인 수용이라는 메시지를 분명하게 전달하고 있다. 이것이 당시 상황에서 형성된 가족 담론의 지향점이다. 따라서 호주제 폐지에 따른 교과서 수정은 호주제 관련 내용을 문자적으로 고치는 것을 넘어 학생들이 우리 사회의 가족의 변화라는 현상과 관련지어 사건의 의미를 총체적으로 이해하도록 돕는 방향으로 이루어져야 한다.

호주제 폐지 이후 가장 크게 변화된 교과서는 『법과 사회』 검정 도서였다. 해당 교과서는 기존의 '호주 제도'를 '가족법 체제의 변화'라는 항목으로 바꾸어 완전히 새롭게 기술했다. 이 부분에서는 호주제에 대한 비판점, 개정의 경과, 민법의 주요 개정 내용, 대안적 신분 등록 제도 등에 대한 내용을 제시하고 있다(김범주 외, 2006: 55~56). 그러나 이 부분이 호주제와 관련된 최신 변화를 집약적으로 반영하고 있지만, 가족생활과 관련하여 호주제 폐지와 법 개정의 의미를 충분히 드러내고 있지는 않다. 또한 여전히 호적법에 근거하여 혼인의 법적 효력을 논하면서 호주제 폐지와의 관련성을 드러내지 않았다는 점에서 교과서가 유기적으로 개정되지 못했다는 한계를 보인다. 그러나 사회 변화에 발맞춘 교과서 개정이 충분히 가능하다는 점을 보여 주고 있다는 점에서는 높이 평가할 수 있다.

4) 논의

호주제라는 우리 사회의 대표적인 이슈를 교과서에서 어떻게 다루고 있는지를 확인하기 위해, 호주제 폐지 전후로 발행된 『사회·문화』 교과서 7종의 내용을 분석해 보았다. 분석 결과, 7종 중 5종의 교과서가 가족의 정의나 형성 원리, 가족의 변화라는 주제와 관련하여 약한 수준 또는 강한 수준으로 호주제를 언급하고 있었다. 5종의 교과서에서 호주제를 다루는 방식은 크게 세 가지 유형으로 구분할 수 있다. [유형 1]은 호주제를 사실로서 받아들이고 수용해야 할 법적 실체로만 제시한 반면, [유형 2]는 변화의 요구에 직면하여 사회 구성원 간에 논쟁을 유발하는 문제로만 호주제를 제시했다. [유형 3]은 법적 실체이자 논쟁적 제도라는 두 측면을 모두 제시했다.

세 유형의 차이를 좀 더 분명하게 드러내기 위해 켈리(Kelly, 1986)의 논의를 참조할 수 있다. 그는 교사가 수업에서 논쟁적인 문제를 다룰 때 '논쟁 문제와 관련된 다양한 입장을 제시하는지'와 '교사 자신의 의견을 제시하는지'를 기준으로 교사의 역할 유형을 분류한 바 있다(Kelly, 1986). 이를 적용한 뒤, 교과서 기술 방식의 차이를 부각시키기 위해 첫 번째 기준을 다양한 입장 제시 여부와 다양한 입장에 대한 토론 기회 제공 여부라는 두 단계로 나누어 보면, 다음과 같은 세 가지 질문을 도출할 수 있다. 첫째, 사회 현상의 논쟁적인 측면을 제시하는가? 둘째, 논쟁적인 문제에 대해 논쟁할 기회를 제공하는가? 셋째, 논쟁 문제에 대한 교과서 집필진의 입장을 표명하는가? 세 가지 기준에 따라 비교하면, [유형 1]은 호주제의 논쟁적인 요소를 전혀 드러내지 않은 방식이고, [유형 2]의 천재교육은 호주제의 논쟁적인 성격을 제시하되 논쟁할 기회는 제공하지 않은 방식이며, [유형 3]은 호주제의 논쟁적인 성격을 제시하면서 논쟁할 기회를 제공하는 방식이다. [유형 2]의 교학사는 호주제의 논쟁적 성격을 제시하고 논쟁 기회를 제공하되 호주제 존폐 논쟁에 대한 교과서의 입장을 다소 명확하게 드러내는 방식이다.

이상의 유형들 중 교과서에서 정치·사회적 이슈를 다루는 가장 적합한 방식은 무엇일까? 이 질문에 하나의 답을 제시하기는 어렵다. 학습 주제를 다루는 목적과 내용을 선정하는 맥락에 따라서 내용 제시 방식의 적합성을 판단하는 기준이 달라질 수 있기 때문이다. 이 부분에서는 교과서 내용 분석에서 발견된 현상과 관련된 두 가지 판단 기준에 비추어 이 질문에 대해 논의해 보고자 한다.

첫 번째 기준은 어떤 유형이 '사회적 삶의 실체에 좀 더 근접한가'이다.[11] 이 기준에 비추어 볼 때, 논쟁적 성격이 있는 사회 현상을 다루면서 논쟁적인 측면을 제시하지 않는 [유형 1]은 사회적 삶의 실체를 드러내는 데 적합성이 가장 떨어지는 방식이다. 앞서 살펴본 바와 같이, 호주제 논쟁은 제도 자체에 대한 논의를 넘어서서 우리 사회의 가족생활에 대한 사회 구성원의 가치 지향을 확인하는 과정이었다. 호주제 논쟁을 해결하는 과정은 일상생활과 무관하게 단지 명문화된 문서를 수정하기 위한 것이 아니라, 문서화된 규정이 수용해 내지 못하는 가족의 변화상을 아우르고, 변화에 지체된 법률 규정으로 인해 발생한 사회 구성원들의 고통을 해소하기 위한 과정이었다. 그런데 이런 현실과 무관하게 [유형 1]은 호주제가 단지 이제껏 유지되어 온 질서라는 점 때문에 이를 기준으로 가족의 범위나 형

....

11 사회과에서 실제 사회의 삶을 다루어야 한다는 것은 논쟁 문제를 주된 학습 주제로 도입해야 하는 필요성을 강조하기 위한 논거로도 사용되어 왔지만, 그 외에도 다양한 이유로 강조되어 왔다. 특히 사회 교과서의 내용이 학생들의 실제 삶과 일치하지 않아 많은 학생들이 사회과 학습으로부터 소외되고 있다는 연구 결과(옥일남, 2003)는 교과서에 실린 학습 내용의 실제성이 의미 있는 학습을 위해 매우 중요한 요소임을 보여 준다.

성 원리를 매우 협소하게 제시하고, 그 외의 다른 시각을 전혀 언급하지 않고 있다. 이런 접근 방식은 학생들이 우리 사회에 존재하는 가족의 다양성과 그로 인해 발생하는 제도적, 문화적 긴장을 제대로 인식하지 못하도록 방해할 수 있다.

이런 점에서 보면, 호주제의 논쟁적 측면을 제시한 [유형 2]와 [유형 3]은 [유형 1]에 비해 상대적 강점을 갖는다. 그러나 문제점도 있다. 논쟁적인 측면만을 강조한 [유형 2]의 경우, 논쟁적인 현상이지만 기존의 사회 질서로서 오랫동안 유지되어 온 호주제가 어떤 실체적인 기능을 담당하고 있는지를 고찰할 기회를 주지 않는다. 이런 접근 역시 호주제의 사회적 현실성을 충분히 이해하도록 돕지 못한다. 그렇다면 호주제의 법적 실체성과 논쟁적 측면을 모두 다루고 있는 [유형 3]이 가장 적합한 접근이라고 볼 수 있을 것이다. 논리상으로는 그러하다. 그러나 실제 교과서에서 구현된 모습에서는 이 유형 역시 한계를 보여 주고 있다. 중앙교육진흥연구소의 교과서는 호주제가 우리 사회에서 갖는 양면적 성격을 모두 보여 주지만, 가족의 정의 및 형성 원리라는 주제에서는 법적 실체성만을 강조하고, 가족의 변화라는 주제에서는 논쟁적 성격만을 강조하였다. 이 두 가지 측면이 우리 사회의 가족 담론을 둘러싼 긴장을 이해하는 것과 관련하여, 어떻게 서로 유기적으로 연관되어 있는지를 효과적으로 제시하지는 못하고 있는 것이다. 즉 호주제 논쟁이 가족 제도 및 문화의 유지와 변화라는 거시적 조망 속에서 활용되지 못하고 있다.

두 번째 기준은 어떤 유형이 '사회 변화 또는 사회적 담론의 변화에 좀 더 유연하게 대응할 수 있는가'이다. 이 기준은 첫 번째 기준과도 연관되어 있다. 사회적 삶의 변화를 좀 더 빨리 교과서 내용으로 아우를 수 있다면, 교과서에 제시된 지식과 사회적 삶과의 거리를 좁혀 학습 내용의 실제성을 높일 수 있을 것이기 때문이다. 호주제 폐지 이후 사회과 교과서들은 두 가지 다른 양상으로 대응했다. 하나는 호주제 폐지 이후에도 아무런 변화를 나타내지 않은 '무반응'의 대응이었고, 다른 하나는 호주제 폐지 현상을 수용하여 교과서를 부분적으로 수정한 '소극적인 수용'의 대응이었다. 사회적 담론 변화에 대한 대처라는 측면에서 평가하자면 '무반응'보다는 '소극적 수용' 이상의 대응이 더 적합한 대응 방식이라고 할 수 있다. 최소한의 사실적인 정보조차도 수정하지 않은 교과서들의 '무반응'은 실상 무책임에 가깝다고 할 수 있다.[12] 하지만 소극적 수용의 경우에도 변화의 정도가 정보를 수정하는 수준에 그치고 있다는 점에서 한계를 보인다. 현행 교과서에서는 발견할 수 없었지만, 사회적 담론 변화의 메시지를 명확하게 해석하고 분절된 학습 요소들과의 유기적 관계를 고려하여 내용을 수정하는 적극적 대응의 노력이 필요할 것이다.

호주제를 다루는 유형과 관련지어 교과서의 수정 양상을 살펴보면, 한 가지 주목할 만한 사실이 드러난다. 호주제의 논쟁적인 성격을 드러낸 교과서들이 그렇지 않은 교과서들보다 더 활발하게 교과서 내용을 수정했다는 것이다. 이는 교과서의 내용이 사회 상황을 실제적으로 반영할수록 사회 변

....

12 교과서 내용 분석만으로는 교과서별로 반응 양상에 차이가 나타나는 이유를 확인할 수 없다. 제한적이나마 교과서 개정 및 집필 관행에 비추어 몇 가지 추론을 해 볼 수는 있다. 우선 교과서 개발 과정의 경성화를 한 이유로 들 수 있을 것이다. 우리나라에서는 교육과정 개정에 발맞춰 큰 폭으로 교과서가 개정된다. 한 번 개정된 교과서는 다음 교육과정 개정 시까지 큰 변화 없이 유지된다. 교과서 개발이 일정한 주기에 따라 까다로운 절차를 거쳐 이루어지기 때문에 그때그때의 시사적인 변화나 흐름을 교과서에 반영하지 못할 수 있다. 그러나 출판사별로 매년 꾸준히 교과서를 수정하는 작업이 이루어지고 있다는 현실을 고려해 볼 때, 교과서가 사회 변화에 둔감한 이유를 교과서 개발의 경성화에서만 찾는 것에는 한계가 있다. 다른 한편, 교과서 집필자나 출판사가 수정의 필요성을 인식하지 못하고 교과서 내용 수정에 소홀했을 가능성도 있다. 교과서가 사회 변화에 조응하지 못하는 원인이 교과서 개발 제도의 문제인지, 교과서 개발 및 집필자들의 인식 문제인지, 아니면 또 다른 요인에 있는지는 별도의 연구가 필요하다. 사회과 교과서에서 다루는 내용과 사회 현상과의 친연성을 염두에 둘 때, 그 원인을 파악하여 해법을 제시하는 일은 매우 중요한 과제이다.

화에 더 민감하게 반응할 가능성이 있음을 시사한다. 이런 점에 비추어 본다면, 사회 현상의 논쟁적 성격을 반영하는 내용 기술 방식이 사회 변화를 더 쉽고 빠르게 수용할 수 있어, 그 결과 교과서가 학생에게 제공하는 내용이 사회적 삶의 실제성에 더 근접하게 되리라고 기대해 볼 수 있다.

이처럼 교과서에서 정치·사회적 이슈를 다룬 내용이 사회적 삶의 실제성을 충분히 반영하고 사회 변화에 신속하게 대응하기 위해서는 그 현상의 논쟁적인 측면을 제시할 필요가 있다. 만일 해당 문제가 우리 사회의 규범이나 질서로 받아들여지고 있는 것이라면 기존 질서로서 갖는 의미에 대해 고려할 기회도 물론 제공해야 한다.

이때 유의할 점은 논쟁적 이슈가 갖는 복합적 특성이 총체적으로 제시될 필요가 있다는 것이다. 그런데 전통적인 교과서는 이런 총체적인 진술에 성공적이지 못하다. 왜 이런 현상이 발생하는 것일까? 기존 교과서의 내용 제시 방법은 작은 소주제별로 항목이 나뉘어 순차적으로 진술되고 있어서, 교과서에서 직접 언급하지 않는 이상은 분절적으로 진술된 내용들 사이의 연관성을 스스로 발견하기 어려운 구조다. 앞으로 이런 문제를 완화하기 위한 대안적 내용 제시 방법을 연구할 필요가 있을 것이다. 한편 사회 현상의 총체성이 교과서에서 잘 드러나지 않는 근본적인 이유에 대한 탐색이 필요할 것이다. 예를 들어 교과서 내용 제시 형식 자체의 한계인지, 교과서 집필자의 인식이나 집필 과정상의 문제와 관련된 것인지, 아니면 총체적인 사회 현상을 하위 내용 요소로 목록화하여 제시하는 교육과정상의 요구와 관련된 것인지 등에 대해 확인해 볼 필요가 있을 것이다.

3 교과서 속의 인구 문제 논쟁

1) 연구 개관

2000년대 후반, 저출산·고령 사회 대비라는 국가적 위기 담론으로부터 학교 인구 교육의 중요성이 새롭게 부각되었다. 이후 전개된 학교 인구 교육의 급격한 확산 과정은 국가 인구 정책의 방향성이 다르다는 점에서 차이가 있을 뿐, 1980년대 학교 인구 교육 도입기와 매우 유사한 전개 양상을 보인다. 2007 개정 교육과정에서는 저출산·고령화 대비 교육을 교육과정 개정의 중점으로 설정했고, 이러한 맥락 속에서 사회과를 포함한 초·중등 교과서에도 독립된 인구 단원이 개설되거나 저출산·고령화와 관련된 내용이 추가적으로 반영됐다. 인구 교육을 강화하려는 움직임은 2009 개정 교육과정 시기에도 지속됐다.

국가 정책적 맥락에서 촉발된 인구 교육 강화는 학교 교육이 당면한 국가 사회적 요구에 신속하게 반응한다는 점에서 일면 긍정적으로 해석될 수 있다. 하지만 인구 교육에 대한 논의가 국가 인구 정책으로부터 출발하고 있다는 점에서 교육 내용의 선정이나 교육의 방향성 설정에 있어서 상위의 학교 민주시민교육 목표와 충돌할 수 있는 위험성 또한 내포하고 있다.

실상 인구 교육은 매우 논쟁적인 영역이다. 인구 교육의 논쟁적 측면은 먼저 인구 교육 내용에 대한 해석에서도 나타난다. 인구 교육 내용은 인구 현상 및 문제에 대한 객관적 지식이라기보다는 개인, 지역, 국가 및 세계가 처한 각각의 상황과 관점에 따라 입장과 해석이 달라질 수 있는 매우 논쟁적인 성격을 지니고 있다(Bovill & Leppard, 2006; Moor, 2008; Ratner, 2004; Wasserman, 2011). 일례로 2012년 6월 23일 국내 인구가 5000만 명을 넘어선 것으로 추정되었을 때, 미디어에서는 이를 긍정적으로 보도하는 한편, 인구가 다시 4000만 명대로 감소할 것을 우려하였다. 이는 1983년 국내 인구가 4000만 명을 넘어섰을 때 인구 증가를 비관적으로 전망했던 것과는 사뭇 다른 모습이다. 이는 세계적인 차원에서도 마찬가지다. 2011년 10월, 세계 인구가 70억을 넘어섰지만 인구 과잉의 심각성을 경고하는 목소리는 예전만큼 높지 않았다. 이처럼 인구 상황 및 이에 대한 관점과 해석의 차이로 인해 인구 교육의 목표와 내용 및 접근 방법은 사회적 맥락에 따라 다양하게 나타날 뿐 아니라(Brunswic, 1993; Peer, 2006), 인구 교육의 방향과 성격을 둘러싼 논쟁도 지속되어 왔다(Clarke, 1993; Crews, 1993; Sikes, Palacio, & Kerr, 1993). 이는 다른 한편으로는 인구 현상이 국가 차원의 관심사일 뿐만 아니라, 개인의 삶에 대한 의사 결정과 밀접하게 연관되어 있다는 점에서도 기인한다. 그렇지만 우리나라에서는 국가 정책적 맥락에서 교육의 방향성이 명확한, 논쟁적이지 않은 주제로 다루어졌다.[13]

이 장에서는 초등 사회 교과서를 중심으로 한국과 미국의 교과서에서 인구 교육 내용을 어떻게 다루고 있는지 함께 살펴보고자 한다. 1970년대에는 학교 인구 교육을 강화하고자 하는 세계적인 흐름에 발맞춰 미국에서도 학교 인구 교육을 확산시키려는 노력이 활발하게 진행되었다. 그러나 인구 교육 목표의 중립성, 초점, 주제 등 교육 내용을 둘러싼 논란으로 인해 교육과정에 인구 교육을 포함시키려는 노력은 성공적이지 못했다(Crews, 1993). 이런 흐름 속에서 미국 학계에서는 인구 교육 내용의 논쟁

---

13 기존 연구들은 저출산 및 고령화 현상에 대응하기 위해 필요한 인구 교육의 목표, 내용 및 교육 방안을 제시하는 데 주목해 왔다(박강용, 2006; 윤인경 외, 2007; 추병완, 2010). 또 같은 맥락에서 외국 교과서 분석을 통해 시사점을 도출하거나 국내 교과서의 문제점을 분석한 연구들이 주를 이룬다(김태헌 외, 2006; 윤인경 외, 2007; 윤인경·박선영, 2007; 황인표, 2007). 이러한 연구들은 연구 내용 및 접근 방법에 차이는 있으나, 기본적으로 국가 사회적 차원의 저출산 문제 해결에 주목하여 인구 교육 내용의 논쟁적 성격을 간과하고 있다는 한계를 드러내고 있다.

적 성격이 강조되어 왔다(Moor, 2008; Wasserman, 2011). 따라서 한국과는 사회 정책적 맥락이 다른 미국의 초등학교 교실에서 사용되는 교과서를 한국의 교과서와 비교함으로써 인구 교육의 내용 선정 및 방향성 설정에 대한 비교론적 시각을 획득하고자 한다.[14]

구체적인 연구 문제는 다음과 같다.

첫째, 한국과 미국의 초등 사회 교과서에서 다루고 있는 인구 교육 내용은 무엇인가?

둘째, 교과서에서 인구 교육 내용은 어떤 방식으로 제시되는가? 구체적으로 목표 영역, 가치 접근 방식, 수준 설정의 측면에서 어떤 특징이 나타나는가?

이에 답하는 과정을 통해 저출산·고령 사회 대비처럼 논쟁적인 속성을 내포하고 있지만, 국가 정책적 관심이 높은 사회적 의제를 교과서에서 다룰 때 나타날 수 있는 문제점과 학교 시민교육 차원에서의 개선점을 논의해 보고자 한다.

(1) 분석 대상 및 범위

한국 교과서는 우리나라에서 학교 인구 교육이 새롭게 강조되기 시작한 2007 개정 교육과정 시기에 발행된 교과서를 대상으로 했다. 교과서와 함께 사회과 교육과정 및 사회과탐구도 참고했다. 이 시기의 교육과정 및

----

14 미국 교과서 분석은 다른 나라의 인구 교육 내용 선정 및 기술 방식을 참조함으로써 우리나라 학교 인구 교육의 문제점을 개선하는 데 유용한 시사점을 찾기 위한 작업의 일환이다. 한국과 미국의 인구 상황 등 사회적 맥락이 다를 뿐 아니라, 미국 교과서에서 취하고 있는 인구 교육의 접근 방식이 일정한 한계를 가질 수 있다는 점에서 미국의 인구 교육을 한국 인구 교육의 모델로 삼는 것은 또 다른 우를 범하는 일이다. 따라서 미국 교과서 분석 결과를 해석하고 이로부터 시사점을 도출할 때는 학교 민주시민교육의 관점에서 비판적 입장을 견지해야 할 것이다.

교과서를 분석하는 일은 학교 교육이 새로운 국가 정책적 요구에 대응하는 초기 모습을 가장 잘 드러낼 수 있다는 점에서 의미가 있다. 당시 초등 사회 교과서는 국정 교과서 1종으로, 전국 모든 교실에서 단일한 교과서를 사용했다. 이는 사회적 이슈에 대한 국가 공통의 유일한 해석을 제시한다는 것을 의미한다. 이전의 7차 교육과정 시기와 비교해 보면, 4학년 2학기 교과서에 독립된 인구 교육 단원인 "우리 사회의 인구 문제"가 새롭게 도입되었다. 5차 교육과정 이후 인구 교육 내용이 전반적으로 줄어들어 온 추세(김경란, 1998)에 비추어 본다면 매우 이례적이다. 이는 2007 개정 교육과정이 저출산·고령 사회 대비를 교육과정 개정 중점으로 명시하고, 이를 사회과 내용 선정의 기준으로 설정한 맥락과 맞닿아 있는 변화다. 구체적인 분석 범위는 인구 교육 내용을 주요 학습의 목표 및 내용으로 직접 다루고 있는 4-1, 4-2, 6-1, 6-2 사회 교과서의 6개 단원, 9개 제재 및 주제이다. 1학기 교과서는 2012년, 2학기 교과서는 2011년에 출판됐다.

미국 교과서는 민간 출판사인 호턴미플린(Houghton Mifflin, 이하 HM 출판사, Viola et al., 2005a, 2005b, 2005c)에서 발행한 교과서를 분석 대상으로 했다. 이 교과서는 2012년에 미국 초등학교에서 가장 많이 채택한 사회 교과서 3종 중 하나로(American Textbook Council, 2012), 비교적 대표성이 높은 교과서라고 할 수 있다.[15] 이 연구를 위해 분석한 2005년도 발행본은 당시 최신판인 2008년도 발행 교과서와 내용이 동일하다.[16] 한국 교과서와 달리 미국 교과서에서는 특정 단원에서 인구 내용을 독립적으로 다

<hr/>

15   미국에서 초등학교 교과서를 채택하는 방식은 주별로 다르다. 이른바 '교과서 채택 주(text-book adoption states)'로 알려진 총 20개 주에서는 학교에서 사용할 수 있는 교과서를 주 수준에서 선택한다. 다만 캘리포니아주는 초등학교 수준에서만 주 단위로 교과서를 채택한다(Education Commission of the States, 2005).

16   http://www.eduplace.com/ss/socsci/tx/.

루고 있지 않았다. 따라서 3학년부터 5학년 교과서의 전체 단원을 분석 범위로 설정했다. 미국 교과서의 경우, 각 학년별로 1권씩 개발되어 있으며 3학년은 고장(Community), 4학년은 지역(Regions) 및 주(States), 5학년은 국가(Nation) 수준으로 내용 범위가 확장된다. 교과서 체제는 단원, 장, 절의 구조로 학년별로 동일하다. 5학년 교과서는 아메리카 대륙 형성 초기부터 미국 현대사까지를 포괄하고 있어서 교과서 분량이 3학년과 4학년 교과서의 두 배에 달한다. 교과서 분석 범위는 HM 출판사가 발행한 3개 교과서의 21개 단원, 42장, 144절로 총 1439쪽(3학년 6단원 12장 34절 365쪽, 4학년 6단원 11장 34절 365쪽, 5학년 9단원 19장 76절 709쪽)이다.

(2) 분석틀

내용 분석틀은 인구 교육을 둘러싼 핵심적인 논쟁점을 반영하여 크게 인구 교육의 '내용 요소', '목표 영역', '가치 접근 방식' 및 '수준'의 4개 범주로 구성했다.

첫째, '내용 요소'는 교과서에서 어떤 인구 교육 내용을 다루고 있는지를 포괄적으로 파악하기 위한 것이다. 내용 요소의 하위 범주는 인구학 및 인구 교육 분야의 선행 연구를 참조하여 연역적으로 도출하되(Population Reference Bureau, 2011; UNESCO, 1978; 김경란, 1998; 김태헌·권상수·권부경, 2001; 이희연, 2003), 분석 과정에서 실제 교과서에 포함된 내용을 반영하여 수정 및 보완했다. 최종적으로 한국 교과서의 경우에는 8개 영역의 35개 요소로, 미국 교과서의 경우에는 7개 영역의 37개 요소로 하위 범주가 구성됐다.

둘째, '목표 영역'은 교과서에서 인구 교육 내용을 제시할 때 학습의 초점이 어디에 있는지를 분석하기 위한 것이다. 목표 영역은 크게 인구 현상의 인식 및 이해와 관련된 '지식·이해', 인구 정보의 수집, 분석, 해석 등과 관련된 '기능', 인구 현상 및 문제에 대한 정의적 측면의 변화와 관련된 '가치·태도', 그리고 인구 현상 및 문제에 대한 행동 변화와 참여적 행동 요구 및 행동에 대한 의사 형성과 관련된 '행동·의도' 영역으로 구분된다.

셋째, '가치 접근 방식'은 교과서에 제시된 인구 교육 내용의 가치 중립성 여부를 파악하기 위한 것으로, 크게 가치 배제, 가치 중립, 가치 지향 (설득-처방) 접근으로 구분된다. '가치 배제(value-free)'는 인구 학습 내용에 대한 가치 판단을 내포하지 않은 몰가치적인 접근 방식이다. 인구 현상 및 문제를 특정 방향으로 인식하도록 설득하거나 특정 상황에 대한 처방을 제시할 의도 없이, 인구 현상 관련 사실이나 개념, 일반화, 이론을 지식적 차원에서 제시한 경우다. '가치 중립(value-neutral)'은 인구 학습 내용에 대한 가치 판단이 열려 있는 접근 방식이다. 학생들에게 인구 현상 및 문제에 대한 다양한 견해와 정보를 동시에 제공하고, 이에 대한 가치 판단 및 의사 결정에 대해 열린 기회를 부여한 경우이다. '가치 지향(value-oriented)'은 인구 학습 내용에 특정 방향으로의 가치 판단 및 평가가 포함된 접근 방식으로, 인구 현상 및 문제에 대해 긍정적 또는 부정적 가치를 담은 내용을 제시한 경우이다.

넷째, '수준'은 교과서에 제시된 인구 현상 및 문제가 어느 층위에서 다루어지는지, 또는 이와 관련된 행동 주체를 누구로 설정하는지를 파악하기 위한 것이다. 크게 개인, 고장·지역, 국가, 세계의 네 수준으로 구분하였다.

(3) 분석 방법 및 절차

한국 교과서와 미국 교과서에서 인구 교육 내용을 다루는 방식을 확인하기 위해서, 질적인 방식과 양적인 방식을 병행하여 교과서 내용을 분석했다. 이는 하나의 인구 교육 내용 요소를 분절적으로 다루지 않고 전체적인 맥락 속에서 그 의미와 특징을 파악하되, 분석 결과에 대한 계량화를 병행하였음을 의미한다. 분석 결과에 포함된 수치는 단어 및 문장의 수, 쪽 분량을 기계적으로 계산한 결과가 아니라 동일 내용이나 주제를 담고 있는 독립된 의미 단락(semantic unit)을 기준으로 산출한 것이다. 하나의 의미 단락은 하나 또는 둘 이상의 문장으로 구성될 수 있으며, 문장 외에 표, 그래프, 삽화, 지도, 사진 등의 자료도 포함된다. 이를 통해 인구 교육 내용의 전반적인 분포와 경향성을 파악하는 동시에 인구 교육 접근 방식의 특징을 파악하고자 했다.

교과서 내용 분석은 크게 의미 단락 추출, 범주화, 계량화의 단계를 거쳐 이루어졌다. 첫 번째 단계에서는 교과서에 제시된 인구 교육 내용 요소를 모두 추출했다. 이때 내용이 제시되는 맥락이 상실되지 않도록 최대한 넓은 범위에서 교과서 내용을 발췌했다. 두 번째 단계에서는 인구 교육 내용을 핵심 개념 및 하위 요소로 분류하고, 각 내용 요소별로 목표 영역, 가치 접근 방식, 수준에 대한 범주화 작업을 수행했다.[17] 마지막으로 범주별 분석 결과를 종합하고 수치화했다. 이렇듯 단계적 분석 과정을 통해 교과서에서 인구 교육 내용을 제시하는 방식을 분석적이면서도 총체적으로 파악하고자 했다.

분석 결과의 타당성을 확보하기 위해 분석 결과를 해석할 때, 질적 연구 방법에서 활용하는 삼각 검증(triangulation) 원칙에 따라 하나의 해석에 대해 여러 개의 근거를 제시할 수 있는지 검토했다(Bogdan & Biklen, 1998). 또한 반대 가설을 염두에 두고 결과 해석의 오류 가능성을 검토했

---

17   하나의 내용 요소가 여러 범주에 해당하는 경우에는 중복하여 체크했다. 하나의 의미 단락이 인구 현상에 대한 지식과 인구 정보 활용 기능을 모두 포함하고 있거나, 인구 현상에 대한 사실적 진술과 평가적 진술을 모두 포함하고 있는 경우 등이다. 이로 인해 의미 단락의 총합보다 목표 영역, 가치 접근 방식, 수준 영역 각각의 총계가 더 크게 계산될 수 있다.

다. 계량화된 최종 분석 결과를 해석할 때도 수치 자체에 기계적이고 절대적인 의미를 부여하기보다는 전반적인 분포와 경향성을 파악하는 방식으로 활용하고 수치화된 정보를 과대 해석하지 않도록 유의했다.

2) 인구 교육 내용 논쟁의 구조

(1) 인구 교육 논쟁의 역사

학교 인구 교육은 1960년대 말과 1970년대 초에 인구 증가에 따른 문제를 해결하고자 하는 정책적 의도에 따라 도입됐다(Brunswic, 1993; Clarke, 1993; Crews, 1993; Peer, 2006; UNESCO, 1978). 세계 인구 증가 억제를 목적으로 유엔, 유네스코, 유엔인구기금(UNFPA) 같은 국제기구들이 중심이 되어 인구 교육 프로그램의 확산에 주력했다(Clarke, 1993: 57). 이처럼 초기의 학교 인구 교육은 인구 증가에 따른 문제에 대응하는 "예방 교육(preventive education)" 차원에서(Brunswic, 1993: 1-2), 국가 및 세계 수준에서 "인구 안정화(population stabilization)"를 달성하는 것을 궁극적인 목표로 설정했다(Wasserman, 2011: 276). 당시 경제 개발을 위해 인구 증가를 억제하고자 했던 한국 정부는 유엔인구기금 지원을 받아 학교 인구 교육을 적극적으로 도입했다(UNESCO, 1978; 박윤경, 2012).[18]

....

18 유네스코 보고서에 따르면, 한국은 모든 수준의 공식 교육 체계에 인구 교육을 포함시키는 것은 물론 학교 밖 프로그램에도 관심을 기울인 나라들 중 하나였다. 1973년 한국교육개발 원은 유엔인구기금으로부터 재정 지원을 받아 1학년부터 3학년에 해당하는 인구 교육 수업 자료를 개발했다. 1974년 교육부는 역시 유엔인구기금으로부터 재정 지원을 받아 초·중등학교 인구 교육, 대학 인구 교육, 학교 밖 인구 교육으로 구성된 인구 교육 계획을 마련했다. 이 계획에 따라 초등학교 4학년부터 고등학교까지 인구 교육을 위한 수업 자료와 교사 지침서가 제공됐다. 이때 '인구 교육 교육과정 개발'이라는 문서도 발간됐다(UNESCO, 1978: 25-30).

하지만 세계적인 수준에서 학교 인구 교육이 성공적으로 이루어졌다고 평가하기는 어렵다. 대부분의 저개발국에서는 정부가 국제기구의 지원을 받아 인구 교육을 이끌어 온 반면, 인구 증가율이 상대적으로 낮은 산업화된 국가에서는 인구 교육에 대한 관심이 높지 않았기 때문이다(Brunswick, 1993: 1; UNESCO, 1978: 25, 31). 이처럼 학교 인구 교육은 세계 인구 증가를 억제하려는 국제 사회의 지원 및 압력과 국가 수준에서 경제 개발을 위해 인구 성장을 억제하고자 한 저개발국의 필요가 결합하여, 주로 저개발국에서 정부 주도로 도입되기 시작했다. 이런 배경에서 드러나듯이 초기의 학교 인구 교육은 "정책 지향적(policy-oriented)"인 성격을 강하게 지니고 있었다(Clarke, 1993: 57).

학교 인구 교육의 도입 배경을 통해 짐작할 수 있는 것처럼 초기 인구 교육은 국가와 세계 수준에서의 인구 통제 및 조절 교육이었다. 하지만 거시적 인구 정책 방향에 따라 학교 인구 교육의 목표를 설정하는 것은 많은 문제를 내포하고 있다. 이는 한편으로는 개별 인구 정책의 내적 모순 및 서로 다른 수준의 인구 정책 사이의 충돌에서 기인하고(Bovill & Leppard, 2006: 394-396),[19] 다른 한편으로는 인구 문제의 대응 전략에 상이한 접근 방식이 존재한다는 점에서도 기인한다(Ratner, 2004: 65).[20] 인구 문제는 인식 주체의 관점과 가치관이 부딪힐 수 있는 "쟁점"인 것이다(Moor, 2008: 156-159; Wasserman, 2011: 274). 이로 인해 인구 정책의 수단적 성격을 지

...

19 인구 관련 논쟁들은 서로 목표와 관점이 크게 대립되는 양극화된 주장들로 특징된다. 인구 및 출산 통제 정책과 프로그램들이 그 대표적인 예다(Bovill & Leppard, 2006).

20 래트너(Ratner, 2004)는 인구 성장 논쟁에 대한 사회과학의 이론적 전통을 정치·경제, 합리적 선택, 문화 제도주의라는 세 가지 관점으로 구분한 바 있다. 그에 따르면, 세 전통은 각각 형평성(equity), 효율성(efficiency), 문화 정체성(cultural identity)을 인구 문제 해결의 목표로 설정하고 있다.

닌 초기의 학교 인구 교육 목표는 다양한 측면에서 논쟁과 비판의 대상이 되어 왔다(Clarke, 1993: 59).

유네스코는 세계적인 논쟁 상황을 반영하여, 인구 교육의 목표를 인구 현상 및 문제에 대한 학생들의 의사 결정과 문제 해결을 강조하는 방향으로 수정했다(UNESCO, 1978: 35-36). 학교 교육에서는 학생들이 인구 현상의 영향 및 인구 문제에 대한 논쟁을 이해하고 평가하며(Peer, 2006: 105; Rath, 1993: 11), 인구 문제 해결을 위해 구체적인 행동을 할 수 있도록 도와야 한다(Moor, 2008: 156-159). 학생들의 의사 결정과 문제 해결 방향은 미리 설정되어 있지 않다. 인구 현상에 대한 이해와 정보에 바탕을 둔 의사 결정 및 문제 해결 중심의 인구 교육은 많은 학자의 지지를 받고 있다.

하지만 인구 교육을 둘러싼 최근의 학문적 논의에도 불구하고, 인구 통제 및 조절 교육의 성격을 갖는 초기 인구 교육의 흔적은 여전히 남아 있다. 학교 인구 교육 목표의 변화에 비추어 보면, 이러한 정책 도구적 성격의 목표 설정은 그 적합성을 인정받기 어렵다. 따라서 학생들이 인구 관련 지식 및 정보에 대한 이해를 바탕으로 인구 문제에 대해 열린 의사 결정과 문제 해결을 할 수 있도록 돕는 것을 학교 인구 교육의 목표로 설정하는 것이 적합하다. 이는 인구 교육 내용의 쟁점으로서의 성격을 반영하는 동시에, 학교 민주시민교육의 일반적 목표에도 부합하는 방향이다.

(2) 인구 교육 논쟁의 쟁점

일종의 인구 정책 수단으로서의 학교 인구 교육의 목표 설정과 접근 방식은 다양한 논쟁과 비판의 대상이 되었다(Clarke, 1993; Crews, 1993; UNESCO, 1978).[21] 학교 인구 교육을 둘러싼 논쟁은 크게 인구 교육의 내용

....

21   유네스코(UNESCO, 1978: 14-16)는 1) 인구 교육 목표 설정, 2) 인구 교육 수준, 3) 의사 결

선정, 가치 접근 방식 및 수준 설정이라는 세 가지 측면으로 나누어 살펴볼 수 있다(박윤경, 2012).

① 내용 선정의 문제

내용 선정의 문제는 인구 교육 내용으로 무엇을 다룰 것인지에 대한 논쟁이다. 이는 구체적으로 인구 교육 내용으로 '인구학적 지식과 인구 쟁점이나 문제 중 무엇이 더 적합한가?', '인구 교육 내용의 선정 범위와 우선순위를 어떻게 정할 것인가?', '인구 현상 및 문제의 의미를 어떻게 해석할 것인가?' 등에 대한 논쟁을 포함한다. 인구학적 지식과 인구 문제의 중요성을 모두 인정하더라도, 구체적인 인구 교육 내용을 선정하고 이에 대한 해석을 제공하는 것과 관련한 합의를 도출하기는 쉽지 않다. 이는 무엇이 중요한 인구 현상이나 문제인가에 대한 판단이 국가 사회적 맥락에 따라 다를 수 있을 뿐 아니라,[22] 동일한 인구 현상이나 문제에 대한 해석도 개인 및 사회의 관점에 따라 달라질 수 있기 때문이다(박윤경, 2012: 4).[23] 이처럼

....

정자로서의 학생, 4) 적합성과 참여, 5) 프로그램 계획 및 실행 수준, 6) 미래 지향성과 평생 교육, 7) 인구 교육의 접근 방법, 8) 인구 교육 내용 선정 문제를 인구 교육을 둘러싼 핵심 쟁점으로 제시했다. 한편 크루스(Crews, 1993)는 미국에서 전개된 인구 교육 관련 논쟁을 인구 교육 목표의 중립성, 인구 교육의 초점, 인구 교육의 주제라는 세 가지 측면에서 설명한다.

22 예를 들어 국가별로 인구 변동 곡선에서 다른 지점에 위치하고 있기 때문에 어떤 국가에서는 중요한 인구 변동 문제가 다른 사회에서는 중요하지 않을 수 있다. 따라서 특정 사회의 인구 상황에 따라 학교 인구 교육의 내용과 강조점이 달라질 수 있다(Sikes, Palacio, & Kerr, 1993; Wasserman, 2011).

23 이는 인구 쟁점은 물론 인구 현상 관련 지식에도 해당된다. 흔히 인구 통계 정보 및 이론은 객관적 지식의 영역으로 여겨지지만 이러한 현상이나 개념, 이론의 의미나 관계를 어떻게 해석할 것인가에 대해 합의하기는 쉽지 않다. 예를 들어 클라크(Clarke, 1993: 56-57)는 인구 교육의 대표적인 주제인 도시 인구 밀도와 환경 문제의 관계와 관련하여, 인구 밀도와 환경 악화가 항상 밀접한 상관관계를 갖는 것은 아니며, 때로는 낮은 인구 밀도가 환경 보호 인력 부족으로 인해 환경 악화에 더 부정적으로 작용할 수 있다는 점을 학교 교육에서 강조해

인구 교육 내용의 선정과 해석이 맥락적인 동시에 이데올로기적인 특성을 지닐 수 있다는 점을 고려한다면(UNESCO, 1978: 14-16), 인구 교육의 내용 선정 및 해석에 어떤 논리나 가치가 반영되어 있는지 지속적으로 관심을 가지고 살펴볼 필요가 있다.

② 가치 접근 방식의 문제

가치 접근 방식의 문제는 인구 교육의 정책 지향성과 가치 중립성을 둘러싼 논쟁이다. 이는 학교 인구 교육을 통해 학생들이 인구 현상 및 문제를 특정 방향으로 바라보거나 행동하도록 설득하거나 유도해야 하는지, 아니면 개인의 관점에 따라 판단하고 의사를 결정하도록 기회를 제공해야 하는지의 문제다. 이는 국가 수준에서 인구 정책의 방향이 정해져 있는 경우에 더욱 민감하게 제기될 수 있다. 이에 대해 "정책 지향적 접근"은 국가의 인구 정책 방향에 맞게 학교 인구 교육의 방향을 설정하고 학생들이 그 방향대로 생각하고 행동하도록 유도하고자 한다. 이와 달리 "가치 중립적 접근"은 개인의 관점에 따라 인구 현상 및 문제를 판단하고 의사 결정을 할 수 있도록 돕는다. 전자가 "닫힌 결론"을 지향한다면, 후자는 "열린 결론"을 허용한다(박윤경, 2012: 5). 인구 현상이나 문제에 대해 "본질적으로 옳거나, 잘못된" 의사 결정이나 행동이 있다고 보기는 어렵다(UNESCO, 1978: 37). 그렇다면 학생들이 인구 정보에 기초하여 인구 현상과 문제에

야 한다고 주장한다. 인구 문제에 대한 관점의 차이는 인구 성장을 둘러싼 논의에서 가장 잘 드러난다. 인구 성장이 다른 모든 사회 문제의 원인이자 위기라고 보는 관점에서부터 사회 문제 해결을 위한 대안이라는 관점까지 다양하다. 한편 인구 성장 문제가 산업화가 진행 중인 국가들이 직면한 문제로부터 주의를 돌리기 위해 산업화된 부유한 국가들이 조장한 잘못된 이슈라는 주장도 있다. 즉 진짜 문제는 인구 성장이 아니라 부와 자원의 잘못된 분배, 산업화된 국가들의 과잉 소비와 부유한 생활 양식 등이라는 입장이다(UNESCO, 1978: 11).

대해 스스로 판단할 수 있는 기회를 제공하는 것이 교육적으로 더 바람직할 것이다.[24]

③ 수준 설정의 문제

수준 설정의 문제는 개인, 지역, 국가, 세계 중 어느 수준에서 인구 교육 내용을 다룰 것인가에 대한 논쟁이다. 인식 주체를 어느 수준으로 설정하느냐에 따라 인구 현상이나 문제에 대한 관점이나 우선순위 등이 달라질 수 있다. 즉 세계나 국가 수준의 목표가 지역이나 개인 수준의 가치와 충돌할 수 있다. 실제로 출산 통제를 목적으로 시행된 가족계획 정책이 개인의 자유 및 사생활 침해로 간주되어 많은 저항에 직면한 바 있다(Brunswic, 1993: 1). 그럼에도 기존의 인구 교육은 지역과 국가 및 세계 수준의 인구 문제를 강조하는 반면, 개인과 가족 수준의 관점에는 거의 관심을 기울이지 않았다(UNESCO, 1978: 31). 유네스코는 인구 교육이 학생의 필요에 대응하고 의미 있는 경험이 되기 위해서는 개인 및 가족 상황을 더 강조해야 한다고 역설했다(UNESCO, 1978: 14). 인구 교육의 인식 주체인 학생들은 개인이자 지역 주민, 국민 그리고 세계 시민으로서 다중 정체성을 형성하고 있다. 정체성의 서로 다른 층위들이 상호 충돌할 가능성을 고려한다면 특정 수준에서의 가치 판단과 입장을 수용하도록 학생들에게 강요하기보다는, 인구 현상과 관련된 인식 주체의 다차원적 성격을 인식하고 그

----

24 교사는 학생에게 인구 현상 및 문제와 관련된 사실 정보는 물론 서로 다른 가치 입장에 관련된 정보를 제공하여, 학생들이 인구 쟁점에 대해 평가하고 선택할 수 있도록 한다. 이때 교사는 가치 중립적인 방식으로 내용을 제공한 후, 학생이 자기 의견의 근거를 명확히 하고 서로 다른 입장을 전개하고 방어하도록 장려한다. 자기 입장을 확인하고, 의사를 결정하고, 행동을 결정하는 것은 학습자의 몫이다. 정보에 바탕을 두고 개인 및 사회적 결과를 고려하여 판단한 이상 학생이 어떤 판단을 해야 하는지는 미리 결정되어 있지 않다(UNESCO, 1978: 37).

들 사이의 충돌 가능성과 상호 의존성을 모두 고려하여 인구 현상 및 문제를 판단할 수 있도록 해야 할 것이다. 이를 통해 학생은 인구 문제의 복잡성과 논쟁적 본질을 더 잘 이해하게 될 것이다. 특히 교육의 실제성 및 효과라는 측면에서 인구 문제를 개인 수준에서 다룰 수 있는 기회를 제공해야 한다.

(3) 인구 교육 논쟁의 의미

인구 교육을 둘러싼 논쟁은 결국 '학교 인구 교육의 목표를 어떻게 설정해야 하는가'라는 질문으로 귀결된다. 이와 관련하여 두 가지 다른 방향에서 논의의 출발점을 찾을 수 있다. 하나는 인구 교육이 강화된 배경인 국가 인구 정책으로부터 출발하는 것이고, 다른 하나는 학교 시민교육의 목표로부터 출발하는 것이다. 전자의 경우, 인구 교육 내용의 선정 및 해석은 인구 정책의 내용과 관점을 반영하여 이루어질 것이다. 인구 교육에서 가치문제에 대한 접근은 처방-설득적 관점에 따라 이루어지고, 개인의 관점보다는 국가 정책의 관점이 중요시되며, 인식 주체별 관점의 차이는 고려되기 어려울 것이다.

그런데 세계 인구 교육의 확산을 선도했던 유네스코도 학교 인구 교육의 목표와 성격에 대한 비판과 논쟁에 직면하여, 1970년대 말 이미 인구 교육의 정의와 목표를 수정한 바 있다. 유네스코는 인구 교육을 "학생과 가족, 공동체, 사회 및 국가의 현재와 미래의 삶의 질에 영향을 미치는 인구 사건 및 쟁점에 대한 정보를 바탕으로 학생들이 의사 결정을 하는 데 필요한 지식, 기능, 태도 및 가치를 획득하도록 하는 것"이라고 정의하고(UNESCO, 1978: 40), "정보를 바탕으로 인구 현상 및 문제에 대해 의사 결정을 하고 대응하는 것"을 인구 교육의 목표로 설정한 바 있다(UNESCO, 1978: 35-36). 이때 인구 교육에서 가치 중립적 접근과 개인 및 가족의 의사 결정에 대한 관심의 필요성을 강조했다(UNESCO, 1978: 37, 31). 이러한 접근법은 인구 문제를 일종의 "쟁점"으로 파악하는 흐름과도 방향이 일치한다(Moor, 2008; Wasserman, 2011).

이러한 흐름에 비춰 볼 때, 학교 인구 교육의 목표는 학생들이 인구 지식 및 정보에 대한 이해를 바탕으로 인구 현상과 문제와 관련한 의사 결정 및 문제 해결을 할 수 있도록 돕는 것으로 설정할 수 있다. 이때 학생들에게 인구 현상 및 문제에 대한 다양한 관점을 제공하고, 열린 가치 판단과 의사 결정을 내릴 수 있는 기회를 제공하는 것이 바람직한 학교 인구 교육의 방향이라고 할 수 있다.

3) 한국 교과서 속 인구 교육 내용

한국 교과서에서는 도시 문제와 촌락 문제, 저출산·고령화 문제라는 인구 문제를 중심으로 인구 교육 내용을 구성하고 있었다. 이때 명시적인 학습 목표는 지식·이해 및 기능에 초점을 두고 있으나, 인구 교육 내용에 가치 지향성이 상당히 내재되어 있었다. 또한 인구 문제는 지역과 국가 차원의 문제로 다루어지는 반면, 세계 수준의 문제에는 관심이 부족하고, 이에 대한 개인의 관점은 전혀 고려하고 있지 않는 것으로 나타났다.

(1) 인구 교육 내용 요소 분석

우리나라 교과서를 분석한 결과, 교육과정보다 교과서에서 인구 교육 내용을 더 적극적으로 반영하고 있었다.[25] 2007 개정 교육과정에서 신설

....

25 교과서는 기본적으로 교육과정 성취 기준을 바탕으로 개발되지만, 각 단원에서 구체적으로 어떤 내용을 어느 정도 다룰지는 교과서 개발 과정에서 결정된다. 특히 2007 개정 교육과정은 교육과정 대강화 원칙에 따라 소주제명을 생략하고 단원명과 내용 개요만을 성취 기준에

[표 2-2] 한국 초등학교 사회 교과서의 인구 교육 단원 및 제재(주제)

구분	단원	제재 및 주제	내용 영역
4-1	1. 우리 지역의 자연환경과 생활 모습	❸ 우리 지역의 생활 모습	지리
	3. 더불어 살아가는 우리 지역	❹ 함께 살아가는 사람들	지리
4-2	2. 여러 지역의 생활	❶ 촌락의 생활 모습 ❷ 도시의 생활 모습 ❸ 도시로 모이는 사람들 ❹ 도시와 촌락의 문제와 해결	지리
	3. 사회 변화와 우리 생활	❸ 우리 사회의 인구 문제	일반 사회
6-1	1. 아름다운 우리 국토	❺ 우리나라의 인구	지리
6-2	5. 세계 여러 지역의 자연과 문화	❷ 육지가 넓고 인구가 많은 북반구	지리

된 인구 단원인 4학년 2학기의 '우리 사회의 인구 문제' 외에도, 6학년 1학기의 '우리나라의 인구' 역시 인구를 독립된 주제로 설정하고 있다. 또한 4학년 1학기 '3. 더불어 살아가는 우리 지역' 단원에서 교육과정과는 달리 인구 교육 내용을 직접 다루고 있으며, 6학년 2학기 '5. 세계 여러 지역의 자연과 문화' 단원에도 인구 교육 내용이 포함되어 있다([표 2-2] 참조).

[표 2-3]에 제시된 바와 같이, 우리나라 초등 사회 교과서의 인구 교육 내용 요소는 크게 인구·인구 규모, 인구 성장·인구 변화, 인구 분포·인구 밀도·인구 집중, 인구 이동, 인구 구성, 인구 문제, 인구 정책, 인구 상관성의 8개 영역, 35개 요소로 분류할 수 있다. 그중 인구 문제가 가장 큰 비중으로 차지하며, 도시 문제와 촌락 문제, 저출산·고령화 문제에 집중하고 있었다. 인구 분포·인구 밀도·인구 집중, 인구 이동, 인구·인구 규모, 인구 성장·인구 변화, 인구 구성, 인구 정책 등의 다른 내용들도 모두 이러한

....

담았기 때문에, 사회 교과서의 "단원 구성 및 구체적인 교육 내용 선정은 교과서 개발 단계에서 이루어졌다"(한국교원대학교 국정도서편찬위원회, 이하 한국교원대, 2012: 66).

[표 2-3] 한국 초등학교 사회 교과서의 인구 교육 내용 요소 분석

영역	하위 요소	빈도		영역	하위 요소	빈도	
인구· 인구 규모*	인구	7	20	인구 이동	이동	3	38
	인구 규모	13			인구 이동	7	
인구 성장· 인구 변화	인구 성장	1	19		전출입 인구	2	
	인구 변화	6			지역(간) 이동	15	
	도시 인구 증가	4			국가(간) 이동	3	
	촌락 인구 감소	5			일시적·영구적 이동	2	
	출생(산)율·사망률	2			이주·귀농	2	
	자연적 증감	1			외국인 이동	4	
인구 분포· 인구 밀도· 인구 집중	인구 분포	11	46	인구 문제	인구 문제	4	57
	인구분포도	7			도시 문제	12	
	연령별 인구 분포	3			촌락 문제	9	
	인구 밀도	4			고령화	7	
	인구 집중	21			저출산	5	
인구 구성	산업별 인구 구성	2	17		저출산·고령화	20	
	지역별 인구 구성	3		인구 정책	출산 정책	3	7
	연령별 인구 구성	10			저출산·고령화	2	
	인종별 인구 구성	2			가족계획	2	
인구 상관성*	지역 간, 국가 간, 도시와 촌락 간	3	3				

*교과서에서 직접 사용하는 단어는 아니지만, 해당 의미를 내포하고 있음.

인구 문제와 연관 지어 다루어지고 있었다. 특히 저출산·고령화 관련 내용은 직접적으로 34건, 연관 내용을 포함하면 52건으로 전체 207건 중에서 19% 내지 25%에 해당한다. 35개 내용 요소 중에서 저출산·고령화 관련 내용이 교과서에 과잉 반영되어 있는 것으로 볼 수 있다.

좀 더 구체적으로 살펴보면, '인구 문제'는 4학년 2학기 2단원과 3단원, 6학년 1학기 1단원에서 주로 다루어지는데, 인구 문제 일반, 도시 문제,

촌락 문제, 저출산 및 고령화 문제를 내용 요소로 포함하고 있다. 이 중 가장 큰 비중을 차지하는 '저출산 및 고령화 문제'는 함께 다루어지기도 하고 (20회), 따로 다루어지기도 한다(고령화 7회, 저출산 5회). 도시 문제와 촌락 문제는 인구 변동으로 인해 발생하는 인구 구성의 변화 및 주택 문제, 교통 문제, 환경 문제에 초점을 맞추고 있다. 단원별로는 지리 영역인 4학년 2학기 "2. 여러 지역의 생활"에서는 도시 문제와 촌락 문제를 다루고, 일반 사회 영역인 "3. 사회 변화와 우리 생활"에서는 저출산·고령화 문제를 다룬다. 지리 영역인 6학년 1학기 "1. 아름다운 우리 국토"에서는 도시 문제와 촌락 문제와 저출산·고령화 문제를 함께 다룬다.

'인구 분포·인구 밀도·인구 집중'은 인구 교육 단원에서 고루 다루어진다. 인구 분포는 4학년 1학기 1단원, 6학년 1학기 1단원에서 많이 다뤄진다. 일반적인 인구 분포(11회) 외에 연령별 인구 분포(3회)도 다루고 있는데, 이는 저출산·고령화 논의와 연관되어 있다. 인구 집중은 4학년 2학기 2단원(16회)에서 도시 문제와 연관하여 가장 많이 다뤄지고 있다. 인구 밀도는 도시와 촌락의 인구 밀도를 비교(4학년 2학기 2단원)하거나, 아시아와 유럽의 인구 밀도가 높다(6학년 2학기 5단원)는 내용 정도로 드물게 다뤄지고 있다.

'인구 이동'은 3학년 1학기 2단원에서 고장 사람들의 '이동'이라는 개념이 처음 소개된 후, 4학년 1학기 3단원과 4학년 2학기 2단원에서 많이 다루어진다. 인구 이동 영역에서 가장 많은 비중을 차지하는 내용은 지역 간 이동(15회)으로, 지역 내 인구 유입이나 도시와 촌락 사이의 인구 이동이라는 측면에서 주로 다뤄지고 있다. 지역 간 이동에 비해 국가 간 이동(3회)은 매우 적게 다루어지고 있으며, 이주 개념은 북아메리카 인구에 대한 설명에서 단 1회 언급될 뿐이다. 비록 횟수는 적지만, 4학년 1학기 "3. 더불어 살아가는 우리 지역"에서 '외국인 거주 및 이동'을 지역 및 우리나라 인구 구성과 연결하여 다루는 점은 다문화교육의 관점에서 진일보한 접근 방식이다. 이처럼 초등학교 사회 교과서는 국가 간 이동보다는 지역 간 이동에 더 관심을 기울이고 있지만, 지역 및 국가 내 외국인 거주자에 대한 관심을 새롭게 드러내고 있다.

'인구·인구 규모'와 '인구 성장·인구 변화' 역시 인구 교육 관련 단원에서 고루 다루어진다. 인구·인구 규모는 4학년 1학기 1단원에서 많이 다루어지며, 인구 변화는 4학년 2학기 2단원과 6학년 1학기 1단원에서 주로 다루고 있다. 인구 규모는 보통 구체적인 수치보다는 인구 크기가 대략 크거나 작다는 정도로 기술되어 있다. 한편 인구 변화를 다룬 부분에서는 인구 변동 요인, 인구 이동과 인구 변화의 관계 등의 일반적인 내용(6회) 외에 도시 인구 증가(4회) 및 촌락 인구 감소(5회)가 주요 내용으로 제시되어 있다.

'인구 구성'은 4학년과 6학년의 인구 교육 단원에 고루 등장하며, 6학년 1학기 1단원에서 가장 자주 다루어진다. 구체적으로는 산업, 지역, 연령 및 인종별 인구 구성을 다루고 있으며, 그중 연령별 인구 구성(10회)이 가장 많이 등장한다. 구체적으로는 유소년층 인구, 노년층 인구, 생산 가능 인구, 경제 활동 인구, 노인 인구 비율 등 특정 인구 집단의 증가 및 감소를 다루고 있다. 산업, 지역, 인종별 인구 구성이 주로 4학년과 6학년의 지리 영역에서 각 2~3회 정도 다루어지는 데 비해, 연령별 인구 구성은 지리 영역(6학년 1학기 1단원, 7회)은 물론 일반 사회 영역(4학년 2학기 3단원, 3회)에서도 다루어진다. 특히 저출산·고령화 주제에서 제시된다.

'인구 정책'은 4학년 2학기 3단원과 6학년 1학기 1단원에서 등장하며, 출산 정책, 저출산·고령화 정책, 가족 계획에 대한 내용으로 구성되어 있다. 출산 정책은 과거의 출산 제한 정책과 현재의 출산 장려 정책을 다룬다. 저출산·고령화 정책 부분은 주로 최근 우리나라의 출생률 감소 및 고령화 사회 문제 해결과 관련된 정책의 필요성이나 내용을 비중 있게 다룬다. 가족계획은 과거 출산 제한 과정에서 시행했던 정책으로 소개하고 있다. 이처럼 사회 교과서의 인구 정책은 저출산·고령화 정책에 집중되어 있다.

'인구 상관성'은 주로 4학년 지리 단원에서 등장하는데, 독립적인 개념으로 제시되지 않는다. 대신 지역 간, 국가 간, 도시와 촌락 간 인구 현상이 서로 연관되어 있다는 내용 정도가 언급되어 있다.

(2) 인구 교육 내용의 목표 영역, 가치 접근 방식 및 내용 수준 분석

① 목표 영역 분석

인구 교육 내용의 목표 분석 결과를 통해 사회 교과서에서 어떤 인구 교육 목표에 초점을 두고 있는지 확인할 수 있다([표 2-4] 참조). 분석 결과, 초등 사회 교과서의 인구 교육 단원은 인구 관련 지식 습득 및 이해를 주된 목표로 채택하고 있으며 기능 학습을 병행하고 있는 것으로 나타났다. 네 가지 목표 영역 중 '지식·이해' 영역이 가장 큰 비중을 차지하고 있었는데, 이는 그다음으로 비중이 큰 '기능' 영역과 비교해도 4배 가까이 큰 수치를 보였다.[26] 반면 '가치·태도' 및 '행동·의도' 영역은 매우 드물게 나타났다.[27]

....

26 인구 단원에서 기능 학습 내용은 지식 관련 내용과 함께 제시되는 경우가 많다. 이는 인구 자료 해석 및 조사 학습 활동에서 관련 지식을 제공하는 경우가 많기 때문이다. 이로 인해 지식·이해 목표가 과다 책정되었을 가능성이 있다. 한편 삽화, 그래프, 도표 등의 자료가 제시되어 있어도 해당 자료를 기능 목표와 관련된 학습 활동에 활용하는지 여부가 명료하지 않은 경우에는 별도로 계산하여 기능 영역의 괄호 안에 표시했다. 이처럼 지식·이해 영역의 과다 책정과 기능 영역의 과소 책정 가능성을 충분히 감안하더라도 지식·이해 영역이 가장 큰 비중을 차지하고 있다는 점은 명확하다.

27 행동·의도 목표는 주로 4학년 교과서의 단원 정리 단계에 제시된 '내가 할 수 있는 것은?' 부분에서 발견할 수 있다. 2007 개정 사회 교과서 중 4학년 교과서는 문제 중심으로, 5, 6학년 교과서는 주제 중심으로 개발되었다. 이에 따라 교과서 단원 구성 체제도 4학년 교과서

[표 2-4] 한국 초등학교 사회 교과서의 인구 교육 내용 분석: 목표 영역, 가치 접근 방식 및 내용 수준(단위: 건수)

구분	목표 영역				가치 접근 방식				내용 수준		
	지식·이해	기능	가치·태도	행동·의도	가치배제	가치중립	가치지향	개인	고장·지역	국가	세계
인구 규모	17	1(3)	·	·	18	(2)	·	·	14	1	5
인구 성장·인구 변화	16	3(3)	·	·	8	1(2)	1(7)	·	10	8	1
인구 분포·인구 밀도·인구 집중	29(3)	11(4)	·	(2)	27	(10)	2(8)	·	26	17	3
인구 구성	17	1(2)	·	·	4	(6)	6(1)	·	2	12	3
인구 이동	26(1)	10(4)	6	3	25	1(4)	11(2)	·	32	·	10
인구 문제	41(2)	15(10)	2	6(2)	4	1(6)	30	·	21	34	2
인구 정책	5	1(1)	·	·	·	2	3(2)	·	·	7	·
인구 상관성	3	·	·	(1)	2	·	(1)	·	2	·	1
합계	154(6)	42(27)	8	9(5)	88	5(30)	36(31)	0	107	79	25

*총합 계산으로 각 영역별 합계가 내용 영역별 합계보다 크게 계산됨.
**괄호 안은 해당 영역의 성격이 다소 약한 경우임.

내용 영역별로 비교하면 8개 영역에서 모두 지식·이해 관련 내용이 기능 관련 내용보다 큰 비중을 차지했다. 그럼에도 인구 분포·인구 밀도·인구 집중, 인구 이동, 인구 문제 영역에서는 상대적으로 기능 목표가 더 자주 발견됐다. 이는 세 영역에서 그래프나 도표 등의 자료나 탐구 관련 활동들을 많이 제시하고 있기 때문이다. 하지만 세 내용 영역에서 기능 학습 내용이 많이 나타나는 것은 내용 요소의 본질적인 속성에 따른 것이라고 보기는 어렵다. 그보다는 특정 내용 요소와 관련된 자료나 활동이 단원별로 반복 제시된 결과로 보인다. 예를 들어 인구분포도 완성하기, 인구 이동의 이유 조사하기, 인구 문제 해결하기 등이 관련 단원에서 여러 차례 반복되고 있다.

② 가치 접근 방식 분석

가치 접근 방식에 대한 분석을 통해 인구 교육 내용에 내재된 가치 지향성을 확인할 수 있다([표 2-4] 참조). 분석 결과, 전체적으로 가치 배제 접근 방식이 가장 많고, 다음이 가치 지향적 접근 방식이며, 가치 중립적 방식이 가장 적게 나타났다. 가치 배제 접근 방식이 가장 두드러지게 나타나

는 크게 "단원 도입 → 제재 도입 → 제재 전개 → 제재 정리·심화 → 단원 정리"로 구성되었으며(한국교원대, 2012a, 66-68). 5, 6학년 교과서는 "단원 도입 → 단원 전개 → 단원 정리"라는 큰 틀에서 전개된다(한국교원대, 2012b, 69). 이에 따라 4학년 사회 교과서에서는 문제를 제시하는 '살펴보기', 문제 해결 활동을 수행하는 '풀어 보기', 문제 해결 결과를 정리하는 '매듭짓기', 심화된 문제를 제시하는 '더 나아가기'로 각 제재를 전개하고 있다. 4학년 단원 정리 단계는 단원에서 학습한 내용을 확인하는 '내가 알고 있는 것은?', 문제 해결과 관련하여 학생들이 참여할 수 있는 활동이나 아이디어를 제시하는 '내가 할 수 있는 것은?', 단원 학습 내용과 관련하여 확장된 사고를 요구하는 '생각을 넓혀요', 마지막으로 단원 학습 내용을 일반화된 진술로 제시하는 '간추려 보아요'로 구성되어 있다. 4학년 교과서가 문제 중심 접근 방식을 취함으로써 6학년 교과서보다 기능 목표 영역의 내용이 많이 나타난 것으로 보인다.

는 것은 인구 교육의 목표 분석에서 지식·이해 및 기능 영역의 목표가 큰 비중을 차지한 것과 연관되어 있음을 쉽게 짐작할 수 있다. 하지만 목표 분석에서 가치·태도 및 행동·의도 영역이 매우 드물게 나타났던 것과 비교하면, 가치 지향적 성격의 내용이 상당히 많이 분포하고 있음을 알 수 있다. 이는 표면적으로 지식 및 기능 학습을 목표로 하는 내용이 암묵적, 혹은 궁극적으로는 가치와 태도 형성을 목표로 하고 있기 때문이다. 예를 들어 사회과교육의 목표 전통의 하나인 "시민성 전달 모형"도 지식을 매개로 사회적으로 바람직한 가치를 전수하는 것을 더 근본적인 목표로 설정하고 있다(Barr, Barth, & Shermis, 1977). 따라서 목표 영역이 지식·이해 및 기능에 속하더라도 해당 지식 및 기능 학습 기회를 제공하는 의도는 특정 가치를 내재한, 또는 가치를 지향하는 것일 수 있다.

내용 영역별로는 인구 규모, 인구 분포·인구 밀도·인구 집중 영역이 주로 가치 배제적으로 다루어지는 데 비해, 인구 문제와 인구 정책은 가치 지향적으로 다루어지고 있다. 한편 인구 문제와 연관될 경우, 인구 집중, 인구 변화, 인구 구성, 인구 이동 영역에서도 가치 지향적 내용이 다수 발견된다. 이처럼 내용 영역에 따라 가치 접근 방식이 다르게 나타나는 이유가 인구 교육 내용의 본질적 차이, 또는 인구 교육 목표나 수준 설정의 차이에 기인한 것이라고 보기는 어렵다. 그보다는 교육과정 개발이나 교과서 개발 단계에서 미리 상정된 특정 인구 교육 내용 영역에 대한 가치 판단을 반영하고 있는 것으로 보인다. 2007 개정 사회 교과서에는 다문화적인 인구 현상은 긍정적이고, 도시 문제나 촌락 문제, 저출산·고령화 문제는 국가 사회적인 측면에서 부정적인 현상이라는 가치 판단이 뚜렷하게 반영되어 있다. 이와 달리 인구 문제에 대한 가치 중립적 기술을 접하기는 매우 어렵다. 가치 접근 방식과 관련된 교과서 내용 기술 사례는 다음과 같다.

"사람들이 많이 사는 지역도 있고 적게 사는 지역도 있습니다." [VF-인구 규모, 4-1-1-❸-26][28]

"세계의 여러 나라에서 우리 지역으로 외국인들이 들어오면 좋은 점은 무엇일까요?" [VO-인구 이동, 4-1-3-❹-113]

"우리나라 인구의 대부분이 도시에 살고 있습니다. 면적에 비해서 많은 사람들이 모여 살다 보니 주택 부족, 교통 체증, 환경 오염 등 여러 가지 문제들이 나타납니다. 한편 젊은 사람들이 도시로 빠져나간 촌락 지역에서는 일손 부족, 고령화, 폐교 등의 문제가 나타납니다." [VO-도시 문제, 촌락 문제, 4-2-2-❹-82]

"새로 태어나는 아기의 수가 점점 줄어들면 일할 수 있는 사람이 부족하여 나라의 경제가 어려워지게 됩니다. 그리고 고령화가 더욱 진행되면 사회에서 돌봐야 할 노인의 수가 늘어나 사회 문제가 될 수 있습니다." [VO-저출산·고령화 문제, 4-2-3-❸-116]

인구 교육 내용을 다룰 때 가치 중립적 접근 방식이 현저히 드물게 나타난다는 것은 무엇을 의미할까? 이는 학생들에게 하나의 인구 현상 및 문제를 다양한 관점에서 이해하고 평가할 수 있는 정보를 제공하거나 스스로 열린 의사 결정 및 문제 해결을 할 수 있는 기회를 제공하고 있지 않다는 뜻이다. 사회 교과서에 가치 지향적인 내용을 포함하는 일이 모두 부정적인 교육 효과를 갖는 것은 아니다. 민주시민 사회의 가장 기본적인 가치를 안내하는 것은 의미 있는 일이다. 하지만 교과서 내용에 함축된 가치가 민주 사회의 기본적 가치라기보다는 동일한 수준의 다른 의미 있는 가치

28 교과서 내용 분석에서 활용된 약호의 의미는 다음과 같다. [가치 접근 방식(VF=가치 배제, VN=가치 중립, VO=가치 지향)-내용 영역 및 요소, 학년-학기-대단원-제재 및 주제-교과서 쪽수]

와 충돌할 가능성이 있는 경우, 학생들에게 가치 충돌에 대해 사고하고 선택할 수 있는 기회를 주는 것이 교육적으로 더 바람직하다. 이런 점에 비추어 볼 때, 우리나라 교과서의 인구 교육 내용에는 인구 현상 및 문제와 관련하여 학생들 스스로 평가하고 선택할 기회가 거의 배제되어 있다는 문제가 있다.

③ 내용 수준 분석

인구 교육 내용의 수준을 분석을 통해 교과서에서 강조하는 인구 현상과 문제의 범위 및 관련 주체를 확인할 수 있다([표 2-4] 참조). 분석 결과, 초등학교 사회 교과서에서 인구 교육 내용을 다룰 때 세계 수준보다는 고장·지역 및 국가 수준의 인구 교육 내용을 더 비중 있게 다루고 있음을 알 수 있다. 구체적으로 고장 및 지역 수준(107회)과 관련된 내용이 가장 많고, 다음은 국가 수준(79회), 세계 수준(25회)의 순으로 나타난다. 개인 수준에서 인구 현상 및 문제를 다룬 내용은 발견되지 않는다. 내용 영역별로 살펴보면, 인구 규모(14회)와 인구 이동(32회)은 주로 고장·지역 수준에서 다뤄지는 반면, 인구 구성(12회)과 인구 정책(7회)은 국가 수준에서 다루어진다. 이는 전자가 주로 지역 수준의 문제로 다루어지는 도시 및 촌락 문제와 연관되어 있는 반면, 후자는 국가 차원의 문제로 간주되는 저출산·고령화 문제와 연관하여 다루어지기 때문이다. 한편 인구 성장·인구 변화, 인구 분포·인구 밀도·인구 집중, 인구 문제는 고장·지역 수준은 물론 국가 수준에서도 고루 다루어진다. 이 내용 영역들은 도시 및 촌락 문제는 물론 저출산·고령화 문제와도 연관되어 있다. 세계 수준에서는 인구 규모(5회)나 인구 이동(10회)을 다룬 내용이 다른 내용 영역에 비해서는 많은 편이지만, 이 내용들을 핵심 주제로 다루지는 않는다. 세계 수준의 인구 이동이 다수 나타난 것은 지역 내 외국인 유입이 이 부분에 반영되었기 때문이다.

인구 교육 내용 영역 및 학년에 따라 다소 차이는 있지만, 전반적으로 초등학교 사회과 인구 교육 내용은 고장·지역 및 국가 수준의 인구 현상 및 문제에 집중하고 있다. 개인 및 가족 차원에서 인구 현상 및 문제의 의미를 이해하고 의사 결정하기, 세계 수준의 인구 현상 및 문제에 대한 이해와 관심, 그리고 서로 다른 수준 간의 상호 관련성에 대한 이해와 관심은 사회 교과서에서 거의 다루고 있지 않다.

(3) 평가

인구 교육 내용을 둘러싼 주요 쟁점과 관련하여 살펴보면, 한국 교과서의 인구 교육 내용 선정 및 기술 방식에는 다음과 같은 문제점이 있다.

첫째, 내용 선정과 관련해서는 제한된 인구 교육 내용이 중복되거나 반복되는 현상이 두드러지는 반면, 인구 현상 및 문제를 바라보는 다양한 관점과 해석은 제공되고 있지 않다. 가장 큰 비중을 차지하는 인구 문제의 경우, 도시와 촌락 문제는 4학년에서는 지역의 관점에서 6학년에서는 국가의 관점에서 다루어진다. 저출산·고령화 문제도 4학년 일반 사회 영역과 6학년 지리 영역에서 거듭 다루어지고 있다.[29] 그렇지만 범위와 깊이의 심화, 또는 관점의 다양성 등은 발견되지 않는다. 이와 관련하여 과연 도시 및 촌락 문제, 저출산·고령화 문제가 사회과 교육과정에서 가장 중요하고

---

29 이는 나선형 원리에서 주장하는 바와 같이 인구 교육의 중요한 학습 원리와 내용을 범위와 깊이를 심화하여 다룰 수 있다는 나름의 장점을 갖는다. 반면 학생들이 다양한 인구 교육 내용 및 과제를 접할 수 있는 기회를 제한할 수 있다. 교육과정 내용 선정은 희소한 자원을 배분하는 과정이기 때문이다. 또한 특정 학습 주제 및 내용의 중요성을 필요 이상으로 부각시킬 수 있다. 사회과에서 인구 교육 내용의 중복과 반복 정도가 다른 학습 주제와 비교하여 어느 정도 심한지는 별도의 분석이 필요하다. 하지만 2007 개정 교육과정에서 교육과정 내용의 적정화를 위해 학년별 내용의 중복과 반복을 줄이려고 했다는 점에 비추어 볼 때, 인구 단원에서 유사하거나 동일한 내용이 반복되는 것은 이례적이다.

핵심적인 문제인지, 그렇다고 한다면 인구 내용에 할당된 교과서 지면을 어떻게 구성해야 학생들에게 더 의미 있는 학습 기회를 제공할 수 있을지 깊이 고민해 볼 필요가 있다.

둘째, 가치 접근 방식과 관련하여, 상당히 많은 인구 교육 내용이 가치 지향성을 내포하고서 학생들이 인구 현상과 관련 문제를 특정 방향으로 인식하도록 유도하거나 설득하고 있다. 반면 학생들이 인구 현상 및 문제를 다양한 측면에서 살펴보고 스스로 판단할 수 있는 기회는 제한되어 있다. 예를 들어 인구 문제의 경우, 개인의 가치 판단에 따른 문제 해결 기회가 거의 제공되고 있지 않다. 오히려 '이것이 왜 문제인가, 어떤 점에서 사회에 부정적인가, 어떤 해결 방안이 바람직한가?' 등에 대한 국가와 사회의 관점이 때로는 지식·이해의 방식으로, 때로는 기능 학습의 방식으로 제시되고 있다. 이로 인해 학생들은 교과서에 제시된 인구 문제 자체의 '문제성' 여부(문제인지 아닌지), 개인과 사회에 미치는 복합적인 효과, 인구 문제의 논쟁적인 성격을 탐구하고 나름의 대안을 제시할 기회를 얻지 못하고 있다. 학교에서 인구 교육을 할 때 학생들에게 어떤 내용과 성격의 학습 기회를 제공할 것인가는 단지 학습자 수준의 문제라기보다는, 학교 교육에서 '인구 교육을 왜 하는가?'라는 인구 교육의 목표에 대한 관점의 문제이다. 이런 점에서 볼 때, 한국 교과서의 접근 방식은 국가 정책 방향에 부응하여 학생들의 사고와 태도 및 행동을 변화시키고자 하는 초기 인구 교육의 접근 방식에서 크게 벗어나지 못하고 있다.

셋째, 수준 설정과 관련해 살펴보면, 인구 교육 내용은 지역과 국가 수준의 문제에 집중하는 대신 개인 및 가족 차원의 관점은 다루고 있지 않으며, 세계 차원의 문제에도 관심이 부족하다. 사회과에서 학습 주제에 대한 학생들의 관심을 환기하기 위해서는 학습 주제가 학생의 삶과 직접적인 적합성이 있다는 점을 보여 줄 수 있어야 한다(Moor, 2008, 156). 이러한 측면에서 볼 때, 한국 교과서의 인구 교육 내용은 '학습 주제의 실제성(authenticity)'에 대한 고려가 매우 부족하다. 인구 교육 내용과 개인 삶의 관계를 이해할 기회를 제공하지 않는 것은 인구 문제 해결과 관련된 행동, 의도, 참여 의지를 향상시킨다는 인구 교육의 목표 달성에도 부정적인 영향을 미칠 수 있다. 이에 비추어 본다면, 사회과 인구 교육에서 인구 현상 및 문제를 개인 삶과의 관계 속에서, 또 개인의 관점에서 조망할 수 있는 기회를 제공하는 일은 필수적이라 할 수 있다.

한편 인구 문제는 단일 공동체 경계를 넘어 전 지구적인 문제라는 성격을 갖는다. 이로 인해 오랫동안 인구 교육 영역에서는 물 부족, 자연 자원 고갈, 쓰레기, 생물 다양성 감소 등 지구 전체 차원의 문제에 관심을 가져왔다(Wasserman, 2011, 274). 이는 인구 문제가 갖는 상관성(inter-connectedness)에 따른 것이다. 다문화가정 증가에 따른 국내 인구 구성의 다양화 현상에서 알 수 있듯이, 국내 문제는 주변 국가의 인구 및 사회 경제 동향과 연결될 수 있다(Moor, 2008, 155). 이런 측면에서 국내 인구 문제를 세계 수준에서 살펴보는 일은 국내 인구 문제의 발생 원인과 결과를 보다 거시적이고 심층적으로 이해하는 데 도움을 줄 수 있다. 또한 국내 수준의 인구 문제와 세계 수준의 인구 문제를 비교함으로써 인구 문제의 다양성과 복잡성을 이해하는 데 도움을 줄 수 있다. 이와 달리 지역 및 국가의 관점에 한정해 인구 교육에 접근할 경우, 우리 사회의 인구 현상 및 문제를 더 넓은 맥락 속에서 성찰할 수 있는 기회를 상실할 수 있다.

4) 미국 교과서 속 인구 교육 내용

미국 초등 사회 교과서에서는 별도의 인구 교육 단원을 설정하지 않고 기존 주제와 결합하는 방식으로 인구 교육 내용을 제시하되, 주로 인구 이동 관련 주제를 중심으로 지식·이해 및 기능 목표에 초점을 두고, 국가와 세계 수준에서 가치 배제 및 가치 지향 접근 방식으로 인구 교육 내용을 제시하고 있었다. 이와 같은 일반적인 경향 속에서 제한적이나마 가치 중립 접근 방식이나 개인 수준에서도 인구 교육 내용을 다루고 있었다.

(1) 인구 교육 내용 요소 분석

한국 교과서와 달리 독립된 인구 단원이 없는 미국 교과서에서는 3개 학년에 걸쳐 전체 18단원, 27장, 35절, 118쪽(3학년 365쪽 중 34쪽, 4학년 365쪽 중 30쪽, 5학년 709쪽 중 54쪽)에 인구 교육 내용이 제시되어 있었다([표 2-5] 참조). 주로 공동체의 종류 비교, 인구 이동을 통한 국가와 지역 사회 및 도시의 성장과 변화, 다양한 사람이 공존하는 미국 사회라는 주제를 중심으로 내용이 제시되었다.

3학년 교과서에서는 전체 365쪽 중 34쪽에 걸쳐 인구 교육 내용이 제시되는데, 공동체의 종류 및 이주에 관한 주제를 중심으로 내용을 다루고 있다.[30] 단원별로 살펴보면, 특히 1단원의 1장 2절 "공동체의 종류(7쪽)" 및 3단원의 6장 1절 "미국에 오다(13쪽)"에서 집중적으로 등장한다. "공동체의 종류"에서는 도시와 교외 지역 및 촌락과 같은 공동체의 종류를 인구 규모를 중심으로 비교하는 내용을 다루며, "미국에 오다"에서는 1800년대 후반 미국으로의 이주 및 서부 이동에 대해 다룬다. 이 과정에서 시대별 이민 현황을 비교하고, 이민이 인구 구성에 미친 영향과 이민자들이 국가와 지역에 기여한 점을 설명한다. 이외 "멕시코시티"에서는 인구 증가에 따른 도시 환경 문제, "브라질"에서는 이주를 통해 형성된 사회를 다루고 있다.

....
30 3학년 교과서의 해당 단원들에는 다양한 인구 교육 내용 요소가 반영되어 있다. 특히 1단원
    과 2단원에는 인구, 3단원에는 인구, 이민, 인구 증가, 다양성, 이주자, 정착민, 출입국 관리
    소, 6단원에는 종족 집단, 종족 문화라는 인구 교육 내용 요소가 명시적으로 제시되어 있다.

[표 2-5] 미국 초등학교 사회 교과서의 인구 교육 관련 단원

학년	교과서			분량 (쪽)
	단원	장	절	
3	1. 공동체와 지리	1장 우리가 사는 장소	2절 공동체의 종류	7
		2장 우리의 땅과 자원	4절 멕시코시티	2
	2. 미국의 초기 공동체	[개관]		1
	3. 이곳저곳으로 이동하는 사람들	[개관]		2
		5장 새로 온 사람들이 정착하다	[개관]	1
		6장 여러 곳에서 온 사람들	[개관]	1
			1절 미국에 오다	13
			2절 브라질	5
	6. 사람과 문화를 축하하기	11장 문화를 보기	[개관]	1
			1절 공동체 속의 문화	1
4	1. 미국의 땅	1장 지역을 이해하기	1절 지역이란 무엇인가?	2
	2. 동부	[개관]		1
		3장 동부 탐험	3절 동부의 사람들	2
		4장 동부에서 살기	1절 뉴잉글랜드	1
			2절 중부 애틀랜틱	1
			[정리]	1
	3. 남부	5장 남부 탐험	3절 남부의 사람들	1
		6장 남부에서 살기	2절 더 아래 남부	1
	4. 중서부	[개관]		2
		7장 중서부 탐험	3절 중서부의 사람들	2
		8장 중서부에서 살기	1절 대호수 주변의 주들	2
			2절 대평원 주들	3
	5. 서부	9장 서부 탐험	3절 서부 사람들	2
		10장 서부에서 살기	2절 산간 주들	1
			3절 태평양 주들	3
	6. 세계와 연결하기	11장 여기 미국	1절 국가의 상징	1
			3절 북아메리카 나라들	2
			[정리]	2

5	1. 우리 땅과 첫 번째 사람들	1장 미국의 땅	4절 사람과 땅	1
		2장 첫 번째 미국인	1절 고대 미국인	3
	3. 영국 식민지	[개관]		1
		[정리]		1
	4. 미국 혁명	9장 나라 만들기	2절 헌법위원회	2
	5. 새 나라	[개관]		1
		10장 초기 공화국	4절 잭슨 시대	1
		11장 커 가는 나라	2절 이주자와 개혁가	2
			4절 서부 이동	6
			[정리]	1
	6. 내전	12장 내전의 원인	[정리]	1
	7. 나라를 개혁하기	[개관]		1
		14장 변화와 대평원	1절 서부와 동부 잇기	1
		15장 큰 기업과 큰 도시	2절 미국의 이민자들	4
			3절 성장하는 도시	4
			4절 개혁의 시대	3
			[정리]	2
	8. 21세기	16장 세계의 열강 되기	3절 1920년대	1
			4절 대공황	3
			[정리]	1
		17장 변화에 직면하기	2절 베이비 붐	1
	9. 현재와 연결하기	[개관]		1
		18장 미국과 세계	1절 1970년대의 도전	2
		19장 미국의 현재와 미래	1절 북아메리카의 이웃들	1
			2절 오늘날의 미국	6
			[정리]	2
		[정리]		1
합계	18	27	35	118

　　4학년 교과서에서는 365쪽 중 30쪽에서 인구 교육 내용이 제시되었는데, 국내외 인구 이동에 따른 지역의 성장 과정 및 지역 문제에 관한 주

제를 중심으로 내용을 다루고 있다.[31] 4학년 교과서 단원은 지역 중심으로 구성되어 있어서, 각 지역에 사는 사람들과 이들의 생활 모습을 다루는 주제에서 인구 관련 내용이 주로 제시된다. 예를 들어 2단원의 "동부" 지역은 다른 지역에 비해 인구 밀도가 높고, 역사적으로 유럽으로부터의 이민과 남부 흑인의 이동을 통해 인구가 증가했으며, 최근에는 도시에서 교외 지역으로 인구가 이동하고 있다는 내용 등을 통해 동부 지역의 사람들과 생활을 설명한다. 3단원 "남부" 지역에서는 유럽과 아프리카로부터의 이주, 남부 지역 종족 구성의 다양성에 대한 내용을 다룬다. 4단원 "중서부" 지역에서는 유럽으로부터의 이주, 촌락에서 도시로의 인구 이동에 따른 인구 성장 과정, 도시에서 교외 지역으로 이동하는 인구가 늘면서 도시 문제와 환경 문제가 발생하고 있는 대호수 주변 주들, 인구 밀도가 낮아 문제를 겪고 있는 대평원 주변 주들에 대해 다룬다. 5단원 "서부" 지역에서는 골드러시에 따른 인구 이동 및 이주자의 공헌, 산간 주들의 낮은 인구 밀도, 태평양 주 이주 노동자의 삶을 다루고, 6단원에서는 캐나다와 멕시코 등 이주를 통해 형성된 국가의 특성을 다룬다.

5학년 교과서에서는 709쪽 중 54쪽에 인구 교육 내용이 등장하는데, 국내외 인구 이동에 따른 국가와 도시의 성장 과정 및 다양한 사람들로 구성된 미국 사회라는 주제를 중심으로 인구 교육 내용을 다루고 있다.[32]

....

31 4학년 교과서의 1단원에는 인구, 2단원에는 인구, 이민, 이주자, 3단원에는 인구, 종족 집단, 4단원에는 인구, 인구 변화, 인구 증가, 인구 감소, 인구 밀도, 이주자, 이민, 도시 문제, 5단원에는 인구, 인구 밀도, 이주자, 이민, 이주 노동자, 6단원에는 인구, 이주자라는 인구 교육 내용 요소가 명시적으로 제시되어 있다.

32 5학년 교과서의 1단원에는 인구, 인구 이동, 이주, 3단원과 4단원에는 인구, 5단원에는 인구, 인구 증가, 이민, 이주자, 골드러시, 포티나이너, 붐 타운, 6단원에는 인구, 7단원에는 인구, 인구 증가, 종족 집단, 대이주, 이주자, 이민, 편견, 이주자 공동체, 출입국 관리소, 도시 성장, 도시 문제, 슬럼, 공동 주택, 사회 복지관, 인종 평등, 평등권, 편견, 8단원에는 인구, 베이

4학년 교과서와 마찬가지로 단원 대부분이 인구 관련 내용을 다루지만, 5단원 "새 나라"(11쪽), 7단원 "나라를 개혁하기"(15쪽), 8단원 "21세기"(6쪽), 9단원 "현재와 연결하기"(13쪽)와 같이 초기 공화국 시대 이후 시기부터 많이 제시된다. 특히 5단원 11장 "커 가는 나라(9쪽)", 7단원 15장 "큰 기업과 큰 도시"(13쪽) 및 9단원 19장 "미국의 현재와 미래"(9쪽)에서 집중적으로 다룬다. 이 부분에서는 유럽으로부터의 이주와 서부 이동 등 미국의 성장 과정(5단원), 이주자 유입 및 인구 이동을 통한 도시의 성장 과정(7단원), 다양한 인구로 구성된 오늘날 미국 사회의 모습(9단원)에 대한 주제가 중심을 이룬다. 그 외, 1단원에서는 자연환경과 인구 성장의 관계(지리적 측면), 인구 이동의 역사(역사적 측면), 3단원에서는 미국 동부 도시의 인구 변천 비교, 4단원에서는 미국 초기 정부 구성 과정에서 제기된 인구 관련 쟁점(역사 및 정치적 측면), 6단원에서는 북부 지역의 흑인 인구 증가, 8단원에서는 도시화 과정 및 대공황과 인구 문제 등에 대해 다룬다.

교과서에 제시된 인구 교육의 내용 요소는 [표 2-6]과 같이, 크게 인구·인구 규모, 인구 성장·인구 변화, 인구 분포·인구 밀도, 인구 구성, 인구 이동, 인구 문제, 인구 정책의 7개 영역으로 구분할 수 있다. 이 중 인구 이동과 관련된 개념이 압도적으로 많이 다루어지고 있으며, 그다음으로 인구·인구 규모, 인구 구성, 인구 분포·인구 밀도, 인구 성장·인구 변화, 인구 문제의 순으로 다루어지고 있다. 반면 인구 정책에 대한 내용은 매우 적다.

교과서에서 명시적으로 가장 많이 등장하는 인구 교육 내용 요소는 이주자(166회)이고, 그다음 인구(63회)이다. 그 외 이민(22회), 종족 집단(16

비 붐, 인구 지도, 9단원에는 인구, 종족 집단, 다양성, 문화 차이, 이주자, 이민, 이주 노동자, 이주 노동자 운동, 다문화 사회, 이민법이라는 인구 교육 내용 요소가 명시적으로 제시되어 있다.

[표 2-6] 미국 초등학교 사회 교과서의 인구 교육 내용 요소(단위: 건수)

영역	하위 요소	빈도		영역	하위 요소	빈도	
인구· 인구 규모	인구	63(1)	63 (57)	인구 이동	인구 이동	2(12)	215 (136)
	인구 규모	(56)			국제 이동	(59)	
인구 성장· 인구 변화	인구 변화	2(3)	15 (21)		국내 이동	(32)	
	인구 증가	8(7)			지역 이동	(17)	
	인구 감소	2(1)			일시적 이동	(2)	
	베이비 붐	3			비자발적 이주	(3)	
인구 분포· 인구 밀도	인구 분포	(11)	19 (35)		자발적 이주	(1)	
	인구 지도	4(5)			이주/대이주	8/6(1)	
	인구 재분포	6(3)			정착민	1(1)	
	인종·종족별	(3)			이주자	166(7)	
	국적별	(2)			이민	22	
	인구 밀도	10(6)			이주 노동자	10(1)	
	인구 집중	(5)		인구 문제	이민 문제	7(18)	14 (47)
인구 구성	연령별	(1)	30 (52)		도시 문제	7(18)	
	인종/종족별	16(20)			촌락 문제	(1)	
	국적별	(26)			노동 문제	(5)	
	종교별	(1)			인구 논쟁	(5)	
	신분별	(1)		인구 정책	이민법	5(1)	5(1)
	다양성	14(3)					

*괄호 안은 관련 개념 및 내용이 교과서에 직접 명시되어 있지는 않지만, 내용상 포함되어 있는 경우임.

회), 다양성(14회), 인구 밀도, 이주 노동자(각 10회), 인구 증가, 이주(각 8회), 이민 문제, 도시 문제(각 7회), 대이주(6회), 이민법(5회), 인구 지도(4회), 베이비 붐(3회) 등의 내용 요소가 제시된다. 이때, 붐 타운, 출입국 관리소(각 5회), 이주자 공동체(4회), 다문화 사회(3회), 포티나이너, 슬럼(각 2회), 도시 성장, 골드러시, 인종 평등, 종족 문화, 문화 차이, 평등권 등(각 1

회) 미국 사회의 특성이 드러나는 개념들이 세부 내용 요소로 다뤄진다.

명시적으로 제시되지는 않았지만, 교과서 내용에 내포된 개념을 중심으로 살펴보면, 국제 이동(59회), 인구 규모(56회), 국내 이동(32회), 국적별 인구 구성(26회), 인종·종족별 인구 구성(20회), 이민 문제(18회), 도시 문제(18회), 지역 이동(17회), 노동 문제(5회), 인구 논쟁(5회)에 대한 내용이 다뤄지고 있다. 인구 규모는 '많은 사람들, 큰 규모의 인구, 수백만의 사람들, 얼마나 많은 사람들'처럼 다소 모호하게 제시되기도 하고, 특정 지역이나 집단의 구체적인 인구 규모가 수치로 제시되기도 한다. 인종·종족별 및 국적별 인구 구성의 경우, 인구 이동을 통해 특정 지역이나 국가의 인구가 다양한 인종·종족 집단 및 국가 출신으로 구성되어 있음을 제시하는 내용들이다. 국제 이동은 세계 여러 지역으로부터 미국(또는 미국 주변 국가들)으로 인구가 유입되는 현상과 관련된 내용을 다루며, 국내 이동은 미국 내 특정 지역에서 다른 지역으로 인구가 이동하는 현상을 다룬다. 국내 이동에 해당하는 지역 이동은 특히 촌락 지역으로부터 도시 지역, 또는 도시 지역에서 교외 지역으로 인구가 이동하는 현상을 다루고 있다. 이민 문제는 이주자와 정주민 간의 갈등, 이주자들이 경험하는 어려움 등을 다루며 도시 문제는 도시의 주택 및 환경 문제, 교외 지역으로의 인구 유출에 따른 문제 등을 다룬다. 노동 문제는 주로 이주 노동자와 관련된 문제이며 인구 논쟁은 선거구, 노예 인구 및 이민법 관련 논쟁이다.

(2) 인구 교육 내용의 목표 영역, 가치 접근 방식 및 내용 수준 분석
① 목표 영역 분석

미국 교과서에서도 한국 교과서와 같이, 인구 현상에 대한 지식 이해를 중심으로 기능 습득을 병행하는 방향으로 인구 교육 내용이 제시되고 있었다([표 2-7] 참조). 목표 영역 중에서는 지식·이해 영역(210회)의 비중

[표 2-7] 미국 초등학교 사회 교과서의 목표 영역, 가치 접근 방식 및 내용 수준(단위: 건수)

구분	목표 영역				가치 접근 방식			내용 수준			
	지식·이해	기능	가치·태도	행동·의도	가치 배제	가치 중립	가치 지향	개인	지역	국가	세계
인구·인구규모	29(44)	21(18)	(2)	3	38(56)	3(1)	5(20)	·	28(27)	15(33)	9(15)
인구 성장·인구 변화	9(13)	8(11)	2	·	14(19)	·	5(5)	(1)	11(14)	6(10)	1(2)
인구 분포·인구 밀도	10(23)	6(21)	·	·	12(36)	·	(6)	(1)	8(26)	5(19)	1(5)
인구 구성	19(48)	9(11)	5(5)	·	20(50)	(2)	14(23)	1	2(17)	18(28)	12(36)
인구 이동	126(127)	50(28)	16(4)	1(3)	131(131)	9(7)	74(57)	12(11)	32(69)	110(93)	78(78)
인구 문제	12(44)	(5)	2(9)	(2)	11(41)	1(6)	10(36)	(2)	9(25)	7(29)	2(13)
인구 정책	5(1)	2	·	·	5(1)	·	1	·	·	5(1)	3(1)
합계	210(300)	96(94)	25(20)	4(5)	231(334)	13(16)	109(147)	13(15)	90(178)	166(213)	106(150)

* 괄호 안은 관련 개념 및 내용이 교과서에 직접 명시되어 있지는 않지만, 내용상 포함되어 있는 경우임.

이 가장 크고, 기능 영역(96회)이 그다음을 차지하고 있다. 이 두 영역에서는 7개의 핵심 개념이 모두 나타나고 있다. 지식·이해 목표 영역 관련 내용은 기능 목표 영역 관련 내용과 자주 결합된다[사례 1]. 이보다는 드물지만 지식·이해 목표 영역 관련 내용이 가치·태도 목표 영역 관련 내용과 결합되거나[사례 2], 기능 목표 영역 관련 내용이 가치·태도 목표 영역 관련 내용과 결합되기도 한다[사례 3]. 이에 비해 가치·태도 영역(25회)의 비중은 매우 적고, 행동·의도 영역(4회)은 거의 없다. 가치·태도 목표 관련 내용은 주로 인구 구성, 인구 이동, 인구 문제 영역에서 이주자가 겪는 어려움, 미국 사회에의 공헌, 편견, 다양성, 도시 및 환경 문제 등의 주제와 연관되어 제시된다[사례 2~5].

> [사례 1] 많은 사람이 도시 지역(Urban area)에서 살고 일한다. 도시 지역은 도시(City)의 땅과 공간의 다른 이름이다. 애틀랜타시는 조지아주에 있는 도시 지역이다. 위에 있는 지도에서 애틀랜타를 찾아보자. 40만 명 이상의 사람들이 그곳에 살고 있다. [G3-U1-C1-L2-17][33] [지식·이해+기능]
>
> [사례 2] 이민자들은 포기하지 않았다. 그들은 열심히 일하여 미국에 기여했다. 중국 노동자들은 나라를 가로지르는 철도를 건설하는 일을 도왔다. (중략) 많은 이민자가 새로운 나라에서 열심히 일해 왔으며 그 일들을 잘 해냈다. 이민자들은 오늘날 계속 이곳으로 오고 있으며 우리나라의 다양성을 더해 주고 있다. [G3-U3-C6-L1-177] [지식·이해+가치·태도]

....

33　교과서 사례 분석에서 활용된 약호의 의미는 다음과 같다. G는 학년, U는 단원, C는 장, L은 절, 마지막 숫자는 교과서 쪽수를 의미한다. 예를 들어 [G5-U7-C14-L1-500]은 5학년 7단원, 14장, 1절의 500쪽에 제시된 의미 단락임을 뜻한다.

[사례 3] 복잡한 장소에서 서로 다른 사람들이 어울려 살 수 있는 방법을 이야기해 보자. [G3-U1-C1-L2-21] [기능+가치·태도]

[사례 4] 중앙태평양회사는 많은 중국인 노동자를 고용했다. 수천 명의 중국인들이 금을 찾아 캘리포니아로 왔다. 중국인들은 다른 철도 노동자들의 편견에 직면했다. 편견이란 부당한 대우를 낳을 수 있는 불공정하고 부정적인 견해다. 중국인들은 다른 노동자들에 비해 더 적은 보수를 받았고, 때때로 바위를 폭파시키는 것과 같이 더 위험한 일을 할당받기도 했다. [G5-U7-C14-L1-500] [지식·이해+가치·태도]

[사례 5] 종족 집단이 미국의 삶에 공헌한 바에 대해 찾아보자. [G5-U9-C19-707][가치·태도]

② 가치 접근 방식 분석

가치 접근 방식들 중에서는 가치 배제 접근(231회)이 가장 많고, 다음이 가치 지향 접근(109회)이며, 가치 중립 접근(13회)이 가장 적었다([표 2-7] 참조). 가치 배제 접근은 7개 내용 영역에서 모두 나타났다[사례 1, 2]. 가치 지향적 내용은 독립적으로 제시되기도 하지만[사례 3], 주로 가치 배제적 내용과 함께 제시되는 경우가 많다. 즉 인구 현상에 대한 가치 배제적 정보 제공에 가치 지향적 기술이 더해지는 방식이다[사례 4].

[사례 1] 뉴욕시는 우리나라에서 가장 큰 도시이다. 뉴욕의 인구는 우리나라의 다른 어느 도시보다 많다. 인구란 한 공간에 사는 사람들의 수이다. [G3-U1- C1-L2-16][가치 배제]

[사례 2] 시애틀과 다른 태평양 연안 도시들은 거대한 항구들이다. 1800년대부터 많은 아시아 이민자가 이런 도시들을 통해 미국으로 들

어왔다. 그 결과 많은 아시아계 미국인들이 이 지역에 살고 있다. [G4-U5-C10-L3-289][가치 배제]

[사례 3] 왜 미국의 다양성은 미국의 강점 중의 하나인가? [G5-U9-C19-706] [가치 지향]

[사례 4] 지난 몇십 년에 걸쳐 많은 사람들이 디트로이트처럼 대호수 주변의 몇몇 도시들에서 떠나갔다. 사람들이 떠날 때 도시에서는 문제가 생긴다. 기업과 학교가 이용할 사람들이 충분하지 않아 문을 닫는다. 건물과 집도 버려지고, 범죄가 증가할 수 있다. [G4-U4-C8-L1-221] [가치 배제+가치 지향]

이와 달리 가치 중립 접근은 인구·인구 규모, 인구 이동, 인구 문제 등 특정 영역에서 매우 제한적으로 나타난다. 그중 인구 이동에서 가치 중립 접근이 상대적으로 많이 발견된다. 예를 들어 5학년 교과서에는 초기 아메리카 정착민들의 이주 경로에 대한 다양한 가설이 제시된다[사례 1]. 또 이주자 및 이주와 관련하여, 이해관계에 따라 다른 입장[사례 2], 이주의 득실, 이주 후의 삶에 대한 평가, 이주자로서 선택할 생활 방식 등에 대해 생각해 보는 내용이 다뤄진다[사례 3, 4]. 한 가지 흥미로운 점은 전형적인 인구 교육 내용으로 다뤄지기 어려운 선거 제도와 관련된 영역에서 인구와 관련된 논쟁을 제시하고 있다는 것이다. 즉 미국 초기의 정부 수립 과정에서 주별 인구 크기 및 흑인 노예 규모 등의 인구 상황 차이에 따라 대표 선출 방식과 관련한 입장이 대립되었던 상황을 상세히 소개하고 있다[사례 5]. 이처럼 가치 중립적 기술이 제시되는 방식은 크게 두 가지 유형으로 구분할 수 있다. 하나는 특정 인구 현상에 대한 대안적인 설명이나 다양한 입장을 제시하는 방식이다. 다른 하나는 특정 인구 현상에 대한 학생들의 자유로운 의견을 묻거나 의사 결정 기회를 제공하는 방식이다.

[사례 1] 과학자들은 어떻게 첫 번째 인간들이 북아메리카에 들어왔는지 확신하지 못한다. 그들에게는 몇 가지 이론이 있다. 한 이론은 사냥꾼들이 처음에 아시아와 북아메리카 사이의 육로(a land bridge)를 가로질러 미국에 들어왔다는 것이다. 다른 이론은 사람들이 해변을 따라, 또는 바다를 가로질러 배를 타고 여행을 했다는 것이다. [G5-U1-C2-L1-38]

[사례 2] 고용주들은 이민자들을 고용하는 것을 좋아했다. 왜냐하면 적은 임금으로 많은 일을 시킬 수 있었기 때문이다. 같은 이유 때문에, 어떤 사람들은 자신들의 직업을 이민자에게 빼앗길까 걱정하며 이민이 중단되기를 원했다. [G5-U7-C15-L2-545]

[사례 3] 미국으로 온 후 이민자들의 삶은 더 나아졌는가, 아니면 더 나빠졌는가? 왜 그렇게 생각하는가, 또는 왜 그렇게 생각하지 않는가? [G5-U7-564]

[사례 4] 만약 네가 새로운 나라로 이동한다면, 어떤 전통을 계승하고 싶은가? [G3-U3-C6-L2-187]

[사례 5] 대표들은 버지니아 플랜의 대부분을 수용했지만, 많은 사람이 한 부분은 좋아하지 않았다. 매디슨은 의회를 구성하는 각 주의 대표 수가 그 주의 인구에 바탕을 두어야 한다고 제안했다. 의회에서 큰 주들은 작은 주보다 더 많은 투표권을 얻게 될 것이다. 작은 주들은 이 계획을 좋아하지 않았다. 그 계획은 큰 주들에게 더 많은 권력을 제공했다. 작은 주에서 온 대표들은 뉴저지 플랜을 마련했다. 이 플랜은 연방 규약처럼 각 주에게 투표권을 하나씩 준다. 작은 주들은 큰 주만큼의 권력을 갖게 될 것이다. 대표들은 두 플랜에 대해 격렬하게 논쟁했다. 코네티컷의 로저 셔먼이 해결책을 제시했다. 그는 의회를 상원과 하원의 두 부분으로 나눌 것을 제안했다. 상원에서

는 각 주별로 같은 수의 대표를 갖는다. 각 주별로 하원에 보내는 대표 수는 각 주의 인구에 따라 달라진다. [G5-U4-C9-L2-304]

③ 내용 수준 분석

인구 교육의 내용 수준 분석 결과, 전체적으로는 국가(166회), 세계(106회), 지역(90회), 개인(13회)의 순으로 나타났다. 핵심 개념별로 살펴보면, 인구 구성과 인구 이동 개념에서는 국가(128회), 세계(90회), 지역(34회), 개인(13회)의 순으로 전체적인 경향과 동일하다. 하지만 인구·인구 규모, 인구 성장·인구 변화, 인구 분포·인구 밀도, 인구 문제 영역에서는 지역(56회), 국가(33회), 세계(13회)의 순으로 지역 수준 내용의 비중이 가장 크다. 이 주제들은 개인 수준에서는 다뤄지지 않는다. 한편 인구 정책은 국가(5회)와 세계(3회) 수준에서만 다루어진다([표 2-7] 참조).

인구 이동 주제에서 국가와 세계 수준의 내용이 많이 제시되는 이유는 인구 이동에 관한 내용이 대부분 다른 나라로부터 미국으로의 이주[사례 1], 또는 미국의 특정 지역으로의 이주에 대한 내용[사례 2]으로, 세계, 국가, 지역 수준의 내용이 연결되어 제시되는 경우가 많기 때문이다. 또 미국 이민자들과 브라질 이민자들의 삶의 유사성처럼 두 국가의 인구 현상을 비교하기도 한다[사례 3]. 이주를 중심으로 한 국제 이동에 비해 도시와 교외 지역, 도시와 촌락, 서부 지역으로의 이동과 같이 국내 지역 간 이동을 다룬 내용은 상대적으로 비중이 크지 않다.

[사례 1] 1800년대 말까지 수백만 명의 사람이 공장 일자리를 찾아 유럽으로부터 미국으로 이주해 왔다. (중략) 남부와 동부 유럽에서 온 이민자들은 전쟁과 가난을 피하기를 원했다. 그들은 미국에서 더 나은 삶을 찾기를 희망했다. [G4-U2-C3-L3-95][국가+세계]

[사례 2] 미국으로 이동한 많은 사람이 서부 해안에 정착했다. 이민자들 중에는 중국에서 온 사람들이 있었다. 이민자는 한 나라를 떠나 다른 나라로 이동하는 사람이다. 많은 중국인은 중국에 있는 가족을 위해 캘리포니아로 돈을 벌려고 왔다. [G3-U3-C6-L1-174][지역+세계]

[사례 3] 미국과 브라질에서 이민자들의 삶은 어떤 점에서 유사한가? [G3-U3-C6 -L2-191][국가+세계]

한편 상대적으로 적은 비중이긴 하지만, 인구 현상과 관련하여 다른 나라로의 이주, 또는 농촌에서 도시로의 이동과 같은 특정 상황에 놓인 개인의 의사 결정과 관련된 활동들이 제시된다[사례 1, 2]. 또는 서부 이동에 나선 개인들이 그 과정에서 경험했을 어려움을 짐작해 보는 활동들이 제시되기도 한다[사례 3, 4].

[사례 1] 1840년대 아일랜드에 사는 사람의 입장에서, 미국으로의 이주를 결정할 때의 비용과 이득은 무엇이었을까? [G5-U5-C11-L2-389] [개인]

[사례 2] 1980년대 말 농부의 입장에서, 농장에서 도시로 이동하기로 결정한 것의 결과는 무엇이었을까? [G5-U7-C15-L3-551][개인]

[사례 3] (서부 이동 과정에서)[34] 왜건을 타고 이동하는 개인이 썼을 일기의 도입부를 작성하시오. 그 또는 그녀가 직면했을 어려움을 묘사하시오. [G5-U5-C11-L4-403][개인]

[사례 4] (서부 이동 과정에서) 이동 중인 왜건 트레일에서의 24시간에 대해

---

34 괄호 안의 내용은 인구 이동의 맥락을 제시하기 위해 필자가 삽입한 내용임.

생각해 보시오. 사람들은 무엇을 했을까? 얼마나 자주 짐을 싸고 다시 풀었을까? 트레일에서의 전형적인 하루 일정을 써 보시오. [G5-U5-C11-L4-405][개인]

(3) 평가

주요 분석 결과를 중심으로 미국 사회 교과서의 인구 교육 내용 구성 및 제시 방식의 특징에 대해 좀 더 구체적으로 논의하고자 한다.

첫째, 인구 교육의 주요 내용 요소를 살펴보면, 미국 교과서에는 인구 이동에 관련된 내용이 주를 이루는 데 비해 인구 문제 및 인구 정책과 관련된 내용의 비중은 매우 낮다. 이는 도시와 촌락 문제 및 저출산·고령화라는 인구 문제를 주축으로 인구 단원이 구성되어 있는 한국 교과서와는 매우 다른 양상이다(박윤경, 2012).[35] 또한 미국 교과서는 선거와 같이 한국에서는 전형적인 인구 교육 내용으로 여겨지지 않는 주제도 인구 교육 내용 요소와 관련지어 다루고 있다. 인구 현상이나 문제 자체를 독립적으로 가르치기보다는 사회과교육의 주요 내용을 인구 현상의 측면에서 제시하는 과정에서 나타나는 현상이다.

둘째, 인구 교육의 목표 영역과 가치 접근 방식을 함께 살펴보면, 지식·이해 목표 중심에 기능 목표가 부가되는 방식으로 인구 교육 내용이 제시되지만, 가치 배제적인 내용 못지않게 가치 지향적 내용이 차지하는 비중이 크다. 이는 한국 교과서와 유사한 현상이다(박윤경, 2012). 인구 교육 목표 중 지식·이해 및 기능 영역의 목표가 절대 다수를 차지하고 있다는 점에서 가치 배제 접근 방식이 가장 많이 나타나는 것은 당연한 결과이다.

....

35 그 결과, 미국 교과서에는 한국 교과서에서 자주 제시되는 출생률·사망률, 자연적 증감, 연령별 인구 분포, 산업별 인구 구성, 전출입 인구, 귀농, 저출산, 고령화, 가족 계획, 출산 정책과 같은 개념들(박윤경, 2012)이 전혀 등장하지 않는다.

그러나 가치·태도 관련 목표의 비중이 적은데도 가치 지향적 접근 방식이 많이 나타나는 것은 흥미로운 결과이다. 앞서 언급한 바와 같이, 미국 교과서는 도시와 교외 지역의 삶, 이주와 이동, 이주자의 문화 유지와 계승, 이주자의 기여, 인구의 다양성, 도시 성장과 도시 생활 등은 긍정적으로 기술하는 반면, 환경 문제, 인구 유출 등의 도시 문제와 이주민에 대한 편견과 차별 등에 대해서는 부정적으로 기술한다. 도시의 인구 증가라는 주제를 다룰 때도 도시 성장이라는 긍정적인 측면과 도시 문제라는 부정적인 측면을 모두 제시하되, 문제라는 측면보다는 성장이라는 측면에 더 초점을 둔다. 이와 비교하여 한국 교과서는 다문화적인 인구 현상은 긍정적으로 기술하는 반면, 도시와 촌락 문제, 저출산·고령화 문제는 부정적으로 기술하며, 도시의 인구 증가도 부정적인 측면에서만 제시한다(박윤경, 2012). 이를 통해 인구 현상에 대한 가치 판단이 사회적 맥락에 따라 다를 수 있음을 알 수 있다.

한편 미국 교과서에는 인구 현상에 대해 이론적으로 다른 설명을 제시하거나 이해관계의 차이에 따른 관점의 차이를 보여 주는 내용들이 제시되고 있다. 하지만 인구 교육 내용을 가치 교육의 차원에서 다루는 데 소극적인 것에서 알 수 있듯이 인구 문제의 논쟁적인 성격을 탐구할 기회를 적극적으로 제공하고 있지는 않다. 다문화와 인권 등과 같이 사회적으로 합의된 가치가 인구 교육 내용에 스며들도록 기술하는 것은 교육적으로 바람직할 수 있다. 그러나 그러한 사회적 가치가 도출되는 과정, 또는 그 안에 내재된 충돌 가능성에 대해 생각할 기회를 전혀 제공하지 않는 것은 장기적 교육 효과의 측면에서 부정적일 수 있다.

셋째, 수준 설정과 관련하여 미국 교과서는 국가 및 세계 수준의 내용이 주를 이루고 있다. 특히 인구 이동을 도시와 촌락 등 주로 지역 수준이 아니라 국가 및 세계 수준에서 더 많이 다루고 있다. 이처럼 미국과 세계의 인구 현상, 지역과 세계의 인구 현상이 서로 연관되어 있음을 보여 주는 내용을 제시함으로써 학생들에게 인구 현상의 상호 관련성을 이해하고 미국 사회의 인구 현상을 거시적인 수준에서 성찰할 기회를 제공할 수 있다. 하지만 세계 수준의 인구 현상에 대한 내용이 주로 미국으로의 이주라는 현상에 한정되어 있다는 점은 한계로 작용한다. 이는 미국의 인구 교육이 최종적으로는 미국 내 인구 현상에 초점을 두고 있다는 점을 드러낸다.

한편 인구 현상을 개인 수준에서 다룬 내용을 제시하고 있다는 점은 주목할 만하다. 즉 개인 차원에서 이주와 같은 인구 현상 및 문제를 평가하고 의사 결정을 하는 내용을 제시함으로써, 인구 이동과 같은 인구 현상을 단지 거시적인 사회 현상으로서만이 아니라 그 현상과 관련된 개인의 경험 및 선택과 연관 지어 생각할 수 있도록 돕고 있다. 또한 인구 교육 내용을 개인 관점에서 다룰 때는 주로 가치 중립적인 방식으로 제공한다는 점에 비추어 볼 때, 인구 교육 내용을 개인 차원에서 다루는 것이 인구 교육의 가치 중립 접근을 강화하는 데 긍정적으로 작용할 수 있음을 알 수 있다. 그러나 개인 차원의 접근이 주로 5학년의 인구 이동 주제에 한정되어 있다는 점은 한계로 지적될 수 있다.

5) 종합 논의

학교 교육과 사회 현실 및 변화의 친연성을 전제로 할 때, 국가 위기로 지목되는 인구 현상 및 문제를 교육 내용으로 다루는 것은 불가피한 측면이 있다. 2007 개정 교육과정에서 "저출산·고령화 사회 대비"를 국가·사회적 맥락으로 제시한 것도 이런 이유에서일 것이다. 그렇지만 교과서에 이를 반영할 때 '구체적으로 어떤 내용을 어느 정도로 다룰 것인가?'라는 질문에 답하기는 쉽지 않다. 교과서는 가치 중립적일 수 없으며, 명시적 혹은 암묵적으로 특정 가치를 내재할 수밖에 없다. 그럼에도 교과서를 그때 그때 제기되는 정책 집행의 도구로 활용하는 것은 민주시민성 양성이라는 장기적인 교육 목표의 관점에서 바람직하지 않다. 사회 맥락의 변화를 반영하더라도 더 장기적인 안목에서 학교 교육이 지향하는 민주시민성 양성이라는 큰 틀에 위배되지 않는 방식으로 인구 교육 내용도 제시되어야 할 것이다.

한국 교과서와 미국 교과서의 비교 분석 결과는 앞으로 인구 교육 내용 선정 및 제시 방법에 대한 대안을 모색하는 데 다음과 같은 시사점을 제공한다.

첫째, 인구 교육의 내용 선정에서 인구 문제 및 정책 중심 내용 선정의 한계를 보완하고 인구 교육 내용을 다양화할 필요가 있다. 미국 사회 교과서의 인구 교육 내용 중 인구 문제가 차지하는 비중은 높지 않다. 이와 달리 한국 사회과 인구 교육에서는 인구 문제가 가장 큰 비중을 차지하고 있었다. 인구 교육에서 인구 문제의 중요성을 인정하더라도, 과도한 문제 중심적 접근은 인구 교육 주제 및 내용의 범위를 제한할 수 있다. 또한 인구 문제 중심 접근은 인구 현상에 대한 부정적 가치 판단을 전제함으로써(권미영·조철기, 2012) 개별 학습자에게 인구 현상에 대한 열린 판단의 기회를 제한할 수 있다. 이처럼 과도한 인구 문제 중심 내용 선정이 초래할 수 있는 문제를 개선하기 위해서는 인구 교육 주제 및 내용을 다양화할 필요가 있다.[36]

....

36 첫째, 도시 문제나 저출산·고령화와 같이 매우 제한된 인구 문제가 아니라 새로운 인구 현상을 중심으로 인구 교육 주제를 구성할 수 있다. 예를 들어 미국 교과서가 인구 이동을 중심으로 다양한 인구 교육 내용 요소를 결합하는 것처럼, 한국 사회의 다문화 현상을 인구 이동 및 인구 구성의 관점에서 이해하는 내용을 인구 교육의 주요 내용으로 제시할 수 있다. 둘째, 사회과교육에서 다루는 기존 주제를 인구 현상과 관련지어 다룰 수 있다. 예를 들어 미국 교과

둘째, 인구 교육 내용을 제시할 때 가치 중립 접근의 비중을 확대하고, 가치 판단이 내재된 인구 교육 내용을 제시할 때 내용 기술에 신중할 필요가 있다. 미국 교과서 사례를 통해 인구 교육에서 가치 중립적 접근의 가능성을 발견할 수 있었다. 가치 중립적 접근은 인구 현상 및 문제의 논쟁적 성격을 드러내고, 이에 대한 학생들의 열린 의사 결정이 가능하도록 한다는 점에서 매우 중요하다. 따라서 인구 내용을 제시할 때 가치 중립성을 반영하기 위한 노력이 요청된다.[37] 또한 가치 지향적인 접근을 하는 경우에도 그 구체적인 내용에 대한 고민이 요청된다. 미국 사회 교과서는 다양성 존중이라는 합의된 가치에 대해서는 긍정적으로 기술하지만, 도시의 성장과 쇠퇴 현상이나 특정 인구 정책 등에 대해서는 가치 지향적 진술이 많지 않다. 이런 측면에서 사회과 인구 교육 내용을 제시할 때, 가치 지향적 접근은 인구 정책과 같이 상황적 정당성을 갖는 내용보다는 좀 더 장기적인 가치를 갖는 내용에 한정할 필요가 있다. 예를 들어 다문화 흐름 속에서 인구 구성의 다양성이나 특정 인구 집단에 대한 인권적 접근은 가치 지향적 접근이 가능하며, 이는 학교 민주시민교육의 목표와도 일치하는 방향이다. 하지만 사회적 기본 가치보다 낮은 수준의 가치문제(예를 들어 이주나 결혼, 출산에 대한 선택 등)에 대해서 학생들이 정부 정책과 다른 가치를 선택할 가능성을 제공하지 않는 것은, 다원적 가치의 인정이라는 시민교육의 기본 관점은 물론 학생들에게 주어져야 할 기회의 차원에서도 바람직하지 않다.

....

서의 선거 사례에서와 같이 한국의 인구와 정치, 경제, 사회 문화 영역 간의 상호 작용에 대해 살펴보는 내용이 가능할 것이다.

37 예를 들어 한국 교과서에서는 부정적으로만 제시되는 도시 문제나 저출산·고령화 문제에 대한 다양한 관점을 제시하고, 이에 대한 학생들의 가치 판단과 의사 결정 기회를 제공할 수 있다.

셋째, 인구 교육에서 개인 차원에 대한 고려가 필요하다. 집합적 개념인 인구에 대한 교육은 기본적으로 거시적인 측면에서 접근할 수밖에 없다. 하지만 집합적 인구 현상이 개인의 삶에 대한 결정이 모여서 나타난 것이라는 점에서, 인구 현상을 변화시키려는 시도는 국가 및 사회가 개인들의 삶에 깊숙이 개입하는 것을 의미한다. 이를 고려할 때, 인구 교육에서는 개인의 삶과의 관계 속에서 인구 현상의 의미를 생각할 기회를 학생들에게 제공할 필요가 있다. 미국 교과서에는 학생들에게 특정 인구 현상이 개인의 삶과 관련하여 무엇을 의미하는지, 같은 상황에서 어떤 선택을 할 것인지와 같이 거시적 인구 현상을 미시적 의사 결정과 연관 짓는 내용이 제시되어 있다. 이처럼 사회 교과서에서 인구 문제나 정책을 중립적 지식이거나 이미 방향이 정해진 내용으로서가 아니라, 개인의 삶에 영향을 미치는 것으로 각자의 상황과 입장에 따라 다른 관점을 취할 수 있는 내용으로서 다룰 필요가 있다. 예를 들어 도시로의 인구 집중이나 저출산과 관련하여 개인들이 특정 지역에서 다른 지역으로 이동하거나 가족 형성과 관련된 의사 결정을 하는 것이 무엇을 의미하는지를 다뤄 볼 수 있을 것이다. 이런 점에서 인구 교육 내용 제시 방식에서 개인 차원의 접근은 가치 중립 접근과 긴밀하게 연관될 수 있다.

　　학교 교육이 당면한 국가 사회적 요구에 반응하는 것은 당연할 수 있으나, 국가 정책과 학교 시민교육 사이에서 균형점을 찾기 위한 방법을 필수적으로 모색해 이를 통해 교육적으로 더 의미 있는 방식으로 국가 사회의 요구에 반응해야 할 것이다. 그렇지 않을 경우, 정책 지향적인 인구 교육의 목표가 교과 교육 및 학교 시민교육의 목표와 충돌하는 의도하지 않은 결과가 발생할 수 있다. 이는 필연적인 것이 아니라 인구 교육의 목표가 인구 정책 실현이라는 거시적 목표에 종속당할 때 발생할 수 있는 문제다. 인구 교육이 국가 인구 정책의 수단으로 작동하는 것이 아니라 사회 현상과 문제를 개인 및 사회의 관점에서 합리적으로 의사 결정하고 해결한다는 학교 민주시민교육의 관점을 충실히 반영한다면, 인구 교육의 내용과 기존 목표 사이의 충돌 가능성은 낮아질 것이다. 따라서 학교 인구 교육은 학생들에게 인구 현상에 대한 다양한 관점과 정보를 바탕으로 개인및 사회 차원에 미치는 영향을 고려하여 스스로 의사 결정을 할 수 있는기회를 제공하는 방향으로 이루어져야 함을 다시 한번 강조하고자 한다.이를 위해 어떻게 인구 교육의 내용을 시민교육의 목표에 부합하는 방식으로 구성할 것인가에 대한 지속적인 연구가 요청된다. 이러한 노력을 통해 국가 정책 집행을 위한 '도구적인 가치'를 넘어 학생 개인의 삶과 사회발전을 위해 '본질적인 가치'를 갖는 인구 교육 내용을 구성할 수 있기를기대한다.

3부

학생들은 정치·사회적 이슈에 대해
어떻게 생각하며,
무엇을 경험하는가?[1]

1 정치·사회적 이슈에 대한 학생들의 인식과 경험

가치의 다원성을 전제로 하는 민주 사회에서는 사회 구성원들이 하나의 옳은 정답이 없는 문제들에 대한 합리적인 해결책을 모색해 나가야 한다. 따라서 사회적 의사 결정의 주체인 시민들은 사회적 현안과 이슈에 관심을 갖고 이를 해결하는 데 필요한 자질을 함양하도록 요청받는다. 이런 이유로 초·중등학교에서도 사회과를 중심으로 다양한 사회 문제나 이슈에 대한 학습 기회를 제공하고 있으며, 더 나아가 교육과정 자체를 사회적 이슈를 중심으로 구성해야 한다는 주장도 제기되고 있다. 이러한 주장은 이슈 토론이 시민성 발달 및 시민 참여에 미치는 긍정적 효과를 통해 뒷받침되고 있다. 그러나 학교 수업에서 사회 현안이나 이슈를 다루는 것을 부정적으로 보거나 우려하는 목소리도 높다. 학교에서 이슈를 다루는 일은 그 자체로 논쟁적이다.

학교 교육에서 논쟁적인 사회 이슈를 어떻게 다룰지를 논의하기 위해서는 먼저 학생들이 일상에서 이슈 및 이슈 학습과 관련하여 어떤 생각을 하고 무엇을 경험하고 있는지를 깊이 이해해야 한다. 그런데 지금까지 이 주제는 학문적 논의 과정에서 상대적으로 소홀히 다뤄져 왔다. 그동안 국내에서 사회과를 중심으로 이루어진 이슈 학습에 대한 연구는 주로 미국 학계의 논의에 기반한 이론 연구나 실험 연구에 치중해, 우리 현실에 대한 심층적인 관찰이나 폭넓은 조사 연구가 이루어지지 못했다(구정화, 2009: 10). 2000년대에 사회과교육학 분야의 대표적인 2개 학술지에 발표된 논

----

1   3부의 내용은 필자가 공저한 「초등학생의 정치·사회적 이슈 대화 및 토론 경험 분석: 청소년 시민성 교육에의 시사점」(박윤경·이승연, 2015a)과 「초·중·고 학생들의 정치·사회적 이슈 및 이슈 토론 관련 인식 조사: 학교 시민 교육에의 시사점」(박윤경·이승연, 2015b)의 내용을 수정 보완 및 재구성하여 작성하였다.

쟁 문제 관련 논문 21편을 분석한 구정화(2009)의 연구에 따르면, 연구 방법의 측면에서 대부분의 연구가 문헌 연구(13편)와 미국 이론에 기반한 양적 연구(8편)이며, 질적 연구는 전혀 없는 것으로 나타났다. 특히 정치·사회적 이슈나 이슈 학습에 대한 학생들의 인식 및 경험을 다룬 연구는 매우 드물다(박윤경·이승연, 2015b: 55). 이로 인해 이슈 학습에 관한 논의 과정에서 학생들의 의견이나 실제 경험은 간과되었다. 이처럼 우리 현실에 대한 경험 연구의 부재는 자칫 실체 없는 논쟁으로 이어질 수 있다. 더 나아가 이슈 학습에 대한 자생적인 논의의 토대를 마련하기 어렵다는 점에서 학문적으로나 실천적으로 중대한 결함이라 할 수 있다.

3부에서는 정치·사회적 이슈 다루기에 대한 학생들의 인식 및 경험을 자세히 살펴보고자 한다. 이를 위해 2편의 연구 결과를 중심으로 논의를 전개한다. 이 연구들은 서울 지역의 18개 초등학교, 중학교 및 고등학교 학생들을 대상으로 이루어진 '한국 청소년의 시민성 조사' 연구 결과를 분석한 것이다. 첫 번째 정치·사회적 이슈 및 이슈 토론 관련 인식 조사 연구는 정치·사회적 이슈 학습 전반에 대한 초·중·고 학생들의 인식과 경험을 조사하고 학생 집단별 차이를 비교·분석한 것이다. 두 번째 정치·사회적 이슈 대화 및 토론 경험 분석 연구는 초등학생을 중심으로 학생들이 우리 사회의 중요한 이슈들과 관련해 무엇을 어떻게 경험하고 있는지 좀 더 구체적으로 분석한 것이다. 두 연구 결과를 바탕으로 초·중등 학생들이 학교를 포함한 자신들의 생활 세계에서 정치·사회적 이슈와 관련하여 어떤 생각을 갖고, 무엇을 경험하고 있는지에 대한 좀 더 넓은 범위의 현황과 함께 구체적인 상황을 파악해 볼 수 있을 것이다.

2 정치·사회적 이슈 및 이슈 학습에 대한 초·중·고 학생들의 인식[2]

1) 연구 개관

과연 우리 사회의 정치·사회적 이슈 및 이슈 학습에 대한 학생들의 생각은 어떨까? 학교 시민교육의 차원에서 이슈 학습에 대한 과감한 결단이나 책임 있는 시도 없이 지지부진한 논의가 이어지는 가운데, 학교 교육의 당사자인 학생들의 목소리(the student voice)를 확인하는 일은 학교 시민교육의 내용과 방향성 변화에 필요한 매우 중요한 정보를 제공할 수 있을 것이다. 한편 이슈 및 이슈 수업에 대한 학생들의 인식이 학업 수준, 성별, 학년 등에 따라 다르게 나타난다는 연구 결과들이 있다(Rossi & Pace, 1998; 구정화, 1999, 2010).[3] 또한 청소년의 시민 의식이나 시민 역량 수준도 성별, 학년이나 연령, 학업 성적, 임원 경험, 거주 지역, 가정의 소득 수준 등의 배경 변인에 따라 차이가 있는 것으로 나타났다(강영혜 외, 2011; 모경

---

2 2장의 내용은 필자가 공저한 「초·중·고 학생들의 정치·사회적 이슈 및 이슈 토론 관련 인식 조사: 학교 시민 교육에의 시사점」(박윤경·이승연, 2015b)의 내용을 바탕으로 작성하였다.

3 이슈 중심 학습에서 학업 수준이 낮은 학생들이 겪는 어려움을 확인하기 위해 미국의 9학년 세계 지리 수업 2개에 대한 사례 연구를 수행한 로시와 페이스(Rossi & Pace, 1998)의 연구에 따르면, 학업 수준이 높은 학생들에 비해 학업 수준이 낮은 학생들이 논쟁 문제에 대한 관심이 낮고 자신의 의견을 잘 밝히지 않는 것으로 나타났다. 또한 서울 지역 4개 인문계 고등학교 학생을 대상으로 한 구정화(1999)의 연구에 따르면, 논쟁 문제에 대한 학생들의 관심, 심각성, 중요성에 대한 인식은 물론, 논쟁 문제 수업의 재미, 학습 효과 등에 대한 인식에서 학업 성적이 상위인 집단이 학업 성적 하위인 집단보다 점수가 높게 나타났다. 서울, 인천, 경기도 지역의 초등학교 4학년과 6학년을 대상으로 설문 조사를 수행한 구정화(2010)의 연구에서는 논쟁 문제에 대한 초등학생들의 관심도, 심각성, 중요도에 대한 인식이 전반적으로 높은 편이지만, 학생들이 가까이 접하기 어려운 논쟁 문제의 경우에는 낮은 학년보다는 높은 학년의 관심도가 높고, 여학생보다는 남학생의 관심도가 높은 것으로 나타났다.

환·김명정·송성민, 2010; 손경애 외, 2010).[4] 따라서 이슈 학습에 대한 학생들의 인식 및 경험이 집단별로 어떻게 다르게 나타나는지에 대해서도 주목할 필요가 있다.

이 부분에서는 서울 지역의 초·중·고 학생들을 대상으로, 학생들이 정치·사회적 이슈 및 이슈 학습에 대해 어떻게 생각하고 있는지 살펴보고자 한다.

구체적인 연구 질문은 다음과 같다.

첫째, 초·중·고 학생들은 정치·사회적 이슈 및 이슈 대화와 토론에 대해 어떻게 생각하고 있는가?

둘째, 초·중·고 학생들의 배경 특성(성별, 거주지, 임원 경험, 학교 급, 학업 성취 수준, 소득 수준)에 따라 이슈 및 이슈 토론에 대한 인식에는 어떤 차이가 있는가?

....

4   전국 5개 지역(서울, 대전, 광주, 부산, 강원)의 중학생과 고등학생 1541명을 대상으로 시민
     의식을 조사한 모경환·김명정·송성민(2010)의 연구 결과, 성별, 학년, 거주 지역, 임원 경험,
     가정의 사회·경제적 지위, 성적에 따라 학생들의 시민 의식이 다르게 나타났다. 구체적으로
     살펴보면, 조사 대상의 전반적인 시민 의식(관용 의식, 봉사 의식, 준법 의식, 참여 의식, 정
     치 효능감)은 비교적 높은 수준인데, 남학생보다는 여학생, 고등학생보다는 중학생, 지방보
     다는 서울 지역 학생의 시민 의식이 더 높게 나타났다. 또한 임원 경험이 있는 학생, 가정의
     사회·경제적 지위가 '여유 있다'고 답한 학생, 학업 성적이 높은 학생 집단의 시민 의식이 그
     렇지 않은 학생보다 더 높게 나타났다. 전국 5개 지역(서울, 경기, 충청, 경상, 전라)의 61개
     초·중·고 및 대학교 학생 4500명을 대상으로 민주시민 의식을 조사한 손경애 외(2010)의
     연구에서도 학생들의 학업 성적과 생활 수준이 높을수록 전반적인 민주시민 의식(민주주의
     지식, 가치·태도, 참여·실천 등)이 높게 나타났다. 반면 학생들의 연령이 높아질수록 민주
     시민 의식은 낮아지는 것으로 나타났다. 한편 전국 15개 시·도에 소재한 125개 중·고등학
     교 학생 4426명을 대상으로 민주시민 역량 수준을 조사한 강영혜 외(2011)의 연구에 따르
     면, 시민적 효능감과 민주적 가치에 대한 지지도가 중학생에 비해 고등학생, 남학생에 비해
     여학생이 더 높고, 성적이 상위권일수록, 아버지의 학력이 대졸 이상인 경우에 더 높게 나타
     났다.

(1) 조사 대상

조사 대상은 서울 지역의 18개 초등학교, 중학교, 고등학교에 재학 중인 학생들이다.[5] 조사 대상 선정을 위해, 먼저 지역 특성을 고려하여 강남 지역(강남구, 서초구, 송파구)과 비강남 지역(그 외 지역)에서 각각 초등학교 3개, 중학교 3개, 고등학교 3개 학교를 섭외한 후, 각 학교에서 한 학급에 속한 학생 전체를 조사 대상으로 선정했다. 학생들은 조사 내용의 이해도와 학생들의 상황을 고려하여 초등학교 5학년부터 고등학교 2학년까지를 포함했다.

구체적인 조사 대상은 [표 3-1]과 같이 총 529명이다. 조사 대상 중 남학생의 비중은 54.6%, 여학생은 43.9%이고, 학교 급별로는 초등학생이 29.5%, 중학생이 34.0%, 고등학생이 36.5%이다. 그중 강남 지역의 학생은 52.2%이며, 임원 경험이 있는 학생은 55.6%이다. 응답자 중 42.9%는 자신의 학업 성취도를 '중간' 정도라고 답했고, 50.5%는 자신의 소득 수준이 '중의 상' 수준이라고 답했다.[6]

(2) 조사 도구

조사 도구는 '한국 청소년의 시민성 조사' 연구를 위해 자체 개발한 조

---

5   선행 연구에 따르면, 서울이나 광역시 학생들의 시민 의식이나 민주시민 역량 중 일부가 다른 지역 학생들에 비해 높게 나타났다(강영혜 외, 2011; 모경환·김명정·송성민, 2010). 따라서 조사 대상의 특성에 비추어 연구 결과를 일반화하는 데 유의할 필요가 있다. 그럼에도 우리 사회에서 같은 지역 내에서도 거주지에 따른 계층 분리 현상이 심화되고 있다는 점에서(이종원·김영인, 2009: 140), 서울 지역은 거주 공간에 따른 학생 집단의 분화 현상을 파악하는 데 유리하다는 강점을 지닌다.

6   임원 경험은 학급 임원 및 학생회 임원 경험을 모두 포함한 것이다. 임원 경험, 학업 성취 및 소득 수준은 학생들의 자기 보고식 기입을 통해 파악한 것으로, 이는 대규모 조사 연구에서 일반적인 배경 정보 수집 방식이다. 또한 소득 수준의 경우, 객관적 소득 규모보다 주관적 계층 의식이 유의미한 독립 변인으로 제시되기도 한다(윤인진·송영호, 2011).

[표 3-1] 조사 대상의 배경 정보(단위: 명, %)

구분		인원	비율	구분		인원	비율
성별	남학생	289	54.6	학업 성취	매우 높다	54	10.2
	여학생	232	43.9		높다	136	25.7
	합계	521	98.5		중간	227	42.9
학교 급	초등학교	156	29.5		낮다	77	14.6
	중학교	180	34.0		매우 낮다	19	3.6
	고등학교	193	36.5		합계	513	97.0
	합계	529	100.0	소득 수준	상의 상	31	5.9
지역	강남	276	52.2		상의 하	73	13.8
	비강남	253	47.8		중의 상	267	50.5
	합계	529	100.0		중의 하	87	16.4
임원 경험	있다	294	55.6		하의 상	18	3.4
	없다	223	42.2		하의 하	12	2.3
	합계	517	97.7		합계	488	92.2

*문항별 미응답자로 인해 배경 변인별 합계가 같지 않음. 비율은 소수 둘째 자리에서 반올림한 것으로 셀별 비율과 합계가 일치하지 않을 수 있음.

사지를 활용했다.[7] 이 부분에서는 조사지에 포함된 문항 중에서 정치·사회적 이슈 및 이슈에 대한 인식을 묻는 30개 문항을 중심으로 결과를 분석했다.

조사 문항은 크게 이슈 관련 인식을 묻는 문항과 이슈 토론 관련 인식

....

7 '한국 청소년의 시민성 조사지'는 폐쇄형 문항과 개방형 문항으로 구성되어 있다. 폐쇄형 문항은 크게 1) 이슈 및 이슈 토론 관련 인식, 2) 이슈 주제 영역에 대한 선호, 3) 이슈 정보원, 4) 조사 대상자의 배경 변인의 4개 영역으로 구성되어 있다. 개방형 문항은 학생들의 이슈 대화 및 토론 경험에 대한 내용을 자유롭게 기술할 수 있는 이슈 노트 형식으로 구성되어 있다. 조사지는 외부 전문가 1인과 초등학교, 고등학교 교사 2인의 자문을 거쳐 수정했다(박윤경·이승연, 2015a, 97; 2015b: 62).

[표 3-2] 조사 도구의 문항 구성

조사 영역		주요 항목	문항 수	신뢰도
1. 이슈 관련 인식	1) 민주시민과 이슈의 관계	이슈에 대한 관심, 지식, 정보 획득 노력, 대화나 토론, 해결 활동 참여의 중요성	5	.890
	2) 이슈에 대한 관심과 노력	관심이 많음, 잘 알고 있음, 정보를 접할 기회 많음, 정보 획득 위해 노력함	4	.884
	3) 이슈 대화 및 참여 경험	가족, 친구, 교사와 이슈 대화를 자주 함, 이슈 해결 활동 참여 경험, 해결 활동 참여 의사**	5	.828
2. 이슈 토론 관련 인식	1) 이슈 토론의 효과	유익함, 사회에 대한 관심 증가, 사회 수업에 대한 흥미 증가	3	.852
	2) 이슈 토론에 대한 관심	좋아함, 더 참여할 의사, 토론 선호	3	.801
	3) 이슈 토론 기회	가정, 학교에서 이슈 대화나 토론 기회 충분, 학교 수업에서 이슈를 충분히 다룸	3	.710
	4) 이슈 토론의 어려움	자기 의견 말하기의 어려움*, 자신과 다른 의견 듣기의 불편함*	2	미산출
	5) 이슈 수업 방법	수업에서 다루기, 민감한 이슈도 다루기, 다른 의견을 모두 알려 주기, 교사의 의견을 공개하기, 교사가 더 옳은 의견을 알려 주기**	5	.708

*표시된 문항은 역코딩한 문항으로, 높은 점수가 긍정적인 반응임.
**표시된 문항은 영역별 신뢰도 유지를 위해 개별 분석한 문항임.

을 묻는 문항으로 구성했다. 구체적으로 '이슈 관련 인식'은 민주시민과 이슈의 관계, 이슈에 대한 관심과 노력, 이슈 대화 및 참여 경험에 대한 14개 문항으로 구성했고, '이슈 토론 관련 인식'은 이슈 대화 및 토론의 효과, 관심, 기회, 어려움 및 이슈 수업 방법에 대한 16개 문항으로 구성했다. 각 문항은 '전혀 그렇지 않다', '그렇지 않다', '보통이다', '그렇다', '매우 그렇다'의 5점 척도로 구성됐다. '이슈 토론의 어려움' 영역을 제외한 모든 문항에서는 점수가 높을수록 문항에 대해 더 긍정적으로 반응했음을 뜻한다. 조사 도구의 문항 구성은 [표 3-2]와 같다.

조사 도구의 신뢰도 검증을 위해 크론바흐 알파(Cronbach α) 계수를 산출한 결과, 조사 문항 전체에 대한 신뢰도는 .911이고 하위 영역별 신뢰도는 .708에서 .890 사이로 나타났다. 단, 이슈 토론의 어려움은 크론바흐 알파 계수를 측정하기 위한 최소 문항 수를 충족하지 못하여 별도로 신뢰도를 산출하지 않았다.

(3) 자료 수집 및 분석

자료 조사는 2014년 6월 말부터 7월 중순 사이에 우편 조사를 통해 이루어졌다. 초등학교에서는 학급 담임 교사, 중학교와 고등학교에서는 사회과 교사가 조사에 대해 설명한 후 조사지를 배부하고 수합했다. 학생들에게는 조사지에 답할 시간이 충분히 제공되었다.

설문 조사를 통해 수집한 자료는 SPSS 통계 프로그램을 활용하여 통계 처리했다. 첫째, 기술 통계를 통해 개별 문항 및 영역별로 평균과 표준편차를 구했다. 둘째, 하위 집단별 차이를 확인하기 위해 지역, 성별, 임원 경험과 같은 두 집단 간 차이는 T검증(t-test)을 통해 비교하고, 학교 급, 학업 성취 수준, 소득 수준과 같은 세 집단 이상의 차이는 일원변량분석(ANOVA)을 통해 비교했다. 세 집단 이상의 평균에 유의미한 차이가 나타난 경우에는 셰페(Scheffe) 사후 검증을 통해 유의미한 차이가 발생한 집단을 구체적으로 살펴보았다.

2) 정치·사회적 이슈에 대한 인식

(1) 민주시민에게 이슈에 대한 관심과 노력은 중요한가?

민주시민과 정치·사회적 이슈의 관계에 대해 학생들은 어떻게 생각하고 있을까? 조사 결과, [표 3-3]과 같이 학생들은 민주시민과 정치·사회적 이슈의 관계에 대해 전반적으로 긍정적(3.991)으로 평가했다. 문항별로 살

[표 3-3] 민주시민과 이슈의 관계(단위: N=명)

문항	N	평균	표준편차
민주시민이 정치, 사회 이슈에 대해 관심을 갖는 것은 중요하다.	529	4.176	.8196
민주시민이 정치, 사회 이슈에 대하여 잘 아는 것은 중요하다.	529	4.064	.8592
민주시민이 정치, 사회 이슈를 해결하기 위해 참여하는 것은 중요하다.	522	4.009	.8654
민주시민은 정치, 사회 이슈에 대한 정보를 얻기 위해 노력해야 한다.	526	3.876	.8783
민주시민이 사회 이슈에 대해 다른 사람과 대화하고 토론하는 것은 중요하다.	528	3.837	.9116
전체	529	3.991	.7250

펴보면, 이슈에 대한 관심의 중요성(4.176)에 대해 가장 긍정적으로 반응했고, 이슈에 대한 지식(4.064), 이슈 해결을 위한 참여(4.009), 이슈에 대한 정보를 얻기 위한 노력(3.876), 이슈에 대한 대화와 토론(3.837)의 순으로 중요하게 인식하고 있었다. 이를 통해 초·중·고 학생들이 민주시민으로서 정치·사회적 이슈에 대해 관심을 갖고 잘 알기 위해 노력하며, 주변 사람들과 이야기를 나누고 문제 해결에 참여하는 것의 중요성을 인식하고 있음을 알 수 있다.

학생 집단 간 차이를 살펴보면, 강남 지역 학생(4.070)이 비강남 지역 학생(3.906)보다 긍정적으로 답했으며, 학교 급이 높을수록, 학업 성취 수준이 높을수록 더 긍정적으로 반응했다. 사후 검증 결과, 고등학생(4.102)과 초등학생(3.897) 사이, 학업 성취 수준이 매우 높은 학생(4.233)과 매우 낮은 학생(3.516) 및 낮은 학생(3.799) 사이, 그리고 높은 학생(4.092)과 매우 낮은 학생 사이에 통계적으로 유의미한 차이가 있는 것으로 나타났다([표 3-4] 참조).

[표 3-4] 민주시민과 이슈의 관계에 대한 집단 간 인식 차이(단위: N=명)

배경 변인	분류	N	평균	표준 편차	df	t/F	사후 검증
지역	비강남	253	3.906	.7792	496.976	-2.604**	
	강남	276	4.070	.6632			
학교 급	초등학교(a)	156	3.897	.8041	집단 간 2 집단 내 526 전체 528	3.854**	c>a*
	중학교(b)	180	3.955	.7606			
	고등학교(c)	193	4.102	.6027			
학업 성취	매우 낮다(d)	19	3.516	.6440	집단 간 4 집단 내 508 전체 512	5.804**	h>d** h>e* g>d*
	낮다(e)	77	3.799	.6614			
	보통(f)	227	3.983	.7228			
	높다(g)	136	4.092	.7188			
	매우 높다(h)	54	4.233	.7224			

(* p<.05, **p<.01)

(2) 스스로 이슈에 대해 관심을 갖고 노력하는가?

민주시민과 이슈의 관계에 대해 긍정적으로 반응한 만큼, 학생들은 스스로 이슈에 관심을 갖고 노력하고 있을까? 조사 결과, [표 3-5]와 같이 전반적으로 이슈에 대한 자신의 관심(3.408), 지식(3.180), 정보 접근 기회(3.362) 및 정보 획득 노력(3.089)에 대해 평균적으로 '보통이다'와 '그렇다' 사이의 긍정적(3.260)인 반응을 보여 주었다. 그렇지만 민주시민과 이슈의 관계에 대한 인식과 비교해 볼 때, 학생들 자신의 관심과 노력에 대해서는 상대적으로 낮게 평가한 편이다. 또한 이슈에 대한 관심에 비해 지식이나 정보를 얻기 위한 노력 역시 상대적으로 부족함을 알 수 있다.

학교 급별로는 중학생(3.439)이 가장 긍정적으로 답했는데, 중학생과 초등학생(3.199), 중학생과 고등학생(3.144) 사이에는 통계적으로 유의미한 차이가 나타났다. 학업 성취 수준의 경우, 학업 성취 수준이 높다고 답한

문항	N	평균	표준 편차
나는 평소 우리 사회의 정치, 사회 이슈에 관심이 있다.	529	3.408	1.0352
평소 우리 사회의 정치, 사회 이슈에 대한 정보를 접할 기회가 많다	528	3.362	1.0436
나는 우리 사회의 주요 정치, 사회 이슈에 대해 비교적 잘 알고 있다.	527	3.180	.9753
나는 평소 우리 사회의 정치, 사회 이슈에 대한 정보를 얻기 위해 노력한다.	527	3.089	1.0544
전체	529	3.260	.8844

학생들일수록 이슈에 대해 더 높은 관심을 보였다. 학업 성취 수준이 매우 높은 학생 집단의 평균(3.722)은 보통인 학생 집단(3.197), 낮은 학생 집단 (3.042), 매우 낮은 학생 집단(2.618)과 모두 유의미한 차이가 있었고, 높은 학생 집단(3.367)도 매우 낮은 학생 집단과 유의미한 차이가 나타났다. 소 득 수준의 경우, '상의 상' 집단(3.680)이 가장 높고, 그다음 '상의 하'(3.435), '하의 하'(3.208), '중의 상'(3.207), '중의 하'(3.186), '하의 상'(2.894)의 순이 었는데, 두 집단 간에 유의미한 차이는 나타나지 않았다([표 3-6] 참조).

(3) 이슈 관련 활동에 참여한 경험이 있는가?

그렇다면 학생들은 평소 이슈에 대해 주변 사람들과 대화를 나누거 나 이슈를 해결하기 위한 활동에 참여해 본 경험이 있을까? 조사 결과, 이 에 대해 학생들은 '보통이다'에 못 미치는 부정적인 반응(2.750)을 보였다. 이슈에 대한 이야기를 나눈 경험과 관련해 가족(3.159)을 제외하고 친구 (2.754) 또는 교사(2.563)와의 대화 경험에 대해서 부정적으로 반응했다. 특히 정치·사회적 이슈 해결 활동에 참여한 경험(2.521)에 대해 가장 부정 적으로 답했다. 이는 학생들이 '이슈 대화나 토론에 참여할 의사'(응답 수 529명, 평균 3.248, 표준 편차 1.1151)와 '이슈 해결 활동에 참여할 의사'(응답

[표 3-6] 이슈에 대한 관심과 노력에 대한 집단 간 인식 차이(단위: N=명)

배경 변인	분류	N	평균	표준 편차	df	t/F	사후 검증
학교 급	초등학교(a)	156	3.199	.8915	집단 간 2 집단 내 526 전체 528	5.828**	b>a* b>c**
	중학교(b)	180	3.439	.9016			
	고등학교(c)	193	3.144	.8394			
학업 성취	매우 낮다(d)	19	2.618	.7563	집단 간 4 집단 내 508 전체 512	8.575**	h>d** h>e** h>f** g>d**
	낮다(e)	77	3.042	.7385			
	보통(f)	227	3.197	.9153			
	높다(g)	136	3.367	.8303			
	매우 높다(h)	54	3.722	.9016			
소득 수준	하의 하(i)	12	3.208	.8314	집단 간 5 집단 내 482 전체 487	2.946*	
	하의 상(j)	18	2.894	1.0656			
	중의 하(k)	87	3.186	.8945			
	중의 상(l)	267	3.207	.8880			
	상의 하(m)	73	3.435	.7762			
	상의 상(n)	31	3.680	.8804			

(* p<.05, **p<.01)

[표 3-7] 이슈 대화 및 참여 경험(단위: N=명)

문항	N	평균	표준 편차
나는 평소 가족들과 우리 정치·사회 이슈에 대한 이야기를 자주 나눈다.	528	3.159	1.1448
나는 평소 친구들과 우리 정치·사회 이슈에 대한 이야기를 자주 나눈다.	525	2.754	1.0981
나는 평소 학교 선생님과 우리 정치·사회 이슈에 대한 이야기를 자주 나눈다.	526	2.563	1.0880
나는 우리 사회의 정치·사회 이슈를 해결하기 위한 활동에 참여해 본 적이 있다.	526	2.521	1.1656
전체	529	2.750	.91135

수 528명, 평균 3.509, 표준 편차 1.122)에 대해 긍정적으로 반응한 것과 비교할 때 큰 차이가 있다. 이슈의 중요성에 대한 인식이나 관심에 비해 학생들의 실제 관련 경험은 부족할 수 있음을 짐작할 수 있다([표 3-7] 참조).

[표 3-8] 이슈 대화 및 참여 경험에 대한 집단 간 인식 차이(단위: N=명)

배경 변인	분류	N	평균	표준 편차	df	t/F	사후 검증
임원 경험	없음	223	2.630	.9508	515	-2.422*	
	있음	294	2.826	.8772			
학교 급	초등학교(a)	156	2.646	.9580	집단 간 2 집단 내 526 전체 528	3.040*	
	중학교(b)	180	2.880	.9007			
	고등학교(c)	193	2.712	.8721			
학업 성취	매우 낮다(d)	19	2.421	.8742	집단 간 4 집단 내 508 전체 512	2.551*	
	낮다(e)	77	2.789	.7875			
	보통(f)	227	2.675	.8908			
	높다(g)	136	2.748	.9598			
	매우 높다(h)	54	3.055	1.0218			
소득 수준	하의 하(i)	12	2.969	.9596	집단 간 5 집단 내 482 전체 487	3.044*	n>j*
	하의 상(j)	18	2.319	.8171			
	중의 하(k)	87	2.753	.8400			
	중의 상(l)	267	2.694	.9177			
	상의 하(m)	73	2.833	.8105			
	상의 상(n)	31	3.226	1.0885			

(* p<.05, **p<.01)

학생 집단 간에는 임원 경험이 없는 학생(2.630)이 임원 경험이 있는 학생(2.826)에 비해 이슈 활동 경험에 대해 더 부정적으로 답했다. 학교 급별로는 초등학생(2.646)이 가장 부정적으로 반응했고, 그다음으로 고등학생(2.712), 중학생(2.880)의 순으로 나타났다. 학업 성취 수준의 경우, 매우 높은 집단(3.055)을 제외하고 나머지 집단은 모두 부정적으로 답했으며, 소득수준 역시, '상의 상'(3.226) 집단 외 나머지 집단은 모두 부정적으로 답했다. 다만 학교 급, 학업 성취 수준, 소득 수준별 집단 간 차이에 대한 사후 검증 결과, 소득 수준이 '상의 상'인 집단과 '하의 상'인 집단 사이를 제외하고, 통계적으로 유의미한 집단 간 차이는 나타나지 않았다([표 3-8] 참조).

3) 이슈 토론에 대한 인식

(1) 이슈 대화와 토론은 유용한가?

초·중·고 학생들은 이슈 대화나 토론이 유용하다고 생각하고 있을까? 이에 대해 학생들은 전반적으로 긍정적(3.778)으로 반응했다. 학생들은 사회 이슈에 대한 대화나 토론이 유익하고(3.847), 사회에 대한 관심(3.867)은 물론 사회 수업에 대한 흥미(3.622)를 높인다고 답했다([표 3-9] 참조).

학생 집단별로는 학업 성취 수준이 높은 학생일수록 긍정적으로 반응했다. 사후 검증 결과, 학업 성취 수준이 매우 높은 집단(4.080)과 매우 낮은 집단(3.228) 및 낮은 집단(3.576) 사이, 그리고 높은 집단(3.912)과 매우 낮은 집단 사이에 유의미한 차이가 있었다. 지역별로는 강남 지역 학생(3.887)이 비강남 지역 학생(3.662)보다 긍정적으로 반응했고, 임원 경험이 있는 학생(3.853)이 임원 경험이 없는 학생(3.686)보다 긍정적으로 답했다([표 3-10] 참조).

[표 3-9] 이슈 대화와 토론의 효과(단위: N=명)

문항	N	평균	표준편차
사회 이슈에 대해 대화나 토론을 하면 사회에 대한 관심이 높아진다.	528	3.867	.9166
사회 이슈에 대한 대화나 토론을 하는 것은 유익하다.	529	3.847	.8883
사회 이슈에 대해 대화나 토론을 하면 사회 수업에 대한 흥미가 높아진다.	526	3.622	.9756
전체	529	3.778	.8147

[표 3-10] 이슈 대화 및 토론의 유용성에 대한 집단 간 인식 차이(단위: N=명)

배경 변인	분류	N	평균	표준 편차	df	t/F	사후 검증
지역	비강남	253	3.662	.8522	527	-3.201**	
	강남	276	3.887	.7645			
임원 경험	없음	223	3.686	.8687	515	-2.299*	
	있음	294	3.853	.7727			
학업 성취	매우 낮다(a)	19	3.228	.7375	집단 간 4 집단 내 508 전체 512	6.547**	e>a** e>b* d>a*
	낮다(b)	77	3.576	.7678			
	보통(c)	227	3.733	.8109			
	높다(d)	136	3.912	.8015			
	매우 높다(e)	54	4.080	.8060			

(* p<.05, **p<.01)

(2) 이슈 대화와 토론에 대해 관심이 있는가?

그렇다면 학생들은 이슈에 대해 대화하거나 토론하는 것을 좋아할까? 조사 결과 전체적으로 긍정적인 반응을 보였는데(3.392), 앞서 살펴본 이슈 대화나 토론의 효과에 대한 반응보다는 덜 긍정적이었다. 구체적으로 사회 이슈에 대한 대화나 토론을 좋아한다(3.275)와 이슈 대화나 토론에 더 참여하고 싶다(3.248)는 문항에 대한 반응이 상대적으로 낮게 나타났다. 이를 통해 학생들이 사회 이슈를 다루는 수업에서는 강의보다 토론을 선호하는 경향(3.652)이 있지만, 정작 이슈 관련 대화에 참여하는 데는 그리 적극적이지 않을 수 있음을 짐작할 수 있다([표 3-11] 참조).

학생 집단별로는 강남 지역 학생(3.480)이 비강남 지역 학생(3.296)보다 긍정적으로 답했으며, 임원 경험이 있는 학생들(3.512)이 임원 경험이 없는 학생들(3.242)보다 긍정적으로 답했다. 학업 성취 수준의 경우, 매우 높은 집단(3.833)의 반응이 가장 긍정적이었으며, 학업 성취 수준이 매우 낮은 집단(2.895)을 제외하고는 모두 긍정적으로 답했다. 사후 검증 결

[표 3-11] 이슈 대화와 토론에 대한 관심(단위: N=명)

문항	N	평균	표준편차
수업 시간에 사회 이슈를 다룰 때는 강의보다는 토론이 더 좋다.	528	3.652	1.0490
나는 사회 이슈에 대한 대화나 토론을 하는 것을 좋아한다.	528	3.275	1.1285
기회가 있다면 우리 사회 이슈에 대한 대화나 토론에 더 참여하고 싶다.	529	3.248	1.1151
전체	529	3.392	.9294

[표 3-12] 이슈 대화 및 토론에 대한 관심의 집단 간 차이(단위: N=명)

배경 변인	분류	N	평균	표준 편차	df	t/F	사후 검증
지역	강남	276	3.480	.8747	527	-2.279*	
	비강남	253	3.296	.9784			
임원 경험	없음	223	3.242	.9675	515	-3.303*	
	있음	294	3.512	.8815			
학업 성취	매우 낮다(a)	19	2.895	.7291	집단 간 4 집단 내 508 전체 512	6.598*	e>a* e>b* e>c*
	낮다(b)	77	3.173	.7166			
	보통(c)	227	3.339	.9410			
	높다(d)	136	3.510	.9401			
	매우 높다(e)	54	3.833	.9175			
소득 수준	하의 하(f)	12	3.028	.9370	집단 간 5 집단 내 482 전체 487	4.565*	h>g* j>g*
	하의 상(g)	18	2.833	.8264			
	중의 하(h)	87	3.284	.9101			
	중의 상(i)	267	3.403	.8989			
	상의 하(j)	73	3.694	.8797			
	상의 상(h)	31	3.753	1.0109			

(* p<.05, **p<.01)

과, 매우 높은 집단과 매우 낮다, 낮다, 보통에 해당하는 집단 사이에서 통계적으로 유의미한 차이가 나타났다. 소득 수준의 경우에도 상의 상 집단

(3.753)이 가장 긍정적으로 답했으며, 하의 상(2.833)을 제외하고는 모두 긍정적으로 반응하였다. 사후 검증 결과, 상의 상 집단과 하의 상 집단 사이, 그리고 상의 하 집단(3.694)과 하의 상 집단 사이에서 유의미한 차이가 나타났다([표 3-12] 참조).

(3) 이슈 대화 및 토론의 기회는 충분한가?

학생들은 평소 가정이나 학교에서 이슈 대화나 토론 기회를 충분히 갖고 있을까? 이에 대해 학생들은 전반적으로 보통 수준(3.011)이라고 응답했다. 가정(3.102)보다 학교에 대해 더 부정적으로 답했는데, 특히 학교에서의 이슈 대화나 토론 기회(2.879)가 학교 수업에서 이슈를 다루는 정도(3.052)에 미치지 못하는 것으로 나타났다([표 3-13] 참조).

학생 집단별로는 초등학생(3.121)과 중학생(3.091)에 비해 고등학생(2.847)이 가장 부정적으로 답했다. 사후 검증 결과, 초등학생과 고등학생, 중학생과 고등학생 사이에서 유의미한 차이가 나타났다. 학업 성취 수준이 보통 이하에 해당하는 집단들은 모두 부정적으로 반응했으며, 소득 수준도 상에 해당하는 집단을 제외하고는 모두 부정적인 반응을 보였다. 사후 검증 결과, 상의 상 집단(3.366)과 하의 상 집단(2.482) 사이에서 유의미한 차이가 나타났다([표 3-14] 참조).

[표 3-13] 이슈 대화 및 토론 기회(단위: N=명)

문항	N	평균	표준 편차
가정에서 사회 이슈에 대한 대화나 토론을 할 기회가 충분하다.	527	3.102	1.1324
학교에서 사회 이슈에 대한 대화나 토론을 할 기회가 충분하다.	529	2.879	1.0171
학교 수업 시간에 우리 사회의 정치, 사회 이슈를 충분히 다루고 있다.	523	3.052	.9525
전체	529	3.011	.8283

[표 3-14] 이슈 대화 및 토론 기회에 대한 집단 간 차이(단위: N=명)

배경 변인	분류	N	평균	표준 편차	df	t/F	사후 검증
학교 급	초등학교(a)	156	3.121	.7848	2	6.094**	c>a** c>b*
	중학교(b)	180	3.091	.8367			
	고등학교(c)	193	2.847	.8332			
학업 성취	매우 낮다(d)	19	2.754	.8667	집단 간 4 집단 내 508 전체 512	3.135*	
	낮다(e)	77	2.931	.6652			
	보통(f)	227	2.979	.8495			
	높다(g)	136	3.007	.8319			
	매우 높다(h)	54	3.358	.8708			
소득 수준	하의 하(i)	12	2.806	1.0960	집단 간 5 집단 내 482 전체 487	3.419*	n>j*
	하의 상(j)	18	2.482	.9304			
	중의 하(k)	87	2.977	.7986			
	중의 상(l)	267	2.984	.8181			
	상의 하(m)	73	3.169	.7052			
	상의 상(n)	31	3.366	.9902			

(*p<.05, **p<.01)

(4) 이슈 대화나 토론을 하는 것이 어려운가?

학생들은 이슈에 대한 대화나 토론을 할 때 어려움이나 불편함을 느낄까? 학생들은 자기 의견 말하기의 어려움에 대한 문항(3.201)과 의견이 다른 사람의 이야기를 듣는 것의 불편함에 대한 문항(3.623)에 대해 모두 '보통이다'와 '그렇지 않다' 사이로 답했다. 이를 통해 학생들이 이슈 대화 및 토론에서 의사소통의 어려움을 크게 느끼고 있지는 않지만, 서로 다른 의견 차이를 감수하는 것보다 자신의 의견을 표현하는 데에 상대적으로 더 어려움을 느끼는 편임을 알 수 있다([표 3-15] 참조).

학생 집단 간 차이를 살펴보면, 먼저, 자기 의견 말하기에 대해서는 비

[표 3-15] 이슈 대화 및 토론의 어려움(단위: N=명)

문항	N	평균	표준 편차
사회 이슈에 대해 대화나 토론을 할 때 나의 의견을 말하는 것이 어렵다.	527	3.201	1.0561
사회 이슈에 대해 대화나 토론을 할 때 나와 다른 의견을 가진 사람의 이야기를 듣는 것이 불편하다.	525	3.623	1.0976

[표 3-16] 이슈 대화 및 토론의 어려움에 대한 집단 간 인식 차이(단위: N=명)

문항	배경 변인	분류	N	평균	표준 편차	df	t/F	사후 검증
자기 의견 말하기의 어려움	지역	강남	274	3.292	1.0633	525	-2.061*	
		비강남	253	3.103	1.0415			
	임원 경험	없음	222	3.077	1.0106	491.791	-2.447*	
		있음	293	3.304	1.0853			
	학업 성취	매우 낮다(a)	19	3.158	1.0145	집단 간 4 집단 내 506 전체 510	2.634*	
		낮다(b)	76	3.079	.8909			
		보통(c)	227	3.145	1.0309			
		높다(d)	136	3.250	1.0663			
		매우 높다(e)	53	3.623	1.2592			
다른 의견 듣기의 불편함	학교 급	초등학교(f)	153	3.863	1.1006	집단 간 2 집단 내 522 전체 524	6.485**	f>g**
		중학교(g)	180	3.433	1.1775			
		고등학교(h)	192	3.609	.9807			

(*p<.05, **p<.01)

강남 지역 학생(3.103), 임원 경험이 없는 학생(3.077), 학업 성취 수준이 낮은 학생들이 상대적으로 더 어려움을 느낀다고 답했다. 다음으로, 서로 다른 의견 듣기에 대해서는 초등학생(3.863), 고등학생(3.609)에 비해 중학생(3.433)이 상대적으로 불편함을 크게 느끼는 것으로 나타났다. 사후 검증 결과, 초등학생과 중학생 사이에 유의미한 차이가 있는 것으로 나타났다([표 3-16] 참조).

(5) 학교 수업에서 이슈는 어떤 방식으로 다루어져야 할까?

학교 수업에서 이슈를 다루어야 할까? 다룬다면 어떤 방식으로 다루어야 할까? 이에 대해 학생들은 학교 수업에서 정치·사회적 이슈를 다루어야 한다는 문항(3.445)은 물론, 사회적으로 민감한 이슈라도 다룰 필요가 있다는 문항(3.478)에 대해서도 긍정적으로 답했다. 특히 수업 시간에 이슈를 다룰 때 서로 다른 의견을 모두 알려 주어야 한다는 문항(3.718)에 가장 긍정적으로 반응했고, 교사가 자신의 의견을 공개하는 것이 좋다는 문항(3.209)에 대해서도 긍정적인 반응을 보였다. 이와 달리 수업에서 사회 이슈를 다룰 때 교사가 어떤 의견이 더 옳은 것인지 알려 주어야 한다는 문항에 대해서는 부정적으로 반응했다(응답수 527명, 평균 2.687, 표준 편차 1.240). 이에 비추어 학생들은 이슈를 다루는 수업에서 하나의 옳은 정답보다는 교사의 의견을 포함하여 사회 이슈와 관련된 다양한 의견을 접하기를 기대하는 것으로 보인다([표 3-17] 참조).

학생 집단별로는 학교 급이 높을수록, 학업 성취 수준이 높을수록 긍정적으로 답했다. 사후 검증 결과, 고등학생(3.544)과 초등학생(3.320) 사이에는 유의미한 차이가 나타났다([표 3-18] 참조).

학교 급별 차이를 좀 더 자세히 살펴보면, 고등학생은 수업에서 이슈 다루기(3.609), 사회적으로 민감한 이슈 다루기(3.663), 서로 다른 의견 모두 알려 주기(3.906)에 대해 가장 긍정적으로 반응했다. 이와 달리 교사의 의견을 공개하기에 대해서는 초등학생(3.364)과 중학생(3.300)보다 고등학생(3.000)이 더 부정적으로 반응했으며, 교사가 더 옳은 의견을 알려 주기에 대해서도 중학생(2.855)과 초등학생(2.794)에 비해 고등학생(2.446)이 가장 부정적으로 반응했다. 이를 통해 고등학생이 사회적으로 민감한 이슈를 포함하여 우리 사회의 이슈를 수업에서 다루는 것에 대해서는 가장 긍정적이지만, 학교 수업에서 이슈를 다룰 때 교사가 중립적인 방식으

[표 3-17] 이슈 수업 방법(단위: N=명)

문항	N	평균	표준편차
학교 수업 시간에 우리 사회의 정치, 사회 이슈에 대해 다루어야 한다.	524	3.445	1.031
사회적으로 민감한 이슈라도 수업에서 다룰 필요가 있다.	525	3.478	1.042
수업 시간에 사회 이슈를 다룰 때는 서로 다른 의견을 모두 알려 주어야 한다.	525	3.718	.967
수업 시간에 사회 이슈를 다룰 때 교사가 학생들에게 자신의 의견을 공개하는 것이 좋다.	526	3.209	1.107
전체	528	3.464	0.754

[표 3-18] 이슈 수업 방법에 대한 집단 간 인식 차이(단위: N=명)

배경 변인	분류	N	평균	표준 편차	df	t/F	사후 검증
학교 급	초등학교(a)	155	3.320	.8598	집단 간 2 집단 내 525 전체 527	4.184*	c>a*
	중학교(b)	180	3.502	.7476			
	고등학교(c)	193	3.544	.6484			
학업 성취	매우 낮다(d)	19	3.316	.5883	집단 간 4 집단 내 507 전체 511	2.680*	
	낮다(e)	77	3.276	.6859			
	보통(f)	226	3.441	.7183			
	높다(g)	136	3.519	.7908			
	매우 높다(h)	54	3.671	.8617			

(*p<.05, **p<.01)

로 다루는 것을 중학생이나 초등학생에 비해 선호하고 있음을 알 수 있다 ([표 3-19] 참조).

[표 3-19] 초중고 학생들의 이슈 수업 방법에 대한 인식 차이(단위: N=명)

문항	분류	N	평균	표준 편차	df	t/F	사후 검증
수업에서 이슈 다루기	초등학교(a)	154	3.221	1.1158	집단 간 2 집단 내 521 전체 523	6.290**	a>c**
	중학교(b)	178	3.472	1.0150			
	고등학교(c)	192	3.609	.9370			
민감한 이슈 다루기	초등학교(a)	153	3.222	1.154	집단 간 2 집단 내 521 전체 523	6.290**	c>a**
	중학교(b)	179	3.497	1.008			
	고등학교(c)	193	3.663	.9385			
서로 다른 의견 모두 알려 주기	초등학교(a)	153	3.458	1.088	집단 간 2 집단 내 522 전체 524	9.526**	b>a* c>a**
	중학교(b)	180	3.739	.9651			
	고등학교(c)	192	3.906	.8132			
교사 의견 공개	초등학교(a)	154	3.364	1.159	집단 간 2 집단 내 523 전체 525	5.633**	a>c** b>c**
	중학교(b)	180	3.300	1.067			
	고등학교(c)	192	3.000	1.073			
더 옳은 의견 알려 주기	초등학교(a)	155	2.794	1.273	집단 간 2 집단 내 524 전체 526	5.974**	a>c* b>c**
	중학교(b)	179	2.855	1.250			
	고등학교(c)	193	2.446	1.173			

(* p<.05, **p<.01)

4) 종합

초·중·고 학생들의 이슈 다루기에 대한 인식과 경험을 조사한 결과, 다음과 같은 현상을 확인할 수 있었다.

첫째, 초·중·고 학생들의 이슈 관련 인식과 실제 경험 사이에는 괴리가 있는 것으로 나타났다. 먼저, 학생들은 민주시민으로서 이슈에 관심을 갖고, 잘 알며, 이야기를 나누고, 문제 해결에 참여하는 것이 중요하다고 생각하지만, 이슈에 대한 스스로의 관심과 노력은 이에 미치지 못하는 것으로 평가했다. 또한 이슈 대화 및 토론의 효과를 높게 평가하면서도 이슈 대화 및 토론에 대한 스스로의 관심은 이에 미치지 못하는 것으로 평가했다. 특히 이슈에 대해 이야기를 나누고 문제를 해결하는 것과 관련된 기회나 경험 정도는 학생들의 관심 수준에 비추어도 낮게 나타났다. 이는 초·중·고 학생들에게 동일하게 나타나는 현상으로 학생들의 참여 의식이나 실천 의사, 민주적 가치에 대한 지지도는 높은 데 비해, 실제 참여 정도는 상당히 낮은 수준이라는 기존 연구 결과들과도 유사한 결과이다(강영혜 외, 2011; 김태준 외, 2011; 모경환·김명정·송성민, 2010; 손경애 외, 2010).

둘째, 거주지, 임원 경험, 학업 성취 수준, 소득 수준에 따라 학생들의 이슈 관련 인식에 차이가 나타났다. 기존 연구들(강영혜 외, 2011; 구정화, 2010; 김태준 외, 2011; 모경환·김명정·송성민, 2010)과는 달리 성별 차이는 나타나지 않았다. 구체적으로 강남 지역 학교에 다니고 임원 경험이 있으며 학업 성취 수준이 높고 소득 수준이 높은 학생들, 이른바 주류 집단의 특성을 가진 학생들이 이슈, 이슈 대화 및 토론, 이슈 수업에 대해 보다 긍정적으로 인식하고 관련 경험도 더 많은 것으로 응답했다. 이는 이슈와 관련된 시민교육 경험에 있어서 학생 집단의 배경 변인에 따른 일종의 양극화 현상이 나타날 가능성을 예고한다. 학교 교육 기간 동안 사회의 주류 구성원이 될 가능성이 높은 학생들은 사회 이슈와 관련하여 높은 인식을 갖고 더 많은 기회를 제공받지만, 그렇지 않은 학생들은 이슈 및 이슈 토론의 중요성에 대한 인식과 관심도 낮을 뿐 아니라 관련된 기회도 많이 갖지 못할 수 있다. 이는 학생 집단 내부에 존재하는 지적, 경제적 위계가 시민교육 경험의 차이로 전이될 수 있으며, 이는 곧 학생이 속한 집단이 주류인가 비주류인가에 따라 시민성 형성 과정에서의 경험과 내용이 달라질 수 있음을 예상케 하는 부분이다.

셋째, 학교 급에 따라 이슈 및 이슈 토론 관련 인식이 다르며, 이슈 수업에 대한 요구에 차이가 있었다. 고등학생들의 경우, 이슈 및 이슈 토론 관련 인식은 전반적으로 높지만, 이와 관련된 기회나 경험은 가장 적은 것으로 나타났다. 이러한 괴리는 일차적으로 입시 위주의 교육 환경에서 기인한 것으로 볼 수 있다. 주목할 점은 고등학생에게서 민주시민과 이슈의 관계에 대한 인식이 가장 높게 나타난다는 점이다. 이렇게 볼 때, 고등학생 시기에 학생들이 기대하고 옳다고 생각하는 민주시민교육의 방향과 실제 경험하는 내용 사이의 괴리가 가장 클 수 있다. 이러한 우려는 고등학생이 중학생보다 정치·사회적 이슈에 대한 관심이 높지만 학교 안팎에서 사회적 이슈 토론에 참여하는 정도는 낮다거나, 고등학생이 중학생보다 학교에서의 시민적 효능감이 더 높지만 민주시민교육에 대한 만족도는 더 낮다는 연구 결과들을 통해서도 뒷받침된다(강영혜 외, 2011: 109-111).

또한 고등학생들은 이슈 수업 및 토론과 관련하여 수업에서 서로 다른 의견을 알려 주는 것을 선호하는 데 비해, 교사가 자신의 의견을 공개하거나 더 옳은 의견을 알려 주는 것에 대해서는 가장 부정적으로 반응했다. 이러한 반응이 나타나는 이유를 알기 위해서는 좀 더 심층적인 연구가 필요하지만, 학교 급이 올라갈수록 이슈에 대해 배타적인 입장을 취하는 교사로 인한 부정적인 경험에 더 많이 노출되었을 가능성, 초등학생이나 중학생에 비해 교사를 자신과 대등한 존재로 인식하고 교사의 견해에 비판적 입장을 취할 가능성 등을 예상해 볼 수 있다.

중학생의 경우, 이슈에 대한 관심과 노력에 대한 반응 수준은 가장 높지만, 자신과 다른 사람의 의견을 듣는 데 가장 불편함을 느끼는 것으로 나타났다. 초등학생들은 상대적으로 토론 기회는 많지만, 사회적으로 민감한 이슈를 다루는 것에 대해 덜 긍정적이고 교사의 의견을 가장 알고 싶어 했다. 이를 통해 학생들의 성장 정도, 학습 환경 및 준비도 등에 따라 이슈 수업의 기회, 수업 주제, 수업 방법 및 교사의 역할 등에 대해 학교 급에 따라 다른 요구가 있음을 짐작할 수 있다.

이러한 연구 결과는 학교 시민교육과 관련하여 다음과 같은 시사점을 제공한다.

첫째, 학교 교육 기간 동안 학생들이 사회적으로 중요한 이슈를 접하고 토론할 수 있는 기회를 확대해야 한다. 연구 결과, 현재 학생들은 전반적으로 가정은 물론 학교에서도 자신들이 중요하고 관심이 있다고 밝히는 정도에 비해, 이슈 관련 활동에 참여하고 경험할 기회를 충분히 제공받고 있지 못한 것으로 드러났다. 이슈와 관련된 대화 및 토론, 참여의 경험이 민주시민성 형성의 중요한 토대가 될 수 있다는 점에서, 학교 교육을 통해 이러한 시민성 경험의 부재 현상을 보완하기 위한 노력이 절실히 요청된다. 특히 고등학교 수준에서 이슈 관련 교육 기회를 확대하기 위한 노력이 필요하다. 이를 위한 방안은 교과 교육과정, 교과서 및 교수·학습 방법 등의 차원에서 체계적으로 모색되어야 할 것이다. 또한 교과 교육은 물론 비교과 영역에서도 관련 기회가 제공되어야 할 것이다.

둘째, 비주류 학생 집단의 이슈 관련 인식을 제고하고 긍정적인 경험을 할 수 있는 교육 환경 및 기회를 제공해야 한다. 연구 결과, 학교 소재 지역, 임원 경험, 학업 성취 수준, 소득 수준에 따라 학생들이 이슈와 관련하여 차등화된 시민성을 형성할 가능성이 드러났다. 특히 자신의 학업 성취 수준이나 소득 수준이 낮다고 보고한 학생들의 이슈 및 이슈 토론 관련 인식 수준이 전반적으로 낮게 나타난 점에 주목할 필요가 있다. 이들은 자신들의 사회·경제적 조건이나 학업 성취 수준에 따라 학교에서 부여된 위계 수준만큼 시민으로서의 낮은 효능감을 형성할 가능성이 있다. 따라서 학교 교육을 통해 이슈 관련 경험 및 기회를 제공할 때, 이른바 학업 수준은 물론 지역적, 계층적 비주류 집단에 속해 사회적 혜택을 받지 못하는 집단

(underprivileged group)을 효과적으로 도울 수 있는 시민교육 방법에 대해 고려할 필요가 있다. 이때 단순히 이슈 관련 학습 기회를 수치상으로 확대하는 것을 넘어서, 그 기회 속에서 학생들이 긍정적인 성취 경험을 할 수 있는 환경을 조성하기 위한 노력이 요청된다. 이를 위해서는 이른바 비주류 학생 집단들이 이슈 교육에서 성공하거나 실패하는 이유를 면밀히 분석하고 심층적으로 이해하려는 노력이 수반되어야 할 것이다.

셋째, 학교 수업에서 이슈를 다룰 때 학생들의 성장 단계 및 학교 급별 요구의 차이에 따라 이슈 수업의 주제나 방법을 차별화하기 위한 노력이 요청된다. 이때 학교 급별 차별화는 이슈 관련 기회를 제공하거나 하지 않는 식의 '유 아니면 무'라는 논리에 입각한 차별화가 아니라, 부족하거나 어려운 점을 점진적이고 단계적으로 보완하는 방법을 사용해야 할 것이다. 즉 학생들이 민주시민으로서 중요한 사회 이슈에 관심을 갖고, 자신과 다른 의견을 가진 사람들과 원활하게 소통할 수 있도록 단계별로 돕는 방향으로 이슈 교육과정이 구성되어야 할 것이다. 예를 들어 초등학교에서는 교사의 안내에 따라 사회적으로 민감한 이슈를 접하는 수준이라면, 고등학교에서는 더 자유로운 분위기 속에서 관련 이슈에 대해 심도 있는 논의를 할 수 있는 환경을 제공할 필요가 있다. 또 자신에 대한 동료들의 평가에 민감해지는 중학교 단계에서는 이슈 토론에서의 의사소통 기술에 대한 지도를 강화하고, 학생들이 안전함을 느끼며 자신들의 의견을 표현할 수 있는 교육 환경이 제공될 필요가 있다. 이슈 수업 중 교사의 역할에 대해서도 초등학교와 중학교에 비해 고등학교에서 교사의 중립적 역할이 보다 강하게 요청될 수 있다. 이와 관련하여 학교 급별로 단계적인 이슈 교육 차별화에 대한 연구가 필요하다.

3 초등학생의 이슈 대화 및 토론 경험[8]

1) 연구 개관

학교 민주시민교육의 첫 출발점인 초등학교 수업에서도 이슈에 대해
다루어야 할까? 초등학생도 이슈를 다룰 수 있을까? 두 질문은 서로 다르
지만, 연결되어 있다. 앞서 1부에서 살펴본 바와 같이, 학교에서 초등학생
들에게 이슈 학습 기회를 제공하는 것이 적합한지에 대해서는 찬성과 반
대 입장이 대립할 수 있다. 그러나 초등학교 이슈 학습의 당위성과 효과
는 다수 연구들에 의해 지지되고 있다(구정화, 2003; 노경주, 2000: 이광성,
2002).

이처럼 정치·사회적 이슈 대화 및 토론의 경험이 초등학생의 시민성
형성 및 발달에 중요하다는 점을 부인하기 어려움에도 이와 관련된 연구
나 실천의 움직임은 매우 더디고 제한적이다. 초등학교 교실에서 정치·사
회적 이슈를 다루는 것을 반대하는 입장은 나름 확고한 철학이나 교육관
에서 비롯된 것일 수 있으나, 한편으로는 막연한 두려움에서 비롯되었을
수도 있다. 초등학생들이 이슈 관련 학습에서 무엇을 경험하는지를 밝힌
연구를 거의 찾아볼 수 없다는 사실이 후자의 가능성을 말해 준다. 또 이는
초등학생들이 일상 속에서 어떠한 이슈 대화와 토론 경험을 하고 있는지
잘 모르고 있다는 점과 무관하지 않다. 초등학생들이 학교 안팎에서 사회
적 이슈와 관련하여 어떤 경험을 하고 있는지를 살펴보는 일은, 그동안 주
목하지 못했던 미지의 영역을 드러내어 향후 학교 민주시민교육에 유용한

----

8   3장은 필자가 공저한 「초등학생의 정치·사회적 이슈 대화 및 토론 경험 분석: 청소년 시민성
      교육에의 시사점」(박윤경·이승연, 2015a)의 내용을 수정, 보완 및 재구성하여 작성하였다.

정보를 제공할 수 있을 것이다.

이 장에서는 초등학생의 일상생활 속에서 정치·사회적 이슈에 대한 대화와 토론이 어떻게 이루어지고 있는지를 이슈 대화 및 토론 주제, 대화 상대 및 대응 양상의 차원에서 살펴보고자 한다.

구체적인 연구 질문은 다음과 같다.

첫째, 초등학생들은 주로 어떤 이슈들에 대해 이야기를 나누는가?

둘째, 초등학생들은 이슈에 대한 정보를 어디에서 얻고 누구와 이야기를 나누는가?

셋째, 초등학생들은 이슈에 대한 대화와 토론에 어떤 방식으로 대응하는가?

(1) 조사 대상

조사에 참여한 초등학생은 2장과 동일하다. 강남 지역 3개 학급, 비강남 지역 3개 학급이 참여했으며, 학년별로는 5학년 4개 학급(강남 지역 2학급, 비강남 지역 2학급), 6학년 2개 학급(강남 지역 1학급, 비강남 지역 1학급)이 조사에 응했다. 담임 교사를 통해 학교 특성, 지역 사회 환경, 학생 및 학부모 특성에 대해 조사한 결과, 강남 지역의 경우에는 주로 아파트에 살며, 학생들의 학업 수준과 사교육 참여도가 높고, 학부모의 경제력과 학업에 대한 관심이 높은 편이었다. 이와 달리 비강남 지역의 경우, 지역 및 주거 환경이 다소 열악하며 학생들의 학업 수준이 낮고 학부모의 경제력과 학업에 대한 관심이 낮은 편이라고 나타났다. 최종 분석에 반영된 조사 대상은 154명으로 성별로는 여학생이 50.6%, 학년별로는 5학년이 62.3%이며, 지역별로는 강남 지역이 55.2%이다. 구체적인 연구 참여자의 배경 정보는 [표 3-20]과 같다.

[표 3-20] 연구 참여자 정보(단위: 명)

구분	강남 지역			비강남 지역			총합
	남	여	합계	남	여	합계	
5학년	24 (15.6%)	26 (16.9%)	50 (32.5%)	23 (14.9%)	23 (14.9%)	46 (29.9%)	96 (62.3%)
6학년	16 (10.4%)	19 (12.3%)	35 (22.7%)	13 (8.4%)	10 (6.5%)	23 (14.9%)	58 (37.7%)
합계	40 (26.0%)	45 (29.2%)	85 (55.2%)	36 (23.4%)	33 (21.4%)	69 (44.8%)	154 (100.0%)

(2) 자료 수집 및 분석

초등학생들의 이슈 대화와 토론 경험을 확인하기 위해, 앞서 언급한 '한국 청소년의 시민성 조사지'의 폐쇄형 문항 일부와 개방형 문항에 대한 응답 자료를 활용했다. 폐쇄형 문항은 이슈 정보원에 대한 것으로, 평소 대화하는 사람, 자신에게 가장 중요한 사람, 사회 이슈에 대한 정보의 원천, 가장 믿을 수 있는 정보 원천의 네 가지 문항이다. 학생들은 가족, 친구, 교사, 대중 매체 등 10개의 선택지 중에서 세 가지를 선택하는 방식으로 응답했다.

이 부분에서 핵심적인 자료는 이슈 노트라고 명명한 개방형 문항에 대한 응답 내용이다. 이슈 노트의 내용은 [표 3-21]에 제시된 바와 같이, 크게 1) 최근 우리 사회에서 가장 중요한 사회 이슈, 2) 최근 이슈에 대한 대화와 토론의 경험(대화 상대, 대화의 내용, 기분 등), 3) 대중 매체에서 이슈를 접한 경험(내용, 기분 등), 4) 이슈 대화나 토론에 대한 의사 및 중요 이슈에 대한 의견으로 구성되었다. 조사 내용에 대한 초등학생들의 이해를 돕기 위해 조사지 앞부분에 연구 목적, 연구 기관 및 익명성 보장 등을 안내하면서 정치·사회적 이슈의 정의와 예시를 함께 제시했다. 또 조사 과정에서 궁금한 사항이 있는 경우, 담임 교사가 좀 더 상세하게 안내했다.

[표 3-21] 이슈 노트의 내용 구성

1	최근 우리 사회에서 가장 중요한 사회 이슈	필수 질문
2	최근 우리 사회 이슈(1의 이슈 포함)에 대한 대화 경험	경험 유무에 따른 선택적 답변
	대화 상대, 시기, 장소, 대화 내용 및 그때의 기분과 그 이유	
	자기 생각을 이야기했다면, 그때 상대방의 반응과 그 이유	
	자기 생각을 이야기하지 못했다면, 그 이유. 이야기했을 경우 반응 예상, 그 이유	
3	최근 우리 사회 이슈(1의 이슈 포함)에 대해 책, 신문, 잡지, TV, 인터넷에서 본 경험	경험 유무에 따른 선택적 답변
	책, 신문, 잡지, TV, 인터넷 등에서 접한 내용, 그때의 기분과 그 이유	
4	위 이슈에 대하여 더 대화를 나누고 싶은 의사 여부	필수 질문
	이야기를 더 하고 싶거나, 그렇지 않다면, 그 이유	
	그 이슈에 대한 지금 나의 생각과 그 이유	

조사지를 통해 수집된 원자료는 먼저 학생 개인별로 식별 기호[9]를 부여한 후, 자료 분석을 위해 별도로 정리했다.

폐쇄형 문항을 통해 산출된 양적 자료는 기초 통계 분석을 통해 전반적인 응답 경향을 파악하거나, 지역이나 성별 등 인구학적 변인에 따라 답변 내용에 유의미한 차이가 있는지를 중심으로 분석했다. 질적 자료 중 계량화가 가능한 자료들(이슈 대화 및 토론 경험 유무, 이슈 대화 및 토론에서 의견 표시 유무)도 양적 자료로 변환하여 통계 분석에 활용했다.

이슈 노트를 통해 생성된 질적 자료는 대영역, 하위 범주, 세부 내용으로 범주화하여 분석했다. 구체적으로 연구 문제와 관련된 주요 주제를 찾아 대영역(주제, 대화 경험, 대화 상대, 의견 제시, 상대 반응, 대화 의사, 정보 원천, 이슈 대응 방식 등)을 설정한 후, 대영역에 해당하는 내용을 다시 관련 내

---

9   예를 들어 CASE_ID 1003에서 1은 초등학생, 이하의 세 자리 수는 학생의 일련번호를 의미함.

용끼리 묶어서 범주화하는 방식으로 분석했다. 이때 대영역 특성에 따라 이슈 노트의 개별 문항별로 분석하거나 여러 문항을 통합하여 분석했으며, 필요에 따라 대영역 간의 관계도 분석했다.

질적 자료의 유형화 분석과 함께, 개별 학생의 답변 내용에 포함되어 있는 논리 구조를 파악하기 위해 내러티브 분석(narrative analysis) 중 구조 분석(Structural analysis) 방법을 활용했다. 구조 분석은 텍스트를 하나의 내러티브로 간주하고 내러티브의 구조 및 내용을 탐색하는 분석 방법이다 (Riessman, 2008). 이 연구에서는 학생들이 기술한 이슈 노트의 내용을 문장 또는 절 단위로 나눈 후, 구조 분석에서 사용하는 코드 중 AB, CA, EV, RE를 중심으로 자료를 코딩하였다. AB(Abstract)은 소개이고, CA(Compli-cating Action)는 내러티브를 진행시키는 행위이며, EV(Evaluation)는 내러티브에 대한 의미 부여, RE(Resolution)는 내러티브에서 기술된 사건의 해결을 말한다(Riessman, 2008: 89). 이 연구에서 AB는 학생이 선택한 이슈, CA는 학생의 평가 및 해결을 이끌어 낸 사건을 학생의 시선으로 기술한 내용이다. EV는 학생 자신의 사건에 대한 의미 부여를 보여 주며, RE는 학생 스스로의 해결 방법, 즉 이슈를 토론할 것인가 말 것인가 등을 서술하는 것이다.

2) 초등학생의 이슈 대화 및 토론에 대한 경험

(1) 이슈 대화나 토론의 주제는 무엇인가?

초등학생들은 일상에서 어떤 이슈들에 대해 이야기를 나누고 있을까? 조사가 이루어진 시점에 초등학생들은 세월호 침몰, 북한 문제, 학교 폭력을 한국 사회에서 가장 중요한 사회 이슈라고 생각하며 대화나 토론의 주된 주제로 삼고 있었다.

[표 3-22] 초등학생의 이슈 대화 및 토론 주제(단위: 명)

구분	가장 중요한 이슈			이슈 대화 및 토론 주제		
	강남	비강남	합계	강남	비강남	합계
세월호 침몰	34	34	68	18	14	32
북한 문제	21	23	44	12	6	18
학교 폭력	9	5	14	4	2	6
월드컵 비리	7	2	9	4	2	6
정치 문제	6	2	8	3	0	3
사회 불평등	4	2	6	2	0	2
자연재해	5	0	5	1	0	1
군대 문제	1	2	3	0	0	0
연예인	2	0	2	2	0	2
글로벌 이슈	2	0	2	2	0	2
합계	91	70	161	48	24	72

[표 3-22]에 제시된 바와 같이, 가장 중요한 사회 이슈를 묻는 질문에 학생들은 세월호 침몰(68명), (통일, 미사일, 탈북 등의) 북한 문제(44명), (충돌, 인권 등의) 학교 폭력(14명)의 순으로 답했다. 그 외 월드컵 및 관련 비리(9명), (총리, 부패, 대선 등의) 정치 문제(8명), (사회 차별, 사회 복지 등의) 사회 불평등(6명), (태풍 등의) 자연재해(5명), (탈영, 총기 사고 등의) 군대 문제(3명), 연예인 관련 문제와 글로벌 이슈(각 2명)를 언급하기도 했다.

다른 사람들과 대화나 토론의 주제로 삼은 사회 이슈도 이와 유사한 경향을 보였다. 세월호 관련 내용에 대해 이야기를 나눈 경우가 32명으로 가장 많았고, 그다음으로는 북한 문제(18명), 학교 폭력과 월드컵 관련 비리(각 6명)의 순으로 나타났다. 그 외에 정치 문제, 사회 불평등, 자연재해, 연예인, 글로벌 이슈를 대화나 토론의 주제로 삼는다고 언급했다. 이를 통해 초등학생들이 나름대로 당시 사회적 이슈를 인지하고 있으며, 모든 학생이 이슈 대화 및 토론에 참여하는 것은 아니지만 비교적 다양한 주제에 대해 주변 사람들과 이야기를 나누고 있음을 알 수 있다.

(2) 주요 이슈에 대해 어떤 의견을 갖고 있는가?

초등학생들은 우리 사회의 이슈들을 어떻게 생각하고 있을까? 학생들은 당시 대중 매체에서 자주 다룬 시의적인 이슈들에 주로 관심을 보였다. 앞서 초등학생들이 가장 중요한 이슈라고 답한 세월호 침몰, 북한 문제, 학교 폭력 이슈를 중심으로 사회 이슈에 대한 초등학생의 반응을 살펴보면 다음과 같다.

먼저, 세월호 침몰에 대해 초등학생들은 세월호 침몰로 사망하거나 실종된 피해 학생들에게 연민의 감정을 드러냈다. 또한 문제를 제대로 해결하지 못하는 사회와 정치에 대한 불만을 표시했다. 학생들은 배에서 빠져나오지 못한 언니, 오빠, 누나, 형들에 대한 슬픔과 안타까움을 표현했다. 또한 선장처럼 책임지지 않은 어른, 구조 지연으로 인한 인명 피해, 사건 책임자를 놓치고 빠르게 대처하지 못한 공권력과 정치에 대한 화, 미움, 허무함 등의 부정적인 감정을 드러냈다. 더 나아가 학생들은 책임자에 대한 처벌을 요구했다.

> "세월호 침몰, 슬프고 화가 난다. 우리나라 많은 사람들, 언니 오빠들이 세월호와 함께 침몰해서." (Case_ID 1031)

> "어떻게 이런 일이 생겼을까? 너무 놀라고 슬펐다. 누나, 형아들이 배 안에서 못 나왔기 때문에 모두 다 안타깝게 말을 하였다." (Case_ID 1050)

> "세월호가 침몰했는데 선장만 빠져나갔다는 이야기를 했다. 자신의 배니까

배에 탄 사람들을 책임져야 하는데 책임지지 않고 혼자 빠져나가서 슬프고 화가 났다."
(Case_ID 1042)

"사건 사고가 많이 일어나고 있는데 사회는 별로 신경을 쓰고 있지 않은 것 같습니다. 왜냐하면 세월호 사건도 그렇고 많은 일들이 일어났는데 세월호 사건 때는 구조를 너무 늦게 해서 많은 인명 피해를 입었기 때문입니다."
(Case_ID 1006)

"가족과 몇 달 전 집에서 그 이야기를 했는데 가슴이 뭉클하고 울고 싶었다. 정말 아무것도 빨리하지 않는 정치가 정말 미웠다. 내 맘대로 할 수 있었으면 정치를 더 좋은 걸로 바꾸고 싶다."
(Case_ID 1001)

다음으로, 북한 문제에 대해 학생들은 일차적으로 북한과의 군사적 충돌 가능성이나 전쟁에 대한 불안감을 표현했다. 조사 당시 학생들은 북한의 미사일 발사 소식에 주의를 기울이며, 이것이 향후 전쟁으로 이어질 가능성과 관련해 두렵거나 불안한 마음을 표현했다. 또한 학생들은 북한과의 통일을 많이 언급했는데, 통일을 지지하는 학생들은 통일이 되면 전쟁의 위협이 사라지고 평화가 올 수 있다는 생각을 갖고 있었다.

"북한과 우리나라의 사이가 위험하고 전쟁이 날 것 같은 경계심을 갖고 있기 때문에 (중략) '북한이 남한에게 미사일을 던졌다'라는 이야기를 듣고 나서 난 긴장감? 약간 두려웠고 그 이유는 걱정했고 북한이 언제 쳐들어올지 몰라서이다."
(Case_ID 1019)

"북한과 남한의 의견도 통일이 되고 사람의 통일이 되면 좋겠다. 우리 엄마는 북한이 언제 올지도 모른다며 1년 치 비상식량까지도 사며 불안해하시는데, 온 국민이 불안해하는 가운데 더 이상 하나가 되지 않을 수 없다."

(Case_ID 1023)

"북한과 남한이 통일해야 한다. 왜냐하면 통일하면 평화가 되돌아오고 이익도 서로 생기기 때문에."

(Case_ID 1004)

"북한과 통일을 해야 되겠다는 생각을 했다. 왜냐하면 북한과 빨리 통일해야 전쟁을 하지 않기 때문이다."

(Case_ID 1092)

물론 전쟁 불안감 해소가 아닌 북한 어린이들이나 이주민들에 대한 연민이나 경제적 이익을 통일이 필요한 이유로 제시한 경우도 있다. 이와 달리 통일에 반대하는 학생들은 통일 이후 남한 사회의 경제적 전망에 대해 부정적인 입장을 제시했다.

"내가 기부금을 조금씩 모아서 북한 어린이들에게 줄 것이다. 그래야 통일이 이루어질 수 있기 때문."

(Case_ID 1008)

"북한과 통일을 해야 한다. 이산가족과의 슬픔도 있고 국방비로 나가는 돈을 줄여야 해서."

(Case_ID 1110)

"통일이 되면 멋진 우리나라가 될 수 있고 인구의 수가 더 늘어나기 때문이다."

(Case_ID 1106)

"통일 안 됐으면 좋겠음. 북한이랑 통일되는 것은 좋은 것이지만 북한과 통일을 하게 되면 우리 남한 쪽에서 북한의 못사는 사람에게 돈이 많이 들어가기 때문에."

(Case_ID 1043)

"남북은 통일하면 안 된다. 남한이 북한보다 잘살아서 통일이 되면 가난해질 수도 있다."
(Case_ID 1070)

학교 폭력 이슈와 관련하여, 초등학생들은 폭력과 죽음에 대한 공포, 그리고 죽은 피해자들에 대한 연민의 감정을 느끼고 있었다. 학생들은 학교 폭력에 대한 안전장치 강화를 원하고 있었다. 또한 학교 폭력에 대한 처벌 수준이 높아지기 때문에 학교 폭력에 가담하면 문제가 될 수 있다고 인식하기도 했다.

"[학교 폭력이][10] 요즘 심해지고 있고 한 학생의 목숨을 거둬갈 수 있기 때문 (에) 학생들의 피해를 최소화하여 학교 폭력을 없애야 한다."
(Case_ID 1009)

"[엄마와 언니들과 지난주에 이야기를 했는데] 어떤 이야기였냐 하면 학교 폭력으로 시달려서 사망자가 많다고 불쌍하다고 했다. 내 기분은 무언가 불쌍했다. 왜 폭력을 하는지 궁금했다."
(Case_ID 1014)

"아무 이유도 없이 학교 폭력을 당해 자살했다는 이야기를 보며 같은 학생으로서 마음이 아파 왔다."
(Case_ID 1024)

"[TV를 보고] 학교 폭력이 점점 더 심해지는 것 같고 무서웠습니다. 왜냐하면 학교 폭력을 받은 아이들의 절반 이상이 자살을 했다고 들었기 때문입니다."
(Case_ID 1048)

"나는 이것[학교 폭력]에 대한 안전을 더 열심히 실시하였으면 좋겠다고 생

………

10   [ ]은 의미를 분명하게 하기 위하여 문맥에 따라 필자들이 넣은 말이다(이하 모든 사례 동일).

각한다."   (Case_ID 1016)

"학교 폭력이 심해지고 있고 사망자 수도 늘어나고 있다. 이것을 대처할 방법을 검찰이 찾고 있고 학교 폭력의 징벌도 심해지고 있다. (중략) 학교 폭력은 이슈가 아주 큰 문제이다. 징계도 심해지고 있다. 학생들의 피해를 최소화하여 학교 폭력을 없애야 한다."   (Case_ID 1009)

이상에서 살펴본 바와 같이, 초등학생들은 세월호 침몰, 북한 문제, 학교 폭력 이슈가 모두 우리 사회의 안전을 위협한다는 점에 주목하고 있었다. 이는 일상적으로 충족되어야 할 안전 욕구가 제대로 충족되고 있지 못함을 시사한다. 물론 앞서 [표 3-22]에서 살펴본 바와 같이, 이 세 가지 이슈 외에도 조사 당시 논의 중이었던 국무총리 임면에 관한 이슈나 환경 문제 등에도 관심을 보였다. 그러나 조사 시점에서 초등학생들은 자신의 삶이나 주변 환경이 가장 기본적인 안전조차 위협받고 있는 상황이라고 인식하고 있었다. 이러한 상황 인식에 따라 자신이 느끼는 불안감 해소를 이슈 대화 및 토론 참여의 동력으로 삼고 있는 것으로 나타났다.

3) 이슈 정보의 원천과 이슈 대화 및 토론 상대

(1) 어디에서 이슈에 대한 정보를 얻는가?

초등학생들이 정치·사회적 이슈에 대한 정보를 얻는 방법과 신뢰하는 정보 원천에 대해 조사한 결과, 학생들은 평소 주로 가족 및 친구와 대화를 나누지만 사회 이슈에 대한 정보는 주로 대중 매체를 통해서 얻고 있으며, 이를 부모나 학교 선생님으로부터 얻는 정보보다 신뢰하고 있는 것으로 나타났다.

[표 3-23] 이슈 정보 원천과 신뢰 여부(복수 응답 허용, 단위: N=명)

	이슈 정보 원천		신뢰하는 정보 원천		주요 대화 상대		가장 중요한 사람	
	N	%	N	%	N	%	N	%
① 부모	44	9.9	44	10.2	144	31.7	150	33.2
② 형제자매	9	2.0	7	1.6	76	16.7	102	22.6
③ 학교 친구	20	4.5	7	1.6	141	31.1	116	25.7
④ 학원 친구	4	0.9	1	0.2	38	8.4	12	2.7
⑤ 학교 선생님	19	4.3	22	5.1	23	5.1	40	8.8
⑥ 학원 선생님	4	0.9	4	0.9	11	2.4	8	1.8
⑦ 책	32	7.2	50	11.5	0	0.0	2	0.4
⑧ 신문과 잡지	77	17.3	91	21.0	4	0.9	1	0.2
⑨ TV	121	27.2	112	25.9	2	0.4	3	0.7
⑩ 인터넷	112	25.2	90	20.8	6	1.3	6	1.3
⑪ 기타	3	0.7	5	1.2	9	2.0	12	2.7
합계	445	100.0	433	100.0	454	100.0	452	100.0

첫째, 이슈 정보의 원천과 관련하여, 초등학생들은 이슈 관련 정보를 주로 TV(27.2%), 인터넷(25.2%), 신문과 잡지(17.3%), 책(7.2%)과 같은 대중 매체를 통해서 얻고 있었다. [표 3-23]에 제시된 바와 같이 초등학생들이 평소에 주로 대화를 나누는 상대는 가족과 친구(부모 31.7%, 학교 친구 31.1%, 형제자매 16.7%, 학원 친구8.4%)이지만, 부모(9.9%)를 제외하고는 학교 친구(4.5%), 학교 선생님(4.3%), 형제자매(2.0%)를 통해 이슈에 대한 정보를 얻는 경우는 많지 않았다.

둘째, 이슈 정보의 신뢰 여부와 관련하여, 초등학생들은 주로 TV(25.9%), 신문과 잡지(21.0%), 인터넷(20.8%), 책(11.5%)에서 얻은 정보를 가장 믿을 수 있다고 평가하였다. 이에 비해 부모(10.2%)와 학교 선생님

(5.1%)을 통해 얻은 정보에 대한 신뢰 정도는 상대적으로 낮았으며, 형제자매(1.6%), 학교 친구(1.6%), 학원 선생님(0.9%), 학원 친구(0.2%)로부터 얻은 정보를 신뢰할 수 있다고 답한 경우는 매우 드물었다.

(2) 누구와 이슈 대화 및 토론을 하는가?

개방형 이슈 노트를 분석한 결과, 설문 조사 결과와 마찬가지로 초등학생들은 TV 등 대중 매체를 통해 얻은 정보를 바탕으로 주로 가족이나 친구와 이슈에 대해 이야기를 나누는 것으로 나타났다.

다음 [사례 1]과 [사례 2]를 통해 초등학생들이 TV에서 얻은 정보를 가지고 가족이나 친구와 이야기를 나누면서 이슈에 대한 정보를 형성하는 과정을 엿볼 수 있다. [사례 1]의 학생은 TV에서 얻은 정보를 바탕으로 이슈에 대한 생각을 전개해 나가며 추가 정보를 얻기 위해 타인과 더 대화를 나누고 싶어 하는 모습을 보여 준다. [사례 2]의 학생은 TV에서 얻은 정보를 바탕으로 타인과 대화 및 토론을 나눈 후 반응하는 모습까지 보여 준다. 두 학생 모두 TV 내용을 능동적으로 이용하고 있으며, 그 결과 자신 나름의 지식을 형성하거나 형성할 가능성을 보여 주고 있다.

[사례 1]

TV의 뉴스에서 그 사람[유대균의 아버지]의 시체로 추정되는 것이 발견되었다고 한다. 그걸 보면서 그게 진짜 그 사람 시체일지 궁금해졌다. 그 사람이 왜 현상 수배범이 되었는지 궁금하다. 그 사람이 불쌍하기도 했다. 그게 진짜 시체라면 그 사람은 죽은 거니까. …

[누군가와 이야기를] 더 하고 싶다. 유대균의 아버지가 과연 나쁜 사람일지 궁금하다. 엄마에게 그걸 물어보고 싶다. 그리고 엄마와 이야기를 하면 새로운 정보도 얻을 수도 있다.

[누가 내 생각을 물어본다면] '나는 그 사람이 싫지만 그 사람에 대해 여러 가지를 조사해 보고 싶다'라고 할 거다. 나는 그 사람이 원래 싫지는 않았는데 그 사람이 도망가니까 그때부터 싫었다. 정정당당하게 도망치지 말지….

(Case_ID 1025의 세월호 사건에 관한 응답 중에서)

[사례 2]

[글로벌 이슈에 대해] 친구와 빙하 녹는 것이 위험한지 이야기했다. 나는 그때 걱정이 되었다. 빙하가 녹으면 해수면이 … [친구에게] 얼마나 심각한지 말하였다. … 왜 걱정이 되었는지 말했다.

… 남극의 빙하가 녹고 있고 지구 온난화의 심각성을 TV에서 들었다. … [이 이슈에 대해] 아버지와 말하고 싶다. 아버지는 문제를 잘 알고 나에게 잘 가르쳐 주시기 때문이다.

[누군가 내 생각을 물어본다면] 짧은 거리에서는 차를 타지 않아.

(Case_ID 1017의 지구 온난화에 관한 응답 중에서)[11]

한편 [사례 3]과 같이 학교에서 토론한 내용을 TV를 통하여 강화하는 학생도 있었다.

[사례 3]

학교에서 7월 달쯤에 학교 선생님과 친구들과 함께 북한에 대하여 이야기하였다. 북한 아이들이 불쌍했다.

[그때 내 생각은] 말하지 않았다. … 마음속으로 북한을 도와야겠다고 생각했다.

....

11 …은 응답과 응답 사이에 생략된 질문이다(이하 모든 사례 동일).

… TV에서 북한의 공익 광고를 했다. 북한이 불쌍했다. 굶는 사람들이 많아서.

[더 이야기해 보고 싶다] 친구와 나와 생각이 같은지도 궁금하고 통일을 위해서.

[누군가 내 생각을 물어본다면] 내가 기부금을 조금씩 모아서 북한 어린이들에게 줄 것이다. 그래야 통일이 이루어질 수 있기 때문.

(CASE_ID 1008의 설문지 응답 중에서)

초등학생들은 TV 외에도 인터넷과 책 등을 사회 이슈에 대한 정보의 원천으로 삼고 있었다. 앞서 설문 조사에서 드러난 바와 같이, 초등학생들의 주요 대화 상대는 가족과 친구이지만, 이슈에 대한 정보를 주로 얻는 곳은 TV, 인터넷, 신문과 잡지 등이었다. 학생들이 가장 믿을 수 있는 정보의 원천이라고 응답한 대상 역시 주로 대중 매체였다. 이는 부모, 학교 친구, 학교 선생님들과 대화를 나누지만 그들이 전해 주는 정보를 모두 신뢰하는 것은 아님을 보여 준다. [사례 4]는 학생들이 이슈와 관련된 타인과의 대화 내용을 자기 나름의 기준을 가지고 비판적으로 해석하는 모습을 보여 준다.

[사례 4]
논술 학원에서 남북통일에 [대해] 토론을 해 보았다. 논술 선생님께서는 우리도 독일처럼 통일을 해야 한다고 하셨는데, 의견도 서로 다른데 통일이 가능할까 싶었다. 그래도 통일은 하고 싶다.

[그때] 내 생각을 이야기하지 못했다. [왜냐하면] 모든 사람들이 다 같은 민족이었으니 통일을 해야 한다고 생각하는데 나만 그것에 부정적이면 좀 이상할 것 같아서였다. 그런데 내 의견에 대해서는 확신을 했었다.

…『한국사 편지』라는 책에서 지금 우리가 북한과의 싸움에 대비하여 쓰고 있는 국방비는 어마어마하며 지금 통일을 하면 북한에게 주는 돈이 국방비보다 훨씬 적기 때문에 통일을 해야 국방비에 쓰이던 돈을 더 좋은 곳에 쓸 수 있다고 했는데, 나는 그것이 옳다고 생각하고 그뿐만 아니라 다른 훨씬 더 많은 이유 때문에 통일은 해야 하지만 가능할지 모르겠다는 생각을 하였다.

(CASE_ID 1023의 설문지 응답 중에서)

이상과 같이, 초등학생들은 부모 또는 친구와 이야기를 나누면서 사회 이슈에 대한 정보도 얻고 그에 대해 나름의 입장을 취하고 있었다. 그러나 그 대화와 토론에서 생성된 정보를 완전히 신뢰하지는 않으며, 주로 정보의 원천으로 TV나 책, 신문 등을 참조했다.

4) 이슈 대화 및 토론에 대한 대응 양상

(1) 초등학생의 이슈 대화 및 토론 경험은 충분한가?

초등학생들이 다양한 정치·사회적 이슈들을 인지하고 있음에도 불구하고, 이러한 이슈들에 대해 주변 사람들과 대화나 토론을 해 본 경험이 있는 학생들은 절반에 미치지 못한 것으로 나타났다. 이슈 노트에 기록된 답변 내용을 분석한 결과, 전체 학생 154명 중 68명(44.2%)만 이슈 대화 및 토론 경험이 있다고 답했다.[12]

----

12 이 결과는 조사지에서 이슈 관련 대화 경험이 있는지를 묻는 2번 문항에 답하지 않은 학생들을 모두 반영한 것으로, 해당 경험에 대해 밝히고 싶지 않다, 또는 귀찮다 등의 이유로 답변을 회피한 경우가 포함되어 있다면, 실제 이슈 대화 및 토론 경험이 있는 초등학생들의 수는 이보다 많을 수 있다.

[표 3-24] 이슈 대화 및 토론 경험이 있는 초등학생 분포(단위: 명, %)

구분		강남 지역			비강남 지역			총합
		남	여	합계	남	여	합계	
경험 유무	있음	21 (13.6)	23 (14.9)	44 (28.6)	11 (7.1)	13 (8.4)	24 (15.6)	68 (44.2)
	없음	19 (12.3)	22 (14.3)	41 (26.6)	26 (16.9)	19 (12.3)	45 (29.2)	86 (55.8)
합계		40 (26.0)	45 (29.2)	85 (55.2)	37 (24.0)	32 (20.8)	69 (44.8)	154 (100.0)

이슈 대화 및 토론 경험 여부를 지역 및 성별에 따라 비교하면 [표 3-24]와 같다. 지역별로는 비강남 지역 학생 집단보다는 강남 지역 학생 집단(비강남 지역 69명 중 24명, 34.8%; 강남 지역 85명 중 44명, 51.8%), 성별로는 남학생 집단보다는 여학생 집단(남학생 77명 중 32명, 41.6%; 여학생 77명 중 36명, 46.8%)에서 이슈 대화 및 토론 경험이 있는 학생들의 비중이 상대적으로 더 크게 나타났다. 그러나 이는 통계적으로 유의미한 차이는 아닌 것으로 나타났다.[13]

....

13 지역과 성별을 고려하여 토론 경험을 한 학생과 그렇지 않은 학생의 숫자 분포가 통계적으로 의미 있는 차이를 보이는가를 확인하기 위하여 양측카이검증을 실시했다. T검증 등이 집단 간 점수의 평균 차이를 검증하는 일반적인 방법이지만, 이 연구에서는 학생 거주지-성별-의견 표명 경험으로 구분되는 각 셀 간 빈도가 기대 수준과 차이를 보이는가를 검증하기 위해 양측카이검증을 선택했다. 지역별 차이에 대한 양측카이자승검정 결과, $\chi 2 = 2.343$(df=1)으로 $p < 0.10$ 수준에서 통계적으로 유의미하지 않은 것으로 나타났다. 성별 차이에 대한 양측카이자승 검정 결과, $\chi 2 = 0.516$(df=1)으로 $p < 0.10$ 수준에서 통계적으로 유의미하지 않은 것으로 나타났다. 한편 강남 및 비강남 지역 내에서 성별 차이가 있는지를 알아보기 위해 양측카이자승검정을 실시한 결과, 강남 지역은 $\chi 2 = 1.529$(df=1), 비강남 지역은 $\chi 2 = 0.343$(df=1)으로 모두 $p < 0.10$ 수준에서 통계적으로 유의미한 차이가 나타나지 않았다.

(2) 초등학생은 이슈 대화 및 토론에서 어떻게 대응하는가?

초등학생들이 이슈 대화 및 토론에 대응하는 양상은 동일하지 않았다. 10명 중 7명 정도는 상대에게 자신의 의견을 이야기했지만, 3명 정도는 침묵했다. 이슈 대화 및 토론 과정에서 자신의 의견 표명 여부를 명확하게 답변한 62명 중에서, 자신의 의견을 밝힌 것으로 나타난 학생은 43명(69.4%)이었다.

이를 지역 및 성별로 비교하면 [표 3-25]와 같다. 지역별로는 강남 지역 학생 집단보다는 비강남 지역 학생 집단(강남 지역 41명 중 27명, 65.9%; 비강남 지역 21명 중 16명, 76.2%), 성별로는 남학생 집단보다는 여학생 집단(남학생 30명 중 20명, 66.7%; 여학생 32명 중 23명, 71.9%) 중에 이슈 대화 시 자신의 의견을 표명한 학생들의 비중이 조금 더 크게 나타났다. 그러나 이는 통계적으로 유의미한 차이는 아닌 것으로 나타났다.[14]

[표 3-25] 이슈 대화 및 토론에서 의견을 표명한 초등학생의 분포(단위: 명, %)

구분		강남 지역			비강남 지역			총합
		남	여	합계	남	여	합계	
의견 표명 경험	있음	12 (19.4)	15 (24.2)	27 (43.5)	8 (12.9)	8 (12.9)	16 (25.8)	43 (69.4)
	없음	8 (12.9)	6 (9.7)	14 (22.6)	2 (3.2)	3 (4.8)	5 (8.0)	19 (30.6)
합계		20 (32.3)	21 (33.9)	41 (66.1)	10 (16.1)	11 (17.7)	21 (33.9)	62 (100.0)

....

14 지역별 차이에 대한 양측카이자승검정 결과, $\chi2 = 0.403$(df=1)으로 $p < 0.10$ 수준에서 통계적으로 유의미하지 않은 것으로 나타났다. 성별 차이에 대한 양측카이자승검증 결과 역시 $\chi2 = 0.657$(df=1)으로 $p < 0.10$ 수준에서 통계적으로 유의미하지 않은 것으로 나타났다.

(3) 초등학생들이 발언하거나 침묵하기를 선택하는 이유는 무엇인가?

앞서 살펴본 바와 같이, 초등학생들이 발언하거나 침묵하기를 선택하는 데는 지역과 성별과 같은 인구학적 요인들이 아닌 다른 이유가 작용하고 있음을 짐작할 수 있다. 초등학생들이 이슈 대화 및 토론에서 발언하거나 침묵하기를 선택할 때, 이슈에 대한 학생들의 감정이나 지식, 대화 및 토론 결과에 대한 기대 여부, 대화 및 토론 상대와의 관계 등에 대한 판단이 작용하고 있는 것으로 나타났다. 구체적으로 살펴보면 다음과 같다.

첫째, 학생들은 이슈의 성격이나 이에 대한 자신들의 감정 및 태도 때문에 이슈 대화 및 토론에 침묵하거나, 반대로 적극적으로 참여하려고 했다. 예를 들어 세월호 관련 이슈에 대해, "더 이야기하기 싫다. 왜냐하면 계속 그 사실에 얽혀 있다면 더 슬프니까"(Case_ID 1010), "더 이야기하고 싶지 않다. 왜냐하면 세월호는 너무 슬픈 이야기이기 때문이다"(Case_ID 1013)와 같이, 강한 감정적 반응을 일으키는 이슈의 성격 때문에 학생들은 이슈에 대해 침묵을 지키려고 했다. 이와 달리 학교 폭력에 대해, "아무 이유도 없이 학교 폭력을 당해 자살했다는 이야기를 보며 같은 학생으로서 마음이 아파" 오기 때문에 논의를 "더 하고 싶다. 학교 폭력은 아주 중요한 문제라고 생각한다. 중요한 만큼 더 알아볼 기회가 있다면 더 알아보고 싶다"(Case_ID 1024)라며 토론 참여 의사를 밝히기도 했다.

세월호와 학교 폭력은 모두 학생에게 안전을 위협하는 이슈이자 커다란 감정적 반응을 불러일으키는 이슈이다. 하지만 어떤 학생은 지나치게 슬퍼서 이슈에 대한 대화 및 토론을 회피하는 반면, 어떤 학생은 같은 이유로 이슈에 대해 더 알아보고 싶다고 응답했다. 이러한 대응 방식의 차이는 학생들의 개별적인 특성에 기인할 수도 있지만, 이슈 대화 및 토론이 이슈를 해결하는 데 얼마나 기여할 수 있는가에 대한 기대의 차이에서 비롯될 수도 있다.

둘째, 학생들은 이슈 대화 및 토론을 통해 상대방을 변화시키거나 문제 해결에 영향을 줄 수 있다고 생각할 때 대화 및 토론에 적극적으로 임하려고 했다. 예를 들어 한 학생은 경찰, 부모 및 교사와 학교 폭력에 대하여 이야기를 나눈 뒤 학교 폭력이 나쁘다는 확신을 갖게 되었다. 이때 학생은 "학교 폭력 안전을 더 열심히 실시하였으면 좋겠다고 생각"했으며 "다른 사람[듣는 사람]들도 나에 대한 생각에 동의"하는 것을 보았다. 이런 경험 때문에 해당 학생은 "선생님과 친구들과 더 이야기를 하고 싶다. 그러면 해결이 될 것 같다"(Case_ID 1016)라고 생각했다.

이와는 달리 상대를 변화시킬 수 없거나 대화 및 토론을 통한 문제 해결 가능성이 없다고 생각할 경우에는 대화를 회피하려고 했다. 특히 대화 상대와의 관계가 수직적이어서 타인의 생각과 다른 의견을 낼 수 없을 때 학생은 침묵을 택하려고 했다. 예를 들어 한 학생은 엄마와 언니와 학교 폭력에 대하여 이야기를 하면서 폭력 피해자가 죽은 경우가 많기 때문에 불쌍하다고 느꼈다. 그리고 가해자가 왜 피해자에게 폭력을 휘두르는지 궁금해했다. 하지만 그 학생은 제대로 자신의 의견을 피력할 수 없었다. 왜냐하면 "언니들이 나는 모르니깐 가만히 있으라고"(Case_ID 1014)했기 때문이다. 또한 대화 및 토론을 통해 그 문제가 해결될 수 없다고 생각할 때도 학생들은 침묵을 택했다. "아이들(여럿)이랑 세월호 사고 일어나고 며칠간 선장과 해경이 짜증났다. 돈 때문에 여러 사람을 죽게 해서"라고 자신의 의견을 피력했던 학생도 이제 더 이상 그 이슈에 대해 이야기하고 싶어 하지 않는다. 왜냐하면 "이미 끝난 일"(Case_ID 1078)이기 때문이다. 즉 학생들은 자신이 토론 상대의 생각이나 사건의 결과를 바꿀 수 없다고 생각할 때 침묵을 택하기도 한다.

셋째, 이슈에 대해 잘 알지 못한다는 생각은 이슈에 대해 침묵하게 하기도 하지만, 이슈 대화 및 토론을 유도하기도 한다. 어떤 학생들은 모르는 것에 대하여 토론할 때 침묵을 택했다. 사회 차별에 대하여 대화를 "더 하고 싶지 않다"라고 말한 학생은 "왜냐하면 아직 나는 그런 것에 대해서는 잘 모르기 때문이다"(Case_ID 1044)라며 침묵하는 이유를 제시했다. 세월호 사건에 대하여 침묵을 지키는 학생 역시 "화나고 정치적 상황에 대해 잘 몰라서"(Case_ID 1003) 침묵을 선택했다. 반면 모르는 내용에 대하여 배우고 싶을 때, 학생들은 대화를 택하기도 했다. "TV에서 세월호의 이야기, 실종자, 생존자 등 그런 사람에 대해 많이 들었다. (중략) 저는 사회 이슈에 대해 더 알고 싶습니다. 그쪽에 [대해] 더 알아서 이슈에 더 참가하고 싶고 더 배우고 싶습니다"(Case_ID 1096)라고 답한 학생도 있다.

넷째, 이슈에 대한 대화나 토론은 해당 이슈 자체에 대한 관심을 넘어 사회적 관계 기능 습득이나 관계 유지 등의 측면에서 이루어지기도 한다. 학생들 중에는 이슈 자체에 대한 관심보다는 타인과의 교감을 위해 대화나 토론을 원하기도 했다. "친구들과 이야기하고 싶다. 왜냐하면 어른들과 이야기를 나누면 우리의 말하는 실력이 늘지 않고 친구들과 이야기하면

[표 3-26] 이슈 대화 및 토론에 대응하는 양상 분석

대응 양상 / 영향 요인	발언하기	침묵하기
이슈에 대한 감정 및 태도	- 강한 감정을 동반하지만, 그 이슈 해결이 중요하다고 생각할 때	- 강한 부정적 감정으로 이슈에 대면하는 것을 회피하고 싶을 때
대화 및 토론 결과	- 이슈가 되는 문제의 해결을 기대할 수 있을 때 - 상대의 태도에 영향을 미칠 수 있을 때	- 문제 해결을 기대하기 어려울 때 - 상대의 태도에 영향을 미칠 수 없을 때
이슈에 대한 정보 부족	- 이슈에 대해 더 알고 싶을 때	- 잘 모르는 내용에 대하여 말하기 부담스러울 때
타인과의 상호 작용	- 타인과의 교감을 원할 때	- 교감의 가능성이 없으면서 타인의 변화 가능성도 없을 때

발표력도 생기고, 서로 이야기하면서 교감도 얻으니깐!"(Case_ID 1046)이라고 말하는 학생도 있었다.

이상의 분석 결과를 바탕으로 초등학생들이 평소 이슈 대화 및 토론에 대응하는 양상을 구조화하면, [표 3-26]과 같다.

(4) 초등학생들이 이슈 대화 및 토론을 선호하거나 그렇지 않은 이유는 무엇인가?

이슈 대화 및 토론 과정에서 나타나는 학생들의 대응 양상을 더 잘 이해하기 위해, 학생들에게 중요한 정치·사회적 이슈에 대한 대화나 토론을 더 원하는지 여부와 그 이유를 물은 결과, 전체 154명 중 답변하지 않은 46명(29.9%)을 제외하고 66명(42.9%)은 이슈 대화 및 토론을 선호한다고 답했고, 42명(27.3%)은 선호하지 않는다고 답했다.

이슈 대화 및 토론을 선호하는 이유를 분석한 결과, 많은 학생이 이슈에 대해 더 잘 이해하거나(21명) 이슈를 해결하는 방법을 알기(14명) 등 '전략적 이유'로 선호하고 있었다. 그다음으로는 토론을 통해 타인과 친밀해지거나(8명) 타인의 의견을 알고(8명) 자신의 의견을 알리는(5명) 등 '사회 관계적 이유'에서 선호하고 있었다. 즉 초등학생들이 이슈에 대한 대화 및 토론을 이슈를 이해하고 이슈에 대처하는 수단이자 타인과 의사소통하는 수단으로 인식하고 있음을 알 수 있다.

이와 달리 이슈 대화 및 토론을 선호하지 않는다고 답한 학생들은, 이슈에 대한 대화나 토론을 통해 해당 이슈를 접하면 기분이 나빠지거나 슬프다(17명), 또는 해당 문제에 대한 논의가 지겹다(3명) 등의 '감정적 이유', 사건에 영향을 미칠 수 없다(11명)는 '정치적 효능감 부족 이유', 잘 모르고 어렵다(6명)는 '인지적 정보 부족', 관심 없고 귀찮다(14명) 또는 학업 방해(2명) 등의 '시민적 참여 동기 부족', 타인과의 충돌이 싫다(3명)는 '갈등 회피' 등을 그 이유로 제시했다. 즉 초등학생들이 이슈 대화 및 토론 상황에서 침묵하기를 선택하거나 대화 및 토론 상황 자체를 회피하는 반응을 보이는 데는 단순한 무지나 무관심, 의견 없음 이외의 여러 이유가 작용하고 있음을 알 수 있다.

5) 종합

초등학생들의 정치·사회적 이슈 대화 및 토론 경험에 대해 조사한 결과, 다음과 같은 몇 가지 사실을 확인할 수 있었다.

첫째, 청소년 초기에 해당하는 초등학생들이 우리 사회의 정치·사회적 이슈와 관련된 경험을 바탕으로 나름의 관점을 형성해 나가고 있다는 점이다. 이는 초등학생의 삶과 연관된 교육이라는 측면에서 이슈 학습을 제공하는 것이 중요하다는 존재론적 당위론을 뒷받침하는 동시에, 인지적 미성숙을 이유로 초등학생에게 이슈 학습 기회를 제한해야 한다는 주장을 반박하는 것이다. 또한 초등학생들이 당면한 삶과 관련된 다양한 사회 이슈들에 대해 관심을 갖고 이야기를 나누고 싶어 하는 것을 확인할 수 있었다. 이는 학교에서 다루는 이슈들이 상대적으로 공론화된 이슈로 제한되는 "보수적" 접근이 시민성 형성 단계에 있는 학생들의 이슈 대화 및 토론 욕구를 충족시키기에는 한계가 있을 수 있음을 시사한다.

둘째, 초등학생들이 자기 주변의 중요한 타자들을 이슈 정보에 대한 원천으로 의미 있게 활용하고 있지 못하며 상대적으로 덜 신뢰하고 있다는 점이다. 이는 부모와 같은 성인이 정치 정보의 원천으로 기능하고 정치 토론을 함께 나누는 것이 학생들의 정치 지식 형성을 포함한 시민성 발달에 중요한 역할을 수행한다는 선행 연구에 비추어 우려할 만한 부분이다. 특히 교사의 경우에는 부모에 비해서도 정보 원천으로서의 신뢰 정도가 낮은 것으로 나타났다. 부모와 교사 등 초등학생 주변의 성인들이 사회 이슈에 대한 주요 정보 원천이나 신뢰할 만한 정보 원천으로 인식되고 있지 못한 이유에 대한 후속 연구가 필요하다. 이때 가설적으로 상대적 접촉 기회의 제한, 성인에 의한 대화 및 토론 기회의 거부 가능성, 깊이 있고 체계적인 대화가 이루어지고 있지 않을 가능성 등에 대해 생각해 볼 수 있다.

셋째, 초등학생들이 이슈 자체와 맺는 정서적·인지적 관계, 또 이슈 대화 및 토론 상대와 맺는 정서적·인지적·사회적 관계가 학생들의 대화 및 토론 의사나 그 과정에서의 대응 방식에 영향을 미친다는 점이다. 이는 초등학생이 이슈 대화 및 토론에 참여하여 독립된 시민으로서 사회 이슈에 대한 자신의 관점을 형성하도록 돕기 위해서는 매우 섬세한 지원이 필요할 수 있음을 시사한다. 이와 관련하여 이슈 대화 및 토론에 대한 체계적인 학습 기회를 제공할 수 있는 학교에서 교사가 어떤 역할을 수행해야 하는지 체계적으로 탐구해 볼 필요가 있다.

이상의 연구 결과는 초등학생을 위한 시민성 교육의 내용 및 방법과 관련하여 다음과 같은 시사점을 제공한다.

첫째, 초등학생들이 중요하게 여기며 관심을 갖는 정치·사회 이슈들을 민주시민교육의 주제로 삼아 공식적인 학교 교육의 장으로 끌어올 방법에 대한 고민이 필요하다. 우리 사회의 이슈에 대해 생각하고 자신의 관점을 형성해 나가는 것은 한 사회의 시민으로 성장하는 과정에서 매우 중요한 일이다. 그럼에도 학생들의 인지 수준이나 이슈를 다루는 것의 민감성 등을 이유로 학생들은 사회 이슈에 대해 체계적이고 집중적으로 대화를 나눌 기회를 제공받지 못하고 있다. 이 연구에서 드러나듯이 초등학생들도 사회 이슈의 중요성에 대해 나름대로 판단하고 자신의 견해를 형성해 가고 있으며, 이에 대해 더 자세히 알아보고 다른 사람들과 이야기를 나누기를 원하고 있다. 하지만 학생들은 자신들의 사회적 삶을 둘러싼 문제들에 참여하는 것으로부터 의도적, 또는 무의식적으로 배제되고 있다.

이러한 문제를 개선하기 위하여 가장 시급한 일은 사회의 당면 이슈를 다루는 것이 학생들에게 어려우며 위험하다는 인식을 전환하는 것이다. 그보다는 학생들에게 중요한 사회 이슈를 학습자의 특성에 맞추어 어떻게 교육적으로 다룰 것인가로 고민의 방향이 옮겨 갈 필요가 있다. 실제로 이슈 노트 조사를 수행한 한 초등학교 교사는 평소 학생들과 사회 이슈에 대해 이야기를 나누어 본 경험이 없었는데, 이 조사를 하면서 초등학생들이 사회 이슈에 관심이 많을 뿐 아니라 이야기를 나누고 싶어 했다는 것을 알 수 있었다며, 앞으로 사회 이슈를 다루는 수업을 하고 싶다는 뜻을 전하기도 했다. 이를 돕기 위한 대안을 마련하는 일은 시민교육 연구자들이 담당해야 할 책무 중 하나이다.

둘째, 초등학생들의 시민성 형성 과정에서 학교 교육 및 교사의 역할에 대한 제고가 필요하다. 설문 조사 결과에서 나타나듯이, 학생들은 평소 가족 및 친구와 대화를 나누지만 사회 이슈에 대한 정보는 TV, 인터넷, 신문과 잡지 등 대중 매체를 통해서 얻고 있다. 또한 대화를 나누는 사람들이 제공한 정보보다 대중 매체를 통해 얻은 정보를 더 신뢰하는 경향이 있다. 이는 대중 매체에서 제공하는 정보가 더 전문성이 있다고 판단하기 때문일 것이다. 하지만 다양한 대중 매체에서 제공하는 정보들이 사실관계가 왜곡되거나 이념적으로 편향되어 있을 가능성이 있다는 점에서, 학생들은 이런 정보의 타당성이나 신뢰 가능성 여부를 판단하기 위한 능력을 갖출 필요가 있다. 하지만 초등학생들은 주변 사람들과 일상 공간에서 나누는 대화를 통해 대중 매체에서 통해 얻은 정보를 공유하거나 강화하고 있을 뿐, 이에 대해 비판적으로 성찰하는 모습은 잘 드러나지 않는다. 따라서 학생들이 자신들의 생활 세계에서 가장 중요하고 관심 있게 여기는 이슈와 관련하여 실제 학생들이 접하는 정보가 무엇인지를 파악하고, 이에 대해 어떻게 접근하고 판단해야 하는지 체계적으로 교육받을 기회를 제공할 필요가 있다.

셋째, 초등학생들이 중요한 정치·사회적 이슈에 대해서 침묵하기를 선택하는 현상에 대한 심층적인 고찰이 필요하다. 이 연구를 통해 학생들이 사회 이슈에 대해 침묵하는 것이 단지 관심이나 지식이 부족하기 때문만은 아니라는 점을 확인할 수 있었다. 또한 이슈에 대한 정보 부족과 같이 대화나 토론 참여를 방해하는 요인이 문제의 중요성에 대한 인식이나 문제 해결 가능성에 대한 기대 등과 결합하여 오히려 대화와 토론 참여를 유인하는 기제로 작동할 가능성도 엿볼 수 있었다. 이에 비추어 학생들에게 사회 이슈와 관련한 대화나 토론 기회를 제공할 때, 침묵을 지키는 학생들이 대화나 토론에 참여할 수 있도록 이끄는 것 못지않게 여러 가지 이유로 침묵하기를 선택한 학생들도 안전하게 대화나 토론에 참여할 수 있는 환경을 조성해야 한다. 또한 침묵하기가 향후 학생들의 시민성 형성에 어떤 양상으로 영향을 미칠지에 대한 지속적인 탐구가 필요하다.

4부

학교 교실에서 이슈를
어떻게 다룰 것인가?[1]

1 학교 교실에서 정치·사회적 이슈 다루기

1) 이슈 토론을 위해 고려할 점

사회과를 중심으로 일찍이 많은 학자가 학교 교육에서 이슈 토론이 갖는 중요성과 가능성에 주목해 왔다(Evans, Newmann, & Saxe, 1996; Hahn, 1991; Hess, 2004, 2009; Hunt & Metcalf, 1996; Newmann & Oliver, 1970; Ochoa-Becker, 2007; Oliver & Shaver, 1966). 미국의 시민교육학자인 한(Hahn, 1991)은 "이슈 토론이 민주 정치의 핵심"이라고 역설한 바 있다. 또한 다수의 학자들이 민주주의 관련 지식과 민주적 가치는 물론 문제 해결 능력, 공적 토론 능력, 고차 사고력, 참여적 정치 태도, 토론 및 민주적 의사결정 과정에서의 효능감 등을 이슈 토론의 효과로 강조했다(Evans, Avery, & Pederson, 2000; Hunt & Metcalf, 1996; Oliver & Shaver, 1966; 구정화, 2009; 노경주, 2000, 2009; 오연주·김종훈, 2012; 이광성, 2002).

이처럼 민주시민교육의 관점에서 이슈 토론의 중요성과 가능성에 대한 학계의 합의 수준이 높음에도 학교 교육에서 이슈를 다루는 것 자체가 학문적 또는 현실적인 논쟁을 내포하고 있다는 점에서 이슈 토론을 통해 소기의 성과를 얻기 위해서는 구체적인 전략이 필요하다. 이는 '이슈 토론을 위해 무엇을 어떻게 다룰 것인가?'라는 질문으로 압축될 수 있다.

이와 관련하여 학계에서는 오랫동안 이슈 토론을 하기 위해 이슈 선정

---

1   4부의 1장은 필자의 졸고 「정치·사회적 이슈 스토리 기반 토론에 대한 초중고 학생들의 반응 분석: 학교 민주시민교육에의 시사점」의 일부 내용(박윤경, 2020: 159-160)을 재구성하여 작성했고, 2장과 3장은 필자가 공저한 「사회과 이슈 학습 주제 영역에 대한 초·중·고 학생들의 선호 분석」(박윤경·이승연, 2016), 「사회과 이슈 스토리 기반 학습 자료 개발」(박윤경·박정서, 2018)의 내용을 재구성하여 작성했다.

기준에 대해 논하거나 구체적인 이슈 주제를 제안하는 연구를 수행해 왔다(Evans, Avery, & Pederson, 2000; Evans, Newmann, & Saxe, 1996; Hunt & Metcalf, 1996; Oliver & Shaver, 1966; 구정화, 2010; 노경주, 2000; 박윤경·이승연, 2016; 오연주, 2010; 은지용, 2001). 이는 이슈 토론에 적합한 주제를 선정하는 것이 이슈 토론의 교육적 적합성 및 학습 효과에 영향을 미칠 수 있다는 점 때문이다. 학자들은 주로 공공 정책 형성에 영향을 미치는 공적 이슈, 사회적 금기와 터부에 관한 이슈에 주목해 왔다. 민주 사회에서 정치·사회적 이슈가 갖는 공적 기능을 고려할 때 이는 당연하다. 다만 학교 밖 사회에서 뜨거운 논쟁이 진행 중인 이슈를 학교 교실에서 다룰 경우, 교사와 학생들의 심리적 부담이 커질 수 있다는 점에서, 이에 대처하기 위한 교육적 전략을 논의할 필요가 있다.

또한 학령기의 어느 시점부터 정치·사회적 이슈를 다룰 것인가에 대한 논의도 지속되어 왔다. 초등학교 단계부터 이슈를 다루어야 한다는 주장이 제시된 바 있지만(구정화, 2003; 노경주, 2000), 학생들의 인지적 미성숙이나 지식과 정보의 부족을 이유로 이에 반대하는 입장도 존재한다(구정화, 2003: 2). 따라서 학교 교육에서 이슈 토론을 도입하는 데 적합한 시기와 방법에 대한 논의가 필요할 것이다. 그런데 3부에서 살펴본 바와 같이, 우리 사회의 학생들은 이미 초등학생 시기부터 다양한 사회적 이슈에 노출되어 있으며, 이슈에 대한 대화와 토론 기회를 요구하고 있다(박윤경·이승연, 2015a, 2015b). 이에 비추어 본다면, 초등학교를 포함하여 학교 교육에서 이슈 토론 도입을 반대하는 것은 학생들의 생활 세계에서의 경험은 물론 학생들의 요구에도 맞지 않는다. 따라서 학계와 교육계의 논의는 이슈 학습과 토론을 가능하게 하는 구체적인 전략을 찾아 나가는 방향으로 전개되어야 할 것이다.

이와 관련하여 학생들이 이슈 학습 및 토론에서 어떤 어려움을 겪고 있는지 살펴볼 필요가 있다(구정화, 2010; 박윤경·이승연, 2015b; 오연주, 2010). 국내 학자들은 학생들이 이슈에 대해 사고하는 데 익숙하지 않고, 대화를 통해 의견을 제시하는 훈련을 받지 못했을 뿐 아니라, 주제와 연계하여 자기 의사를 표현하는 능력이 부족하다는 점을 문제점으로 지적했다(박지숙, 1999; 차경수, 2000; 구정화, 2003: 1에서 재인용). 이와 더불어 이슈에 대한 지식 부족, 관심 부족이나 말하기의 어려움 등이 자주 언급되는 토론 저해 요소들이다(구정화, 2009). 좀 더 구체적으로 토론 주제가 어렵거나 친숙하지 않을 때 학생들이 이슈 토론에 잘 참여하지 않는다는 연구 결과도 있다(오연주, 2010: 133). 하지만 단순히 주제의 어려움이나 민감성을 기준으로 이슈 토론 주제를 선정하는 것이 적합한지에 대해서는 고민이 필요하다. 현실 사회에서는 시민의 준비도와 상관없이 어렵거나 민감한 이슈들과 직면하게 되기 때문이다. 어렵고 민감한 주제를 배제하는 방식보다는 학생들이 이슈 토론 과정에서 부정적인 경험을 할 가능성을 줄이는 방향으로 교육 전략을 마련하는 방식이 더 바람직할 것이다. 즉 학생들이 어려움으로 느끼는 요인들을 최소화할 방안을 고민할 필요가 있다. 이슈에 대한 정보 부족을 보완하고 사고 활성화를 도울 수 있는 자료를 개발하여 제공하는 것도 하나의 대안이다.

2) 이슈 토론을 위한 교육 전략

이상의 고려 사항들과 관련하여, 학교 민주시민교육에서 정치·사회적 이슈 대화 및 토론을 활성화하기 위해서는 교실에서 이루어지는 이슈 토론의 구체적인 설계 전략에 대한 고민이 필요하다. 이는 다음과 같은 질문들에 대한 답을 요구한다.

첫째, 무엇에 대해 이야기할 것인가? 이는 이슈 토론을 위한 주제 선정과 관련된 질문이다.

둘째, 이슈 토론에 필요한 정보와 관점을 어떻게 제공할 것인가? 이는 이슈 토론 자료 구성과 관련되어 있다.

셋째, 어떤 방법으로 이슈에 대해 이야기를 나눌 것인가? 이는 이슈 토론 방식과 관련되어 있다.

이 장에서는 학교 교실에서 이슈 다루기를 위한 교육 전략으로 정치·사회적 이슈 스토리 기반 토론(political and social issue-story based discussion)을 제시하고자 한다. 이는 다음과 같은 특징을 갖는다.

첫째, 이슈 토론 주제와 관련하여, 학생들이 현실에서 실제로 경험하는 우리 사회의 당면 이슈를 토론 주제로 다룬다.

둘째, 이슈 토론 자료와 관련하여, 이슈에 대한 정보와 관점 등이 포함된 인물들 간의 대화 방식으로 구성한 스토리 기반 자료를 활용한다.

셋째, 이슈 토론 방식과 관련하여, 편안하고 안전한 환경에서 학생들이 이슈에 대한 자신의 생각을 자유롭게 이야기할 수 있도록 한다.

이러한 접근 방식은 민주시민교육에서의 이슈 토론이 토론 역량 등에 대한 기능적 연습 그 이상의 것, 즉 현실의 문제를 가지고 고민하는 기회가 되어야 한다는 생각을 반영한 것이다. 이슈 토론 활동은 학생들이 정치적 존재로서의 자기 정체성(self-identity of political being)을 지속적으로 탐색하고, 다양한 사람들이 살아가는 사회에서 자신과 다른 정치적 지향성을 가진 사람들과 민주적인 방식으로 소통할 수 있는 태도와 정향을 형성하는 경험이어야 할 것이다.

2 이슈 토론 주제의 선정

1) 이슈 선정 기준 및 이슈 주제[2]

이슈 토론에서 다루는 이슈는 일반적으로 사회 구성원들의 실제 삶과 관련된 것으로, 가치와 신념 등의 차이로 인해 사회 구성원들 사이에서 의견이 대립하는 문제로 정의된다(Evans, Newmann, & Saxe, 1996; 노경주, 2000에서 재인용; 차경수, 1994). 그런데 어떤 문제가 이슈인지 여부는 이슈 자체의 내재적인 속성으로 항상 고정되어 있다기보다는 사회 변화에 따라 달라질 수 있다(Hess, 2009). 사회 구성원들이 공유하는 가치나 신념이 변화되어 새로운 이슈가 등장하기도 하고, 기존에는 구성원 사이에서 의견이 대립했던 이슈가 사회적으로 함께 해결책을 고민해야 하는 사회 문제(social problem)가 될 수도 있기 때문이다.[3] 이처럼 이슈의 변동 가능성을 고려한다면, 이슈 대화 및 토론을 위해 지나치게 협소한 이슈를 제시하기보다는 폭넓은 이슈 주제 영역을 설정한 후 사회적 상황을 반영하여 구체

---

2 이 부분은 필자가 공저한 두 편의 논문 「사회과 이슈 스토리 기반 학습 자료 개발」(박윤경·박정서, 2018), 「사회과 이슈 학습 주제 영역에 대한 초·중·고 학생들의 선호 분석」(박윤경·이승연, 2016)의 내용을 바탕으로 작성하였다.

3 사회 문제 역시, 문제의 중요성이나 문제 해결의 필요성에 대한 사회 구성원의 전반적인 합의 수준은 높을지라도 무엇이 진짜 문제이며, 그 문제를 어떻게 해결할 것인가에 대해서는 이견이 발생할 수 있다. 따라서 사회 문제에 이슈로서의 성격이 전혀 없다고 보기는 어렵다. 예를 들어 다양성이라는 가치에는 합의하더라도 어떤 문제가 다양성에 해당하는 문제이며, 이와 관련해 어떤 제도적 대안이 필요한가에 대해서는 의견 대립이 발생할 수 있다. 이런 점에서 이슈와 사회 문제는 일정한 지점에서 중첩 가능한 성격을 갖고 있다. 이렇게 볼 때 이슈와 사회 문제의 구분은 문제 영역 자체가 이분법적으로 구별된다기보다는, 어떤 사회적 문제를 제기하는 수준이나 층위와 연관된다고 볼 수 있다(Hess, 2009의 논의 참조; 박윤경·이승연, 2016: 133).

적인 이슈를 제시하는 편이 이슈 토론을 위한 주제 선정에 효과적일 것이다(박윤경·이승연, 2016: 133).

국내외 학자들은 [표 4-1]과 같이 다양한 이슈 선정 기준 및 이슈 영역(또는 주제)을 제안했다.

[표 4-1] 국내외 학자들의 이슈 선정 기준 및 이슈 주제

구분	이슈 선정 기준	이슈 영역 및 이슈 주제
러그(Rugg, 1939; Evans, 2007에서 재인용)	민주주의 사회에서 다루어져야 할 문제들	정부 규제하에서 민간사업의 역할, 민간사업 규제에 대한 정부의 역할, 헌법 구성 및 정부 구성에 부와 소유권을 지닌 사람들이 미치는 영향, 사회 복지 제공을 위한 정부 역할, 이민 관련 문제, 인종적 다양성과 관련된 문제, 세계 문제에 대한 미국의 역할 등
올리버·셰이버 (Oliver & Shaver, 1966)	학생의 공감과 감화, 논쟁적 상황 포함, 역사적 명료화를 위한 내용, 사회적·정치적 문제와 관련된 추상적 절차 포함	인종 갈등, 종교와 이념 갈등, 개인의 안전, 경제 집단 간 갈등, 건강, 교육과 복지, 국가 안전
헌트·멧캐프 (Hunt & Metcalf, 1996)	사람들이 공적으로 거론하기를 회피하는 닫힌 영역(closed areas)	권력과 법(사형, 청소년 범죄자 처리, 지방 자치), 경제 문제(사회주의, 자유 기업, 소비자 권리), 국가주의와 애국심(국기에 대한 경례, 군국주의, 지구촌 학습), 사회 계급(차별, 복지, 유전학 등), 종교와 도덕(무신론, 신흥 종교 집단, 진화론, 안락사), 인종과 소수 집단 문제(인종, 지능, 여성 해방), 성과 결혼(성교육, 피임, 낙태, 아동 학대)
울레버·스콧 (Woolever & Scott, 1988)	학습자의 관심도, 학습자의 이해 가능성, 자료의 적절성, 사회적 중요성	인권, 도시 성장, 정부 통제, 약물 사용, 불평등한 자원 분배, 인구 성장, 테러리즘, 국제적인 군비 축소, 노인 문제, 핵 문제, 전쟁, 아동 학대, 오염, 빈곤, 관료주의, 세계 평화, 범죄, 기아, 인종 차별
오노스코·스웬슨 (Onosko & Swenson, 1996)	논쟁적인 이슈, 중요한 이슈, 흥미로운 이슈, 효과적 탐구가 가능한 이슈	
에반스·뉴먼·색스 (Evans, Newmann, & Saxe, 1996) 에반스 외(2000)	금기 주제(taboo)	낙태, 포르노그라피, 개인 및 가족 문제에 대한 열린 토론, 음란한 언어들, 종교적 신념, 성적 취향, 학교 행정에 대한 비판 등

구정화 (1998)*	학습자의 관심도, 자료의 적절성, 학습자의 이해도, 사회적 중요성	노인, 환경, 국산품 애용 찬반, 시민 단체 선거 운영 찬반, 기여 입학금, 경제 상황이 IMF와 동일한지 여부, 학교의 민족 운동, 우리 물건 쓰기 운동, 조선어학회의 한글 보급, 우리 역사와 문화를 지키신 분들, 새만금 개발 사업, 의약 분업, 통일 문제, 경제의 효율성과 형평성 및 시장의 기능에 대한 신뢰 여부, 호주제
노경주 (2000)	사회적 중요성, 개인적 의미, 도전적 문제, 실제 수업 가능성	권력과 법, 경제적 불평등, 성 불평등, 복지 문제, 환경 문제, 교육 문제, 지역 갈등, 민족 문제, 지구촌 사회
은지용 (2001)	학습자의 흥미와 관심, 반성적 사고 촉진 가능성, 실용성, 중요성	권력과 법, 빈부 격차 문제, 성차별 문제, 환경 문제, 교육 문제, 지역 갈등, 민족 문제
임경수 (2007)	논쟁 가능 여부, 학습자 흥미, 사고력 배양	이데올로기, 자본주의 경제, 효와 가족, 성과 결혼, 교육과 학교 영역과 관련된 금기들
구정화 (2010)*	학습자 관심도와 이해도, 자료의 적절성, 사회적 중요성 및 시의성	학생들이 가까이 접하기 어려운 문제: 빈부 차이, 환경오염, 수입 개방, 교통, 안락사 및 존엄사, 통일, 사교육, 남녀 차별 학생들이 가까이 접하기 쉬운 문제: 유전공학, 전쟁, 저출산·고령화, 지역 간 갈등, 핵, 다문화 사회, 사형 제도
구정화 (2011)	금기 영역	이데올로기(사회주의 독립운동가), 효와 가족(노부모 시설 위탁), 자본주의 경제(세금과 복지, 경제의 효율과 평등), 성과 결혼(동거 가족, 동성애 결혼), 교육과 학교(담임 교사의 체벌 폭로, 학생의 교사 평가)
오연주 (2014)	이슈의 논쟁도[4]	대형 마트나 기업형 슈퍼마켓 영업 제한, 북한 핵 보유, 지구 온난화, 군 가산점 제도, 다문화가정 자녀에 대한 사회 복지 혜택 제도의 확대, 사기업 근속자의 정년 연장 법제화, 동성애자 결혼 합법화, 사형 제도 폐지, 양심적 병역 거부자를 위한 대체 복무제

*올레버·스콧(Woolever & Scott, 1988)의 기준을 준용.
※박윤경·이승연(2016), 134-135; 박윤경·박정서(2018), 80-82의 내용을 재구성하여 정리함.

이슈 선정 기준에 대해 국내외 학자들이 제안한 기준은 다음과 같이

4   논쟁도란 쟁점에 대한 사회 구성원 간의 의견 불일치 정도를 말한다(오연주, 2014: 207).

묶을 수 있다(박윤경·이승연, 2016: 135-136).

첫째, 이슈 주제의 특성이다. 국내외 학자들은 민주 사회의 기본 가치, 닫힌 영역 또는 금기 주제, 공적 영역 또는 사적 영역의 주제, 사회 정책 또는 일상생활 문제, 이슈의 지속성 또는 시의성 등에 주목했다.

둘째, 이슈에 대한 학습자의 반응이다. 학생들의 공감과 감화, 학습자의 관심도, 이해 가능성, 개인적 의미 부여 등이 이에 해당한다.

셋째, 자료의 적절성, 수업 가능성 등 효과적인 이슈 학습의 가능성이다.

민주시민교육을 위해 학교에서 이슈 토론을 하는 목적에 비추어 볼 때, 이슈 선정 기준의 핵심은 크게 두 가지로 압축될 수 있다(박윤경·박정서, 2018: 81).

첫째, 사회적 측면에서 공적 이슈로서 사회적으로 중요한가?
둘째, 학습자의 입장에서 학습자의 발달 단계나 관심 영역에 적합한가?

한편 구체적으로 어떤 이슈를 다룰 것인가에 대해서도 국내외 학자들은 다양한 이슈 영역 및 주제를 제안했는데, 제시 방식에는 다소 차이가 있다. 첫째로는 복지 문제, 성차별 문제, 인종 문제, 통일 문제처럼 이슈 영역 중심으로 제시한 방식, 둘째로는 군 가산점 제도, 사형 제도처럼 좀 더 구체적인 이슈 주제 중심으로 제시한 방식, 셋째로는 이슈 영역과 이슈 주제가 혼재된 방식, 넷째로는 이슈 영역별로 이슈 주제를 제시한 방식 등 다양한 방식으로 이슈 학습 내용을 제시하고 있다(박윤경·박정서, 2018: 81).

이슈 제시 방식에는 차이가 있지만, 기존 연구에서 공통으로 관심을 기울인 주제 영역들을 발견할 수 있다. 민주 사회의 기본 가치 관련 이슈

(경제적 효율과 평등, 사회 정의), 다문화 사회 관련 이슈(가족 문제, 성적 취향 및 동성 결혼, 종교 등의 다양성과 소수자 관련 이슈, 인종 차별, 민족 문제, 민족주의, 다문화 사회, 문화적 다양성), 사회 차별 관련 이슈(성차별, 노인 문제, 지역 문제 등), 사회 불평등과 복지 관련 이슈(빈부 격차, 불평등한 자원 분배, 세금과 복지 등), 학생 인권 및 생활 관련 이슈(개인 안전, 인권, 학교 행정, 입시 문제, 교육 문제, 교육과 학교 등), 통일 관련 이슈, 정치 관련 이슈(정부 통제, 관료주의, 권력과 법 등), 글로벌 관련 이슈(애국심, 테러리즘, 핵 문제, 전쟁, 세계 평화 등) 등이 그것이다(박윤경·박정서, 2018: 88-89).

학교에서 이슈를 다룬다는 것은 시민으로서 자신의 관점과 입장을 형성하고 타자와 소통할 수 있는 기회를 제공하기 위한 것이다. 따라서 민주시민교육의 측면에서 이슈 토론을 위한 이슈는 한국 사회의 맥락을 반영하고, 민주시민으로서의 정치적 견해를 형성해 나가는 데 유용한 이슈들로 선정할 필요가 있다. 이런 점을 고려하여, 이 책에서는 한국 사회에서 중요하고, 학생들의 삶과 연관되어 있으며, 학생이 다루기에 적합하고, 정치적 견해에 따라 의견이 대립할 수 있는 이슈를 이슈 선정 기준으로 설정하고자 한다(박윤경·박정서, 2018: 81).

한편 이슈 주제는 헤스(Hess, 2009)가 지적한 바와 같이, 사회 이슈의 변동 가능성을 고려하여 비교적 넓은 범위의 이슈 영역을 먼저 선정한 후, 이슈 학습의 시의성 등을 고려하여 구체적인 이슈 주제를 선정하는 접근 방식을 제안하고자 한다(박윤경·박정서, 2018: 81).

이상의 논의를 정리하면, 이 책에서 주목하는 이슈 주제 영역은 1) 한국 사회 전체는 물론 학생들의 삶과 연관된 것으로, 2) 지속적이고 반복적으로 논의됐거나 새롭게 제기된 주제를 포함하여, 3) 민주 사회의 기본 가치를 둘러싼 사회 구성원의 가치나 신념에 따른 의견 대립의 가능성을 내포한 문제들이다. 이상의 준거를 염두에 두고 선정한 이슈 주제 영역은 다음과 같다(박윤경·이승연, 2016: 136).

① 자유(경쟁)와 평등의 충돌
② 다양성의 인정과 사회 통합
③ 다문화와 한국인 정체성
④ 사회 차별(성, 연령, 지역 등)
⑤ 사회 불평등과 사회 복지
⑥ 학교 폭력과 학생 인권
⑦ 북한과 통일
⑧ 정치 참여와 정치 문제
⑨ 대중문화와 대중 매체
⑩ 글로벌 이슈

위에서 제시한 이슈 주제 영역들은 사회 구성원 간의 가치 및 신념의 대립 가능성을 포함한 영역들이다. 예를 들어 '자유와 평등의 충돌'은 전형적인 민주 사회의 기본 가치들 사이의 대립 문제인 동시에 학생들이 둘 중 더 중요하게 생각하는 가치나 신념은 무엇인지를 다룰 수 있는 주제 영역이다. '다양성의 인정과 사회 통합'도 다양성과 통합 사이의 의견 대립은 물론 사회적 소수자의 권리를 둘러싼 가치 갈등을 포함하고 있다. 이슈 주제 영역들 중에서 '다문화와 한국인 정체성', '학교 폭력과 학생 인권', '대중문화와 대중 매체'는 비교적 최근에 새롭게 제기된 이슈 주제 영역이라면, '북한과 통일'은 한국 사회의 특수성에서 비롯하여 지속되어 온 이슈 주제 영역이다. 이와 달리 '글로벌 이슈'는 환경 문제와 같은 지속적인 문제와 난민과 같이 새로운 이슈를 모두 포함할 수 있다. 이상의 이슈들은 사회 전체적인 문제이면서 학생들의 실제 삶과 연관될 수 있다. 예를 들어

'학교 폭력과 학생 인권'은 그 자체로 학생들의 삶과 관련된 것이지만, '정치 참여와 정치 문제'의 경우도 선거 연령을 낮추는 문제를 다룰 때는 학생들의 삶과 연관된 이슈로 다뤄질 수 있다(박윤경·이승연, 2016: 136).

2) 이슈 주제에 대한 학생들의 선호 분석[5]

(1) 학생들의 이슈 선호를 파악하는 것은 왜 중요한가?

다원화된 현대 사회에서는 한 사회의 구성원들이 쉽게 합의에 이르기 어려운 정치·사회적 이슈들이 점차 증가하고 있으며, 이러한 이슈를 중심으로 사회 구성원들의 삶에 영향을 미치는 중요한 의사 결정이 이루어지고 있다. 따라서 민주 사회의 구성원인 청소년들이 사회적으로 중요한 이슈들에 관심을 갖고 이슈의 해결 과정에 참여하려는 태도를 가지는 일은 매우 중요하다.

그런데 학교 수업에서 이슈 학습 주제를 제공하는 것만으로 학생들이 적극적으로 이슈에 대하여 토론하고 사고할 것이라고 단정할 수는 없다. 예를 들어 중학교 남학생을 대상으로 이슈에 대하여 토론하지 않거나 토론을 주저하는 이유를 조사한 오연주(2010)에 따르면, 학생들은 토론 주제가 어렵거나 친숙하지 않아서 토론에 참여하지 않는 것으로 나타났다. 이에 비추어 볼 때, 이슈 학습의 효과를 제고하기 위해서는 기본적으로 학생들이 어떤 이슈 주제를 선호하고 익숙하게 생각하는지 탐색할 필요가 있다. 이와 관련하여 구정화(2010)는 이슈의 특성을 크게 '가까이 접할 수 있는 이슈'와 '가까이 접하기 어려운 이슈'로 나눈 다음, 초등학생들을 대상

---

5   이 부분은 필자가 공저한 논문 「사회과 이슈 학습 주제 영역에 대한 초중고 학생들의 선호 분석」(박윤경·이승연, 2016)의 내용을 바탕으로 작성하였다.

으로 이슈에 대한 관심도를 조사한 바 있다. 연구 결과, 여러 이슈들 가운데 학생들이 관심을 가지고 토론의 필요성을 느끼는 문제는 제한적인 것으로 나타났다. 하지만 이 연구는 초등학생만을 대상으로 이루어진 연구라는 점에서 중학생이나 고등학생의 관심을 파악하기는 어렵다. 초·중·고 학생들의 인지적 발달 단계 또는 사회적 경험의 폭 등에 따라 이슈에 접근하는 방식이나 관심이 다를 수 있다는 점에서, 학교 급에 따라 이슈 주제 영역에 대한 선호가 어떻게 달라지는지를 비교할 필요가 있다.

그동안 사회과 이슈 학습에 대한 여러 연구가 진행돼 왔지만, 정작 학생들이 어떤 이슈를 중요하게 생각하거나 선호하는지에 대한 논의는 그리 활발하게 이루어지지 않았다. 학생들이 성별이나 학업 성취 수준에 따라 이슈를 이해하고 토론하는 능력에 차이가 있다는 연구 결과는 있지만(구정화, 1999; 2000), 학생들의 이슈 선호를 설명하지는 못한다. 또한 학생들이 이슈 토론에 참여하지 않은 이유를 조사한 경우에도(오연주, 2010), 학생들이 사회에서 거론되는 이슈 중 무엇을 선호하는가는 밝히지 않았다.

학생들이 선호하는 이슈의 전반적인 특징과 집단 특성에 따른 차이를 확인하는 것은 이슈 학습의 효과 제고라는 측면뿐만 아니라 민주시민교육의 형평성 제고라는 측면에서도 매우 중요하다. 이슈에 대한 학생 선호를 확인하여 이슈 토론 및 학습에 반영함으로써 학생들의 학습 의욕을 증진하고 흥미를 고취할 수 있다. 그러나 교육 효과 제고 못지않게 중요한 것은 이슈 선호 양상에서 드러난 집단별 차이에 대한 정보를 바탕으로 집단별로 차별화된 교육적 개입을 함으로써, 모든 학생이 이슈와 관련된 시민적 역량을 갖추도록 도울 수 있다는 점이다. 따라서 집단별 배경 차이에 따라 학생들의 이슈 선호 양상이 어떻게 다른지를 파악하는 일은 매우 중요하다.

이에 이 장에서는 이슈 주제 영역에 대한 초·중·고 학생들의 선호를 확인하고 학생 집단별 선호 차이를 비교하고자 한다.

구체적인 연구 문제는 다음과 같다.

첫째, 초·중·고 학생들이 우리 사회에서 가장 중요하다고 생각하는 이슈, 관심 있는 이슈, 수업에서 대화나 토론을 원하는 이슈 학습 주제 영역은 각각 무엇인가?

둘째, 초·중·고 학생들의 이슈 주제 영역에 대한 선호는 학생 집단의 특성에 따라 어떻게 다른가? 학생들의 집단 특성은 성별, 학교 급, 지역, 임원 경험, 주관적 학업 성취도, 주관적 소득 수준을 중심으로 비교했다.

이를 바탕으로 학교에서 이슈를 다룰 때의 교육적 시사점을 제시하고자 한다.

이 장에서는 3장에서 제시한 '한국 청소년의 시민성 조사지'중에서 이슈 주제 영역 선호에 대한 문항 및 조사 대상의 배경 정보에 대한 문항을 분석한 결과를 제시하고자 한다. 이슈 주제 영역 선호에 대한 문항은 1) 우리 사회에서 가장 중요한 이슈 학습 주제, 2) 자신이 가장 관심 있는 이슈 학습 주제, 3) 수업 시간에 대화 또는 토론하고 싶은 이슈 학습 주제 영역에 대한 질문으로 구성되었다. 각 질문에 대해 학생들은 앞서 제시한 10개의 이슈 학습 주제 영역들 중에서 3개를 선택하여 무순위로 복수 응답했다.

학생들의 응답 결과는 응답자 수와 비율로 제시했다. 이와 함께 학생들의 반응 수준을 크게 4수준(40% 이상은 1수준, 30% 이상부터 40% 미만은 2수준, 20% 이상부터 30% 미만은 3수준, 20% 미만은 4수준)으로 분류하여 자료에 대한 분석 내용을 보완했다. 이는 학생들의 반응이 다중 응답이어서 통계적 기법을 적용하기 어렵다는 점을 보완하고 자료에 담긴 정보를 다층적으로 분석하기 위한 것이다.[6]

....

6 학생들의 반응 수준을 4수준으로 구분한 것은 학생들의 반응 분포에 대한 사후 분석 결과를 반영한 것이다. 각 문항에 대한 학생들의 반응 정도는 가장 높은 경우에 40%에서 50% 사이에 분포했으며, 가장 낮은 경우에는 10% 내외에서 20% 이내에 분포했다. 이슈 주제 영역에

(2) 이슈 주제 영역에 대한 학생들의 선호는 어떠한가?

이슈 주제 영역에 대한 학생들의 선호를 사회적으로 중요한 이슈, 자신이 관심 있는 이슈, 수업에서 대화나 토론을 원하는 이슈로 나누어 조사한 결과는 [표 4-2]와 같다.

전체 응답자 중 42.4%가 '자유(경쟁)와 평등의 충돌', '북한과 통일' 이슈를 사회적으로 가장 중요한 이슈 학습 주제 영역이라고 응답했다. 그러나 자신이 가장 관심 있는 이슈 주제 영역으로는 응답자의 45.3%가 '학교 폭력과 학생 인권', 45.1%가 '북한과 통일'을 선택했다. 또 토론을 희망하

[표 4-2] 이슈 주제 영역에 대한 응답 경향(단위: 명, %)

이슈 주제 영역	중요한 이슈		관심 있는 이슈		토론 희망 이슈	
	N	%	N	%	N	%
① 자유(경쟁)와 평등의 충돌	220	42.4	149	28.8	158	30.7
② 다양성의 인정과 사회 통합	129	24.9	83	16.1	97	18.9
③ 다문화와 한국인 정체성	77	14.8	75	14.5	115	22.4
④ 사회 차별 (성, 연령, 지역 등)	174	33.5	175	33.8	184	35.8
⑤ 사회 불평등과 사회 복지	189	36.4	124	24.0	136	26.5
⑥ 학교 폭력과 학생 인권	181	34.9	234	45.3	232	45.1
⑦ 북한과 통일	220	42.4	233	45.1	227	44.2
⑧ 정치 참여와 정치 문제	165	31.8	98	19.0	86	16.7
⑨ 대중문화와 대중 매체	83	16.0	188	36.4	143	27.8
⑩ 글로벌 이슈	110	21.2	170	32.9	145	28.2
총합	1,548	298.3	1,529	295.9	1,523	296.3

....

대한 학생들의 선호를 수준별로 분류하고 비교하는 것은 자료 분석의 풍부함을 기할 수 있다는 점에서 유용성을 갖는다. 다만 이는 보완적인 방법이므로 과잉 해석하지 않도록 유의할 필요가 있다.

[표 4-3] 이슈에 대한 전체 학생의 반응 수준

구분	가장 중요한 이슈	가장 관심 있는 이슈	토론 희망 이슈
1수준 (40% 이상)	자유와 평등의 충돌	-	-
	-	학교 폭력 및 학생 인권	학교 폭력 및 학생 인권
	북한과 통일	북한과 통일	북한과 통일
2수준 (40% 미만~ 30% 이상)	-	-	자유와 평등의 충돌
	사회 차별	사회 차별	사회 차별
	사회 불평등과 사회 복지	-	-
	학교 폭력과 학생 인권	-	-
	정치 참여와 정치 문제	-	-
	-	대중문화와 대중 매체	-
	-	글로벌 이슈	-
3수준 (30% 미만~ 20% 이상)	다양성의 인정과 사회 통합	-	-
	-	자유와 평등의 충돌	-
	-	-	다문화와 한국인 정체성
	-	사회 불평등과 사회 복지	사회 불평등과 사회 복지
	-	-	대중문화와 대중 매체
	글로벌 이슈	-	글로벌 이슈
4수준 (20% 미만)	-	다양성의 인정과 사회 통합	다양성의 인정과 사회 통합
	다문화와 한국인 정체성	다문화와 한국인 정체성	-
	대중문화와 대중 매체	-	-
	-	정치 참여와 정치 문제	정치 참여와 정치 문제

는 이슈 주제 영역에 대해서는 45.1%가 '학교 폭력과 학생 인권', 44.2%가 '북한과 통일'을 선택했다. 즉 학생들은 사회적으로 중요한 이슈 주제 영역 보다는 자신들이 관심 있어 하는 이슈 주제 영역에 대해 더 토론하고 싶어 하는 경향을 보였다. 학생 응답 결과를 수준별로 나누어 분석한 결과는 [표 4-3]과 같다.

이슈 주제 영역 선호에 대한 학생들의 전반적인 반응 경향을 종합하면 다음과 같다.

첫째, 전반적으로 학생들은 사회과 이슈 학습 주제 영역 중에서 '자유와 평등의 충돌'과 '북한과 통일'을 사회적으로 중요한 이슈 주제 영역으로 인식하고 있었다. 두 이슈 주제 영역의 선호 수준이 가장 높은 1수준(40% 이상 선택)에 해당하는 것에 비해, '다문화와 한국인 정체성' 및 '대중문화와 대중 매체'는 가장 낮은 4수준(20% 미만)에 해당했다.

둘째, 이슈 주제 영역의 사회적 중요성에 대한 판단과 학생들의 관심 사이에 차이가 나타났다. 예를 들어 '자유와 평등의 충돌'과 '정치 참여와 정치 문제'는 사회적 중요성에 대한 평가에 비해 학생들의 관심이 두 수준이나 낮게 나타났다. 이와 달리 '대중문화와 대중 매체'는 사회적 중요성에 대한 평가에 비해 관심이 두 수준 높게 나타났다. 다만 '북한과 통일'은 중요성과 관심이 동일하게 가장 높은 수준이었으며, '다문화와 한국인 정체성'은 중요성과 관심이 동일하게 가장 낮은 수준이었다.

셋째, 학생들은 사회적으로 중요한 이슈 주제 영역보다는 자신이 관심 있는 이슈 주제 영역에 대해 더 토론하고 싶어 하는 경향을 보였다. 예를 들어 '학교 폭력과 학생 인권'의 경우, 사회적 중요성은 2수준(40% 미만~30% 이상)으로 반응했지만 관심 및 토론 희망은 모두 1수준으로 답했다. 이와 달리 '자유와 평등의 충돌'은 사회적 중요성은 1수준이었지만 관심 수준은 3수준으로 나타났다. 결과적으로 학생들이 가장 관심 있고 토론을 희망하는 이슈 주제 영역은 '학교 폭력 및 학생 인권', '북한과 통일'로 나타났다.

(3) 학생 집단 간에 이슈 주제 영역에 대한 선호의 차이가 있는가?

학생 집단별 차이를 분석한 결과, 학교 급, 학업 성취 수준, 소득 수준별로 이슈 주제 영역에 대한 선호에 두드러진 차이가 있는 것으로 나타났다.

첫째, 학교 급별로는 [표 4-4]에 제시된 바와 같이, 초등학생과 중학생

[표 4-4] 이슈 주제 영역에 대한 선호 차이: 학교 급, 학업 성취 수준, 소득 수준

학교 급		초등학교	중학교	고등학교
중요한 이슈	1수준	자유와 평등의 충돌	자유와 평등의 충돌	자유와 평등의 충돌
		북한과 통일	북한과 통일	
		학교 폭력과 학생 인권		
				사회 불평등과 사회 복지
				정치 참여와 정치 문제
	4수준	다문화와 한국인 정체성	다문화와 한국인 정체성	다문화와 한국인 정체성
		대중문화와 대중 매체	대중문화와 대중 매체	
				글로벌 이슈
관심 있는 이슈	1수준	학교 폭력과 학생 인권	학교 폭력과 학생 인권	학교 폭력과 학생 인권
		북한과 통일	북한과 통일	
				대중문화와 대중 매체
	4수준	다양성의 인정과 사회 통합	다양성의 인정과 사회 통합	다양성의 인정과 사회 통합
		다문화와 한국인 정체성	다문화와 한국인 정체성	다문화와 한국인 정체성
		사회 불평등과 사회 복지		
		정치 참여와 정치 문제	정치 참여와 정치 문제	
토론 희망 이슈	1수준	학교 폭력과 학생 인권	학교 폭력과 학생 인권	학교 폭력과 학생 인권
		북한과 통일	북한과 통일	
	4수준	정치 참여와 정치 문제	정치 참여와 정치 문제	
			다문화와 한국인 정체성	다문화와 한국인 정체성
		사회 불평등과 사회 복지		
		대중문화와 대중 매체		
		다양성의 인정과 사회 통합		

학업 성취 수준		높음	보통	낮음
중요한 이슈	1수준	자유와 평등의 충돌		자유와 평등의 충돌
		북한과 통일	북한과 통일	
			학교 폭력과 학생 인권	
	4수준		다양성의 인정과 사회 통합	
		다문화와 한국인 정체성	다문화와 한국인 정체성	다문화와 한국인 정체성
			글로벌 이슈	글로벌 이슈
		대중문화와 대중 매체	대중문화와 대중 매체	대중문화와 대중 매체

	소득 수준	상	중	하
관심 있는 이슈	1수준	학교 폭력과 학생 인권	학교 폭력과 학생 인권	학교 폭력과 학생 인권
		북한과 통일	북한과 통일	
	4수준	다양성의 인정과 사회 통합	다양성의 인정과 사회 통합	다양성의 인정과 사회 통합
		다문화와 한국인 정체성	다문화와 한국인 정체성	
		정치 참여와 정치 문제	정치 참여와 정치 문제	
토론 희망 이슈	1수준		학교 폭력과 학생 인권	학교 폭력과 학생 인권
		북한과 통일	북한과 통일	북한과 통일
	4수준	다양성의 인정과 사회 통합		다양성의 인정과 사회 통합
		다문화와 한국인 정체성		다문화와 한국인 정체성
		정치 참여와 정치 문제	정치 참여와 정치 문제	
소득 수준		**상**	**중**	**하**
중요한 이슈	1수준	자유와 평등의 충돌	자유와 평등의 충돌	
		북한과 통일	북한과 통일	
				사회 차별
	4수준	대중문화와 대중 매체	대중문화와 대중 매체	대중문화와 대중 매체
		다문화와 한국인 정체성	다문화와 한국인 정체성	
			글로벌 이슈	글로벌 이슈
				북한과 통일
관심 있는 이슈	1수준		학교 폭력과 학생 인권	학교 폭력과 학생 인권
		북한과 통일	북한과 통일	
				사회 차별
	4수준	정치 참여와 정치 문제	정치 참여와 정치 문제	정치 참여와 정치 문제
		다양성의 인정과 사회 통합	다양성의 인정과 사회 통합	
		다문화와 한국인 정체성	다문화와 한국인 정체성	
				대중문화와 대중 매체
토론 희망 이슈	1수준	학교 폭력과 학생 인권	학교 폭력과 학생 인권	
			북한과 통일	
				자유와 평등의 충돌
	4수준	정치 참여와 정치 문제	정치 참여와 정치 문제	정치 참여와 정치 문제
		다양성의 인정과 사회 통합	다양성의 인정과 사회 통합	
				사회 불평등과 사회 복지

은 이슈 주제 영역에 대한 선호가 비교적 유사한 것에 비해, 고등학생은 다른 특성을 보이는 것으로 나타났다. 학교 급에 따른 반응 중 두드러진 차이는 초등학생이나 중학생은 '북한과 통일'의 사회적 중요성, 관심, 토론 의사를 1수준으로 높게 응답한 반면, 고등학생들은 이 문제의 사회적 중요성, 관심, 토론 의사에 대해 모두 3수준으로 낮게 응답했다. 전반적으로 초등학생과 중학생의 이슈 주제 영역에 대한 선호는 학생들의 일상생활 및 우리 사회 전체의 안전과 밀접한 내용에 영향을 받는 것으로 보인다. '학교 폭력과 학생 인권' 문제는 학생들의 일상생활에서의 안전과 위협에 직접 연관되어 있으며, '북한과 통일'은 우리 사회 전체의 안전 및 위기와 깊이 연관되어 있다. 이와 달리 고등학생들은 '사회 불평등과 사회 복지', '정치 참여와 정치 문제' 등 사회 구조적 문제나 이를 바꾸기 위한 행동과 관련된 이슈에 관심을 보이고 있다. 이는 학교 급이 높아질수록 학생들이 사회 구조적 문제 및 문제 해결을 위한 참여에 더 관심을 가질 수 있음을 시사한다.

둘째, 학업 성취 수준별로는 학업 성취 수준이 '낮다'고 답한 학생들이 '보통' 또는 '높다'고 답한 학생들과는 달리 사회적으로 중요한 이슈 주제, 관심 있는 이슈 주제, 토론을 희망하는 이슈 주제 영역에서 모두 선택이 다양하지 못한 편이었다.[7] 선행 연구에서도 학업 성적이 하위 수준에 속한 학습자들은 이슈에 대한 관심이 낮고, 수업 준비 및 수업 참여도도 낮게 나타난 바 있다(구정화, 1999). 토론 주제에 대한 지식의 정도가 학생들이 토론을 할 때 말을 더 많이 하게 되는 요인이라는 점을 감안한다면(오연주·김종훈, 2012: 120), 학업 성취 수준이 낮은 학생들은 자신들이 잘 아는 토

---

7   1수준과 2수준까지를 통틀어 보았을 때, 사회적으로 중요한 이슈 주제 영역, 자신이 관심 있는 이슈 주제 영역, 수업에서 토론을 희망하는 이슈 주제 영역에 대해, 학업 성취 수준이 '높다'고 답한 학생들은 6개, 5개, 5개를 선택하고 '보통'이라고 답한 학생들은 6개, 5개, 4개를 선택한 것에 비해 학업 성취 수준이 '낮다'고 답한 학생들은 모두 4개씩을 선택했다.

론 주제가 아닌 한 이슈 중심 토론에서 지속적으로 소외될 가능성이 높을 수 있다.

셋째, 가정의 소득 수준이 '하'라고 답한 학생들이 '중'이나 '상'이라고 답한 학생들과 이슈 선호에서 차이를 보이는 것으로 나타났다. 소득 수준이 '하'라고 답한 학생들은 '사회 차별'을 우리 사회의 가장 중요한 이슈이자 관심 있는 이슈라고 가장 많이 답했다. 이와 달리 '북한과 통일'은 다른 이슈에 비해 중요성에 대한 평가나 관심 수준이 낮았다. 주관적인 소득 수준이 '하'에 속하는 학생들에게는 다른 계층에 속하는 학생들과의 비교에서 느껴지는 다름의 문제가 좀 더 중요한 이슈였을 수 있다.[8]

이와 달리 성별, 임원 경험 및 학교 소재 지역별로는 전체 학생의 반응과 유사한 경향이 나타났다. 성별에 관계 없이 학생들은 모두 '북한과 통일'을 사회적으로 중요하며, 자신이 관심 있고, 토론하고 싶은 이슈 학습 주제 영역으로 선택했다. 학교 소재 지역별로도 전반적으로 유사한 선호

----

8   이슈 학습 주제 영역에 대한 반응을 소득 수준별로 나누어 분석한 결과, 소득 수준이 '중'이나 '상'이라고 답한 학생들과 '하'라고 답한 학생들 사이에 두드러진 차이가 나타났다. 사회적으로 중요한 이슈 학습 주제 영역에 대해, 소득 수준이 '중', '상'이라고 답한 학생들은 '자유(경쟁)와 평등의 충돌', '북한과 통일'을 동일하게 1수준으로 답한 반면에, '하'라고 답한 학생들은 '사회 차별'만을 1수준으로 답했고, '북한과 통일'은 4수준으로 답했다. 자신이 관심 있는 이슈 학습 주제 영역에 대해서도 '중'에 해당하는 학생들은 '학교 폭력 및 학생 인권'과 '북한과 통일'이라고 답하고, '상'에 해당하는 학생들은 '북한과 통일'이라고 답한 반면, '하'에 해당하는 학생들은 '사회 차별'과 '학교 폭력 및 학생 인권'이라고 답했다. 특히 '사회 차별'은 '하'에 속한 학생들의 51.7%가 관심 있는 이슈라고 답했다. 수업 중 토론하고 싶은 이슈 학습 주제 영역에 대해서는 '중'의 학생들이 '학교 폭력 및 학생 인권', '북한과 통일'이라고 답하고 '상'의 학생들이 '학교 폭력 및 학생 인권'이라고 답한 것과 달리, '하'의 학생들은 '자유(경쟁)와 평등의 충돌'이라고 답했다. 즉 소득 수준이 '하'라고 답한 학생들은 사회 차별을 우리 사회에서 가장 중요한 이슈 주제 영역이라고 여기고 관심을 가지고 있었다. 이와 달리 '북한과 통일'은 다른 이슈 주제 영역에 비해 중요성을 가장 낮게 평가했고 관심 수준도 낮았다. 이는 [표 4-3]의 전체적인 경향과 가장 두드러진 차이다.

양상이 나타났으며 집단별로 두 수준 이상 차이가 나는 이슈 주제 영역은 없었다. 다만 '사회 차별'에 대해서는 비강남 지역 학생들(37.8%)이 강남 지역 학생들(29.0%)에 비해 더 사회적으로 중요하다고 반응한 반면, '글로벌 이슈'에 대해서는 강남 지역 학생들이 비강남 지역 학생들보다 사회적으로 더 중요하고, 스스로 관심이 있으며, 수업에서 토론하고 싶은 주제 영역으로 반응했다. 한편 임원 경험이 있는 집단이 임원 경험이 없는 집단에 비해 '글로벌 이슈'를 사회적으로 중요한 주제, '사회 차별'을 관심 있는 주제, '자유와 평등의 충돌'을 토론하고 싶은 주제로 한 수준 높게 반응한 반면, 임원 경험이 없는 집단은 '자유와 평등의 충돌'을 사회적으로 중요한 주제, '대중문화와 대중 매체'를 토론하고 싶은 주제로 임원 경험이 있는 집단보다 한 수준 높게 반응했다. 하지만 이 경우에도 두 수준 이상의 큰 차이는 나타나지 않았다.

3) 종합 논의

이 장에서는 이슈 주제의 사회적 중요성, 실제성, 논쟁 가능성을 기준으로 10개의 이슈 주제 영역을 제안하고, 이에 대한 초·중·고 학생들의 이슈 주제 영역에 대한 선호 양상을 다각적으로 분석했다. 분석 결과, 학생들은 자신의 일상에 관련된 이슈 주제를 관심 있는 주제로 선정하고 토론하고 싶어하는 것으로 나타났다. 또한 학교 급, 학업 성취 수준, 소득 수준에 따라 이슈 주제에 대한 선호 양상이 다름을 확인할 수 있었다. 이상의 연구 결과를 통해 다음과 같은 시사점을 도출할 수 있다.

첫째, 학교 급, 즉 인지 발달 수준과 학업 성취 수준에 따른 차이에 특히 주목할 필요가 있다. 학생들은 인지 발달 수준이 높을수록, 학업 성취 수준이 높을수록 좀 더 다양하면서 동시에 사회 구조에 대한 고찰을 요구하는 문제에 관심을 기울이고 있는 것으로 보인다. 인지 발달 수준은 대부분 학생들이 자연스러운 성장 과정을 통해 점차 높아지는 것으로 보아 크게 문제로 인식하지 않을 수도 있다. 그러나 학업 성취 수준에 따라 관심 있는 이슈가 달라지는 점에 대해서는 깊이 있는 고민이 필요하다. 특히 이슈 토론 과정에서 학업 성취 수준이 높은 학생은 참여하고 그렇지 않은 학생은 참여하지 못하는 일이 일어나지 않도록 유의할 필요가 있다.

둘째, 이슈 학습 주제 선정과 관련하여 사회적으로 중요한 이슈이지만 학생 전반적으로, 또는 학생 집단별 특성에 따라 관심이 미흡한 이슈에 대한 관심을 제고하기 위한 노력이 필요하다. 예를 들어 다문화, 다양성의 증가, 정치 참여 관련 이슈들은 학생들이 자주 접할 수 있으며 학생들의 삶에도 영향을 미칠 수 있는 이슈들이다. 그러나 이러한 이슈들에 대한 학생들의 관심은 낮은 편이다. 이러한 이슈들이 갖는 사회적 중요성에 비추어 학생들이 이러한 주제들에 더 자주 노출되어 관심을 갖도록 학교 민주시민교육 차원에서 좀 더 적극적인 노력이 필요하다.

3 이슈 토론 자료 구성 방식[9]

1) 이슈 스토리 기반 토론 자료의 의의와 특징

(1) 이슈 토론 자료 구성은 왜 중요한가?
다양한 정치·사회적 이슈에 대한 대화나 토론을 통해 민주시민으로

....

9   3장은 필자가 공저한 「사회과 이슈 스토리 기반 학습 자료 개발」(박윤경·박정서, 2018)의 내용을 바탕으로 작성하였다.

서의 역량을 함양하는 이슈 학습의 중요성은 앞서 제시한 바 있다. 특히 정치·사회적 이슈에 대한 대화나 토론이 낯선 문화적 풍토 속에서 정치 공동체의 중요한 주제들조차도 지식 이해 중심으로 다루어지는 우리의 교육적 특수성을 고려한다면, 이슈 학습의 가치는 더욱 주목할 만하다. 다양한 이슈에 관한 대화 및 토론에 참여하는 경험은 의사소통 기능을 비롯한 기능적 역량뿐만 아니라 정치 지식의 습득과 같은 인지적 측면에도 효과적인 것으로 보고되고 있다(Hess, 2009: 30-32).

영국에서 21세기 민주시민교육의 기초를 마련했다고 평가받는 크릭 보고서(Crick Report: Education for citizenship and the teaching of democracy in schools)는 시민교육의 3대 요소를 사회·도덕적 책무(social and moral responsibility), 공동체 참여(community involvement), 정치적 문해력(political literacy)으로 규정한 바 있다. 이 보고서에서는 그중에서도 정치적 문해력을 시민교육의 가장 중요한 요소로 보았다(강영혜 외, 2011). 정치적 문해력은 정치 체제가 작동하는 방식 및 사회가 당면한 중요한 이슈에 대한 이해와 함께 서로 다른 관점을 평가하는 비판적 사고 능력을 포함한다.[10] 이처럼 사회적으로 중요한 이슈를 이해하고 평가할 수 있는 능력은 다원화된 사회의 시민에게 필수적으로 요구되는 기본 역량이다. 따라서 학교 교육에서 이슈 학습 기회를 제공하는 것은 학생들의 민주시민 역량을 길러 주는 데 있어서 필수적인 과정이다.

이런 점에 비추어 이슈 학습에 관련된 논의의 초점은 이제 이슈 학습 도입의 필요성 여부에 관한 것이 아니라, 어떻게 하면 학생들의 참여를 잘 이끌어 낼 수 있도록 이슈 학습 자료를 구성할 것인가와 같이 한 단계 더 진전된 방향으로 이동해야 할 것이다. 이슈가 어떤 내용을 중심으로 어떠

....

10   위키피디아(http://en.wikipedia.org/wiki/Political_literacy).

한 방식으로 학생들에게 제공되어야 할 것인가, 그리고 그 이슈에 대해서 무엇을 어떻게 학습할 것인가에 대한 실제적인 고민, 즉 이슈 학습 자료 구성에 대한 고민이 필요하다. 따라서 학생들이 이슈의 내용과 이슈를 둘러싼 서로 다른 관점을 쉽게 분석하고, 이를 바탕으로 이슈에 대한 자기 자신의 관점을 발전시킬 수 있도록 설계된 학습 자료를 마련하여 제공할 필요가 있다.

(2) 이슈 스토리 기반 토론 자료는 어떤 특징이 있는가?

이슈 학습의 필요성에 대한 폭넓은 합의가 이루어졌음에도, 학생들은 이슈 학습에 참여할 기회가 많지 않을 뿐 아니라 이슈에 대한 대화나 토론에 어려움을 느끼고 있는 것으로 나타났다(박윤경·이승연, 2015a; 오연주, 2010). 선행 연구들에 따르면 학생들이 이슈 대화 및 토론에 어려움을 느끼는 이유는 다양한데, 이슈 주제가 익숙하지 않고 어렵다거나 이슈에 대한 지식 부족이 걸림돌로 작용하는 것으로 나타났다. 이런 상황에서 사적인 문제들에 비해 거리가 있으며 추상적인 정치·사회적 이슈를 다루려면 학생들에게 이슈를 어떻게 제시하는 것이 좋을까?

이슈 토론의 어려움에 대한 선행 연구들에 비추어 볼 때, 학생들의 삶과 유리되지 않고 비교적 친근한 형태이면서 이슈에 대한 정보를 제공하는 방식으로 자료를 제시하여 학생들이 이슈 학습에 쉽게 접근할 수 있도록 도울 필요가 있다.

이슈를 통해 정치적 문해력을 기르고자 할 때, 스토리를 활용하는 방법은 좋은 출발점이 될 수 있다.[11] 이슈 토론 자료를 구성할 때 이야기를 활용하는 것이 효과적이라는 점에 주목하여, 이 부분에서는 이슈 스토리 기

---

11 http://www.citizenshipfoundation.org.uk/main/page.php?68(2013.2.14.에 다운로드).

반(Issue-story based) 자료를 제안하고자 한다.

이슈 스토리 기반 자료는 공적 이슈를 등장인물의 입장이 드러나는 이야기 방식으로 제시하는 것이다. 즉 정치·사회적 이슈에 대한 정보와 서로 다른 관점을 대화 형식으로 제시한 자료를 의미한다. 스토리에는 이슈가 제기된 사회적 배경과 함께 이슈와 관련된 인물들의 입장이 표현되기 때문에 학생들은 스토리 속 인물들의 입장을 관찰하는 과정을 통해 이슈에 친숙하게 다가가며, 이슈에 관한 자신의 입장을 사고할 수 있는 기회를 갖는다. 이처럼 이슈 스토리는 학생들이 정치·사회적 이슈에 대한 다른 사람들의 사고와 관점을 간접 경험할 수 있도록 돕고, 이슈 학습에의 동기 유발과 몰입을 촉진시킬 수 있다(Egan, 1986; Ellis & Brewster, 1991; 홍서영, 2015: 49에서 재인용).

이슈 토론 자료에서 이슈가 제기되는 상황을 구성하는 방식은 매우 중요하다. 정치·사회적 이슈를 구체적인 맥락이 있는 스토리 방식으로 제시하면 학생들은 이슈에 좀 더 자연스럽게 접근할 수 있다. 따라서 이슈 학습 자료를 단지 이슈의 내용이나 이슈를 둘러싼 상반된 관점에 대한 정보만으로 구성하는 것은 충분하지 않다. 그보다는 정치·사회적 이슈가 우리 사회에서 문제로 제기되는 구체적 맥락과 함께 그 속에서 살아가는 다양한 사회 구성원들이 동일한 이슈에 대해 왜, 어떻게 다른 입장을 갖고 있는지를 좀 더 생생하게 드러낼 수 있는 실생활 대화 방식으로 구성하는 편이 적합하다. 이처럼 이슈가 제기되는 현실적 맥락을 구체적으로 드러내는 스토리를 활용하는 방법은 이슈 토론 자료의 실제성(authenticity)을 제고함으로써 학생들의 적극적인 관심과 참여를 이끌어 내는 긍정적인 효과를 낳을 수 있다.

이슈 스토리 형식의 자료 구성을 통해 다음과 같은 효과를 기대할 수 있다.

첫째, 스토리 속의 등장인물들을 통해 자연스럽게 우리 사회의 구성원들이 속한 다양한 맥락과 생활 세계를 만날 수 있다. 스토리텔링을 통해 학생들은 자신의 경험과 타인의 경험을 연결하면서 공동체에 참여하는 기회를 갖게 된다(Lauritzen & Jaeger, 1997; 홍서영, 2015: 51에서 재인용). 즉 학생들은 이슈 스토리를 통해 우리 사회의 시민들이 구체적인 삶 속에서 직면하는 이슈의 세계로 초대됨으로써 자연스럽게 정치·사회적 공동체 일원으로서의 경험을 하게 된다.

둘째, 특정 이슈 주제와 관련하여 등장인물들 나름의 논리가 반영된 다양한 정치적 관점들을 접할 수 있다. 스토리에는 화자가 있고, 스토리 속의 문제나 상황에 대한 화자의 입장과 관점이 담겨 있다. 학생들은 화자의 관점에 이입함으로써 자신의 입장을 정리할 수 있는 기회를 갖게 된다. 이처럼 이슈 스토리를 통해 사고하고 의사소통하는 과정은 학생들에게 하나의 정답을 요구하는 강압적 상황이 아니라, 화자들의 입장에 대한 다양한 해석을 통해 자신의 정치적 의견과 관점을 찾아 나갈 수 있는 열린 탐색의 기회를 제공한다.

셋째, 자신들의 일상에 좀 더 가까운 생활 속 이야기들을 통해 학생들이 이슈 학습 상황에 보다 쉽게 몰입할 수 있다. 이슈 스토리는 스토리의 일상성과 구체성으로 인하여 실제성이 높은 학습 상황을 조성한다. 또한 맥락성이 높은 스토리의 특성은 이슈 학습이 단편적 정보 중심으로 분절되고 파편화하는 것을 극복할 수 있는 대안 기제로 작동할 수 있다(박인기, 2011). 따라서 학생들은 이슈 스토리에 제시된 상황에 감정 이입함으로써 이슈를 둘러싼 다양한 관점 사이의 긴장과 갈등을 좀 더 입체적으로 경험할 수 있다.

넷째, 학생들 간의 정치·사회적 의사소통 촉진을 통한 민주시민교육 효과를 기대할 수 있다. 공적 이슈 스토리에 대한 대화 경험은 특정 이슈와 관련한 의사소통에 참여할 수 있는 능력으로 이어질 수 있다. 학교 수업을 통한 정치적인 대화와 토론, 친구 및 부모와의 토론 경험이 풍부한 청소년들은 그렇지 않은 청소년들에 비해서 투표나 자원봉사에 더 적극적이라는 연구 결과들(Andolina et al., 2003; Hess, 2004; Mclntosh, Hart, & Youniss, 2007)은 정치적 의사소통의 효과를 제시하고 있다.

이상의 논의에 비추어, 이슈 스토리 기반 자료는 학생들이 스토리 속의 화자가 존재하는 세계를 경험하며 화자의 입장과 논리를 통해 정치·사회적 이슈를 둘러싼 다양한 관점을 접하는 기회를 제공한다. 이를 바탕으로 열린 논리적 사고를 통한 정치적 의견의 형성 과정을 경험함으로써 이슈에 대한 자신의 의견과 근거를 찾을 수 있게 된다. 이러한 이슈 학습 과정은 공동체에 대한 시민적 참여의 한 형태로써 정치적 문해력이 성장할 수 있는 토양이 된다.

(3) 이슈 스토리 기반 토론 자료는 어떻게 개발되었는가?

이슈 스토리 기반 자료는 필자가 수행한 "한국 청소년의 시민성 형성에 대한 질적 연구(2013-2016)" 과정에서 개발된 것이다. 이 연구는 한국 청소년의 시민성을 정치·사회적 이슈에 대한 초·중·고 학생들의 목소리(the student voice)를 통해 이해하고자 한 것이다. 이슈 스토리 자료는 초점 집단 면접에 참여한 초·중·고 학생들이 한국 사회의 다양한 정치·사회적 이슈들에 대한 자신들의 생각을 자유롭게 이야기할 수 있는 환경을 마련하기 위해 개발되었다. 그러나 자료 개발 초기 단계부터 교실 수업에서 이슈 토론을 위한 교육 자료로 활용할 가능성을 염두에 두고 이슈 영역 선정 및 자료 개발의 이론적 근거, 자료의 타당성 확보 및 자료 활용에 대한 학생 반응 검토와 같은 독립적인 연구 내용과 체계를 갖추어 연구를 수행했다.

구체적으로 이슈 스토리 자료 개발 연구는 2년에 걸쳐 수행되었다.

[표 4-5] 이슈 스토리 기반 토론 자료 개발 절차

사전 단계	예비 적용	자료 개발	자료의 타당성 점검
문헌 검토 자료 설계 이슈 영역 선정 이슈 주제(안) 설정	샘플 자료 개발 예비 적용 및 검토	초등용 자료 개발 중등용 자료 개발	내부 교차 검토 외부 전문가 검토

1년 차에는 초등용 자료와 중등용 자료를 각각 10개씩 개발했고, 2년 차에는 1년 차에 개발한 중등용 자료를 시의성을 고려하여 새로운 사례로 수정하고 자료의 완성도를 높이는 방향으로 개발했다. 이슈 토론 자료 개발은 초등 교사 1명, 중등 교사 1명과의 협력적 연구를 통해 수행되었다.

이슈 토론 자료 개발 과정은 [표 4-5]에 제시된 바와 같이, 크게 사전 문헌 검토 및 자료 설계 단계와 본격적인 자료 개발 및 타당성 검토 단계로 구분할 수 있다.

먼저, 사전 단계에서는 자료 개발의 이론적 토대를 마련하기 위해 사회과 이슈 학습, 논쟁 문제 또는 쟁점 중심 학습에 대한 국내외 문헌을 검토하여 이슈의 정의와 이슈 선정 기준을 도출하고 이슈 영역을 설정했다. 이를 바탕으로 연구진 내부의 브레인스토밍 과정을 거쳐서 각 이슈 영역에 해당하는 구체적인 사례를 발굴하고, 초등용 자료와 중등용 자료에 공통으로 적용할 수 있는 자료 개발 양식을 마련했다. 자료 개발 양식은 크게 자료 정보, 이슈 스토리 및 질문의 세 부분으로 구성했다.

다음으로, 이슈 토론 자료의 기본 양식에 맞게 초등용과 중등용 샘플 자료를 각각 하나씩 개발하여 현장에 예비 적용했다. 이를 통해 이슈 스토리 자료에 대한 학생들의 흥미와 이해도 및 자료 활용 가능성을 미리 가늠하고, 자료 개발의 방향성을 보다 명확하게 설정하고자 했다. 자료 개발 과정에서 주로 고려한 기준은 크게 세 가지로 이슈 선정의 타당성, 정보의 균

형성, 자료 수준의 적합성이다.

첫째, 이슈 선정의 타당성은 우리 사회에서 중요하면서 서로 관점이 다를 수 있는 이슈 주제를 선정하는 것이다.

둘째, 정보의 균형성은 이슈와 관련해 대립하는 관점을 어느 한쪽으로 치우치지 않게 제시하는 것이다. 이를 위해 구체적으로 각 입장을 대변하는 인물들의 수, 각 입장을 뒷받침하는 근거들의 수, 또는 입장별 관련 정보량을 균형 있게 맞추고자 했다.

셋째, 자료 수준의 적합성은 선정된 주제나 전반적인 내용, 용어 수준이나 표현 등이 학생들의 발달 단계에 적합하여 탐구 가능하고 흥미를 자극할 수 있는지에 대한 것이다.

예비 적용은 자료 개발에 참여한 교사들이 재직 중인 초등학교와 고등학교의 학생들 5~10명(초등학교 5학년 5명, 고등학교 1학년 10명)을 대상으로 방과 후 시간 20~40분 내외를 활용하여 이루어졌다.

예비 적용 과정에서 대다수 학생이 이슈에 관한 대화에 높은 흥미를 드러냈으며, 자료를 바탕으로 이슈 주제와 관련된 자신의 의견을 비교적 편안하게 제시하고 대화와 토론에 적극적으로 참여하는 모습을 보였다. 이를 통해 이슈 스토리 자료 활용의 가능성을 가늠해 볼 수 있었다. 학생들과 교사들은 형식적인 대립 토론에 대한 부담감 없이 일상생활 속 다양한 이야기를 통해 이슈에 접근하고, 이슈 속에 숨겨진 다양한 관점을 파악할 수 있는 이슈 스토리 자료의 유용성과 의의에 대해 충분히 공감했다.

다만 예상보다 이슈 대화 및 토론에 소요되는 시간이 길지 않아 교사가 좀 더 다양한 질문을 제시할 필요성이 제기되었다. 또한 스토리와 배경 정보 및 관점을 구분한 자료 제시 방식이 지식이나 정보 학습용 자료처럼 딱딱하게 여겨진다는 점을 고려하여, 이슈에 대한 배경 정보와 관점을 스토리와 구분하기보다는 스토리 자체를 정보와 관점이 포함된 살아 있는 대화 형식으로 수정하기로 자료 개발 방향을 설정했다.

본격적인 자료 개발은 현장 교사의 개별 작업에 이어 연구진 내부의 지속적인 피드백과 교차 검토 및 수정 작업이 순환하는 공동 숙의 과정을 통해 이루어졌다. 초등용 자료는 초등학교 교사가, 중등용 자료는 고등학교 교사가 초안 작업을 담당했다.

초등용 자료는 4학년 이상을 대상으로 개발했으며, 중등용 자료는 중학생과 고등학생이 함께 사용하는 방향으로 개발했다. 중등용 자료는 중학생용과 고등학생용을 각각 개발하는 방안도 고려했으나, 연구 규모의 제약으로 인해 중학교 3학년 정도의 수준에 맞춤으로써 중학생과 고등학생이 함께 사용할 수 있도록 개발하는 대신, 중학교 교사의 검토를 거쳐 학생 수준에 적합한지를 확인했다.

이러한 개별 작업과 교차 검토의 집단 숙의 과정을 통해 이슈 영역에 따른 이슈 스토리 자료를 초등용과 중등용으로 구분하여 각각 10개 내외 개발했다.

학교 급별 자료 개발이 이루어진 후, 자료의 타당성을 좀 더 면밀히 검토하기 위해 청소년 시민성 연구 1년 차와 2년 차에 각각 한 차례씩 외부 전문가의 자문을 받았다. 1년 차에는 초등학교 교사 1인과 고등학교 교사 1인이, 2년 차에는 중학교 교사 1인과 고등학교 교사 1인이 자문 활동에 참여했다. 외부 전문가로는 사회과교육학 전공으로 석·박사 학위를 소지하거나 다양한 연구 경험에 참여하는 등 사회과교육 분야에서 전문성이 높은 현직 교사들을 섭외했다. 외부 전문가에게는 자료 개발시 고려했던 이슈의 타당성, 정보의 균형성, 학생 수준에의 적합성이라는 기준들과 함께 자료의 완성도라는 네 가지 자료 검토 기준을 제시하고 검토 의견서 작성 양식을 제공했다. 현장 교사들은 각 이슈 스토리 자료마다 검토 기준별로 전반적인 검토 의견을 작성하고, 자세한 수정 보완 사항은 각 이슈 스토리 자료에 직접 기재하는 방식으로 의견을 제시했다. 외부 전문가의 검토 의견을 바탕으로 논제 설정이나 수준 등이 부적합한 것으로 나타난 주제나 내용은 교체하고 각 자료별로 세부적인 수정 보완 사항을 반영하여 최종적으로 초등용 10개, 중등용 10개의 자료를 개발했다.

2) 이슈 스토리 기반 토론 자료의 구성

(1) 이슈 주제 영역 및 자료 목록

이 책에서는 한국 사회의 변화와 학생들의 관심을 반영하여 이슈 주제 영역을 크게 '민주 사회의 기본 가치', '다양성과 소수자의 권리', '다문화와 한국인 정체성', '사회 차별', '사회 불평등과 사회 복지', '학교 폭력과 학생 인권', '북한과 통일', '정치와 정치 참여', '대중문화와 대중 매체', '글로벌 이슈'로 구분했다. 민주 사회의 기본 가치, 사회 차별과 불평등이 지속적인 관심 영역이라면, 다양성과 다문화, 학생 인권과 대중문화 등은 최근 변화된 사회와 학생들의 삶을 반영하는 시의성이 있는 영역이다. 또 글로벌 이슈가 지구촌 수준의 영역이라면, 북한과 통일은 한국 사회의 특수성을 반영한 영역이다. 또한 정치 참여는 다양한 정치 참여 양상에 대한 학생들의 의견을 확인해 볼 수 있다는 점에서 의미가 있다.[12]

이처럼 다소 포괄적으로 이슈 영역을 설정한 후, 관련 주제를 좀 더 명

----

12 10개 이슈 영역들은 각기 다른 영역들과는 구별되는 일정한 범주를 형성하지만, 하위 주제 수준에서는 완전히 상호 배타적이기보다는 연계성을 가질 수 있다. 예를 들어 우리 사회의 성 관련 이슈를 다루고자 할 경우, 성 소수자는 다양성과 소수자 영역, 성차별은 사회 차별 영역, 성 불평등은 사회 불평등 영역으로 구분될 수 있지만, 상호 연관성이 매우 높은 주제라는 점에서 자료 활용시 함께 다뤄질 수 있다. 그러나 10개 영역이 하나의 흐름 속에서 모두 한거번에 제시될 필요는 없으며, 교수자의 의도나 학생들의 요구를 반영하여 독립적으로 다뤄질 수 있을 것이다.

[표 4-6] 이슈 스토리 자료 개발을 위한 이슈 주제 영역 선정

구분	이슈 주제 영역	하위 주제 영역
1	민주 사회의 기본 가치	자유와 평등, 개인과 공동체(사회 정의관)
2	다양성과 소수자의 권리	가족 형태, 성 소수자, 종교, 장애
3	다문화와 한국인 정체성	한국인의 정체성, 편견과 차별, 다문화 정책
4	사회 차별	성차별, 연령 차별, 지역 차별, 우대 정책과 역차별
5	사회 불평등과 사회 복지	빈곤, 계층 불평등, 복지 정책
6	학교 폭력과 학생 인권	왕따와 학교 폭력, 학생 인권, 학교 문화
7	북한과 통일	북한, 안보와 대북 정책, 통일, 탈북자
8	정치와 정치 참여	정치와 정치인, 투표와 시민운동, 촛불 시위와 SNS
9	대중문화와 대중 매체	대중문화, 대중 매체
10	글로벌 이슈	글로벌 이슈, 일본, 한류, 애국주의

※박윤경·박정서(2018: 90).

확히 하기 위해 하나의 이슈 영역을 다시 2~4개의 하위 영역으로 세분화했다. 예를 들어 '다양성과 소수자의 권리'는 가족 형태, 성 소수자, 종교 및 장애로 세분화하고, '사회 차별'은 성, 연령, 지역 관련 차별과 우대 정책으로 세분화했다. 이슈 영역별 하위 주제 영역은 [표 4-6]과 같다.

이슈 영역별로 하위 주제 영역을 세분화한 후, 각 영역과 관련하여 자료 개발 당시 사회에서 문제가 되고 있으면서 학생들의 삶과 관련이 있는 다양한 사례들을 탐색했다. 예를 들어 '민주 사회의 기본 가치' 영역에서는 자유와 평등의 대립과 관련하여, 골목 상권의 보호와 경제 활동의 자유에 대한 의견이 대립될 수 있는 대형 마트 의무 휴업을 이슈 스토리 주제로 선정했다. '사회 차별' 영역에서는 우대 정책과 역차별과 관련하여 여성 차별 개선과 남성 역차별에 대한 의견이 대립될 수 있는 군 복무 가산점제나 여성 고용 할당제를 이슈 스토리 주제로 선정했다. 이렇게 각 이슈 영역별로

[표 4-7] 이슈 스토리 기반 자료의 이슈 영역 및 주제

이슈 영역	이슈 주제	
	초등용	중등용
민주 사회의 기본 가치	대형 마트 의무 휴업	선행 학습 규제
다양성과 소수자의 권리	장애 학생 통합 학급	동성 결혼 합법화
다문화와 한국인 정체성	국제결혼 가족의 한국인 정체성	이주 노동자의 한국인 정체성
사회 차별	군 복무 가산점제/여성 고용 할당제	군 복무 가산점 제도
사회 불평등과 사회 복지	복지 제도와 증세	무상 급식 의무화
학교 폭력과 학생 인권	학교 폭력 가해자와 인권	학교 폭력 학교 생활부 기재
북한과 통일	통일의 필요성	통일의 필요성
정치와 정치 참여	대통령 선거 투표 시간 연장	지방 선거 투표의 필요성
대중문화와 대중 매체	연예인의 정치 성향	SNS 사이버 감청
글로벌 이슈	애국심과 애국자	휴대폰 특허 소송

※박윤경(2020: 161).

다수의 이슈 스토리 주제를 발굴한 다음, 사회적 중요성이나 의견 대립 여부를 고려하여 2~4개의 주제를 선별한 후, 다시 학생들의 관심과 수준을 고려하여 초등 및 중등 수준으로 구분하여 예비 주제 목록을 작성했다.

한편 초등용과 중등용 자료의 주제 선정은 이슈 영역이 동일한 만큼 이슈 주제 자체를 미리 구분하기보다는 학생의 관심과 시의성을 반영하여 자유롭게 주제를 설정하되, 이슈 스토리의 상황 설정이나 내용 제시 수준에 학생들의 차이를 반영하는 방식으로 수준을 구분하였다. 군 복무 가산점 제도나 통일의 필요성처럼 같은 영역에서 동일 주제로 자료를 개발한 경우를 예로 들 수 있다.

최종 이슈 스토리 자료 개발 목록은 [표 4-7]과 같다.

(2) 자료의 구성 방식

이슈 스토리 기반 자료는 크게 자료 정보, 이슈 스토리, 이슈 스토리 관련 질문의 세 부분으로 구조화되었다.

첫째, 자료 정보는 자료 개발자 또는 사용자가 체계적으로 자료를 개발할 수 있도록 하기 위한 것으로, 자료 제목, 적용 대상, 이슈 영역, 연관 이슈 영역, 관련 시민성, 자료 출처, 배경 지식을 담고 있다.

둘째, 이슈 스토리는 이슈 학습 및 토론에 참여하는 학생들에게 제공되는 것으로, 스토리 제목, 이슈 관련 스토리, 이슈에 대한 배경 정보, 이슈에 대립되는 관점을 내용으로 포함한다.

셋째, 이슈 스토리 관련 질문은 공통 질문, 이슈 질문 및 심화-연계 질문으로 이루어져 있다.

먼저, '이슈 확인'과 '입장 확인'의 공통 질문은 모든 이슈 스토리 자료에 동일하게 제시되는 것으로, 자료를 처음 활용할 때 이슈의 의미나 예시 등을 활용하여 설명하면 초등학생들도 어렵지 않게 질문에 답하는 것을 예비 적용을 통해 확인할 수 있었다.

다음, '이슈 질문'은 주어진 이슈 스토리와 관련된 연계 질문을 하는 것으로 구성되었다. 또한 '심화-연계 질문'을 통해 이슈와 관련된 다양한 주제와 관련시킴으로써 이슈에 관한 확산적인 사고와 수렴적인 사고가 이루어지도록 구성했다. 토론 질문은 학생들에게 이슈 스토리와 함께 제공할 수도 있고, 교수자가 토론을 진행하는 과정에서 단계적으로 활용할 수도 있다.

(3) 자료 예시

최종적으로 개발된 초등용 자료를 예시하면 [표 4-8]과 같다. 이는 교사용으로 개발된 이슈 스토리 자료를 예시한 것이다.

[표 4-8] 초등용 이슈 스토리 자료 예시(교사용): "형철이 가족의 주말 장보기"

제목	민주 사회의 자유와 평등	적용 대상	초등 / 중등
시민성	-사회 정의; 불평등 완화; 사회적 약자 배려 -형평성과 평등; 자유와 경쟁	자료 출처	
배경 지식	민주 사회에서는 사회 불평등을 완화하기 위해 다양한 정책을 편다. 소형 상권을 보호하기 위하여 대기업의 경제 활동을 제한하는 정책 등이 그 예이다. 하지만 이러한 정책이 경제 활동의 기본 원리인 자유와 경쟁을 무시하는 조치라는 주장도 있다.		

[이슈 스토리] 형철이 가족의 주말 장보기

지난주 일요일에 오랜만에 장을 보기 위해 동네 대형 마트에 간 형철이네 가족은 발걸음을 돌려야 했다. 그 이유는 형철이네 가족이 마트에 간 날이 바로 정부에서 대형 마트들이 의무적으로 쉬도록 한 의무 휴무일이었기 때문이다.

평일에는 회사를 다니시느라 바쁜 형철이 어머니께서는 "일요일에 대형 마트 문을 닫으면 직장인들은 대체 언제 장을 보라는 거야"라며 불평을 하셨다.

하지만 형철이 아버지께서는 "전통 시장이랑 골목에서 작은 가게를 하는 사람들을 생각해 봐. 사람들이 매일 큰 마트만 가면 그 사람들은 장사가 되지 않아 힘들겠지. 한 달에 두 번만이라도 전통 시장과 작은 가게를 이용하게 하는 것도 필요하지 않을까?"라고 말씀하셨다.

대형 마트에 가는 것을 좋아하는 형철이는 "아빠, 저는 생각이 다른데요. 저는 깨끗하고 물건들도 훨씬 많은 대형 마트가 더 좋단 말이에요. 차라리 전통 시장이나 동네 가게들을 대형 마트와 비슷하게 바꾸는 게 더 낫지 않아요?"라고 질문하였다.

그러자 형철이 형은 이에 대해 "형철아, 그 사람들이 그렇게 커다란 시설을 관리할 만큼 충분한 돈이 있을까? 돈이 있는데 안 하는 것일까?"라고 질문하자 형철이는 대답을 못 했다. 형철이 아버지도 "그래. 우리가 불편하더라도 이렇게 하는 게 장기적으로 보면 모두 평등하게 잘살 수 있는 길이라고 생각하자"라고 말씀하셨다.

형철이는 대형 마트를 의무적으로 쉬게 하는 것이 과연 모든 상인이 잘살 수 있는 길인지, 상인들 사이의 정당한 경쟁을 가로막고 소비자들이 자유롭게 물건을 살 권리를 제한하는 것은 아닌지 고민하게 되었다.

1. [이슈 확인] 위 이야기에서 무엇이 이슈인가? 어떻게 의견이 대립되고 있는가?
2. [입장 확인] 위 이슈에 대한 나의 입장은 무엇인가?
3. [이슈 질문] 내가 생각하는 자유와 평등은 어떤 관계인가? 평등을 위해 자유를 제한하는 것에 대해 어떻게 생각하는가?
4. [심화-연계 질문] 국제 중학교나 국제 고등학교, 대학 입시에서 사회적 약자에게 특혜를 주는 제도가 있다. 이러한 제도로 사회 불평등을 완화할 것을 기대할 수 있지만, 이 제도를 누리지 못하는 개인의 자유를 해친다는 의견도 있다. 사회적 약자(또는 소수자)를 위해 다른 사람의 자유를 제한하거나 축소하는 것에 대해 어떻게 생각하는가?

[표 4-9]의 중등용 자료는 학생들에게 제공되는 자료를 예시한 것이다.

[표 4-9] 중등용 이슈 스토리 자료 예시(학생용): 권리와 의무

[이슈 스토리] "권리와 의무"

2014년 6.4 지방선거를 앞두고 정석이네 집에는 보이지 않는 긴장감이 흐른다. 선거 몇 달 전부터 선거를 기다리시며 이런저런 관심을 보이는 아버지와 달리 정석이는 선거 과정이나 결과에 도통 관심이 없다. 더구나 만 19세가 되어 처음 선거권을 가진 정석이의 형은 지방선거에 별로 관심이 없다. 뽑고 싶은 사람이 없다며 투표를 안 하겠다고 하자, 아버지는 못마땅하시다.

"정민아, 우리 대표를 뽑는 일인데, 제일 관심이 많아야 하는 젊은이가 투표를 안 한다는 게 말이 되니?"

형도 나름대로 이유가 있다.

"아버지, 아무리 고민해 봐도 뽑고 싶은 사람이 없는데, 누굴 뽑아요? 뽑고 싶은 사람이 없을 때, 선거에 참여하지 않는 것도 제 정치 참여의 방식이에요. 그리고 민주주의 국가에서 선거에 참여하지 않는 것도 중요한 제 권리라고요."

"권리? 자신의 의무와 책임을 다해야 권리라는 말을 쓸 수 있는 거야. 우리가 직접 나서서 나라의 일을 하지는 못하더라도, 대표를 선출하는 것은 국민으로서 최소한의 정치 참여라고 생각한다. 더구나 선거를 치르는 데 얼마나 많은 비용이 드는지 아니? 그런데 사람들이 너처럼 투표하지 않으면, 그 비용이 모두 허비되는 거야."

정석이는 선거에 참여하는 것이 국민의 권리인지, 아니면 의무인지 생각해 보았다. 형처럼 뽑고 싶은 사람이 아무도 없을 때에도 꼭 투표해야 하는지 고민해 보았다.

1. [이슈 확인] 이슈가 무엇인가? 어떻게 의견이 대립되고 있는가?
2. [입장 확인] 위 이슈에 대한 나의 입장은 무엇인가?
3. [이슈 질문] 가장 흥미 있는 정치 참여 방법에는 어떤 것들이 있는가? 그리고 그 이유는?
4. [심화-연계 질문] 최근 투표 참여를 높이기 위해 투표 인센티브나 의무 투표제 방안이 논의되고 있다. 이러한 방안에 대한 나의 입장은 무엇인가? 그 이유는 무엇인가?

*투표 인센티브제: 저조한 투표율을 올리자는 취지에서 투표에 참여한 사람에게 경품을 제공하는 등의 혜택을 주는 제도.
*의무 투표제: 투표는 유권자의 권리일 뿐 아니라 의무이기도 하다는 취지에서 투표에 참여하지 않은 사람에게 일정한 벌칙이나 불이익을 부과하는 제도.

3) 종합 논의

정치·사회적 이슈에 대해 알고, 자신의 의견을 형성하며, 이슈에 관한

의사 결정에 참여하는 능력은 민주시민이 갖추어야 할 정치적 문해력의 기본 요건이다. 하지만 우리 사회의 초·중·고 학생들은 이슈에 대한 학습 기회를 충분히 갖지 못할 뿐 아니라 이슈 대화 및 토론에 참여하기를 어려워하는 것으로 보고되고 있다.

이 장에서는 이슈 토론 자료로 활용할 수 있는 이슈 스토리 기반 토론 자료의 개발 및 구성에 대해 기술했다. 이슈 스토리 자료는 구체적인 실생활 맥락 속에서 이슈에 대해 다른 의견을 가진 인물들 사이의 대화로 구성되어 있다. 이를 통해 학생들이 이슈에 대한 배경 정보, 이슈를 둘러싼 입장 차이를 쉽게 이해할 수 있도록 돕고자 했다. 앞으로 학교 민주시민교육의 활성화에 기여할 수 있기를 기대하며, 자료 활용 및 후속 연구와 관련하여 다음과 같이 몇 가지를 제언하고자 한다.

첫째, 이슈 스토리 기반 자료는 이슈 토론뿐만 아니라 이슈 대화를 위한 자료로 활용할 수 있다는 점에 유의할 필요가 있다. 학교 교육에서 이슈 학습은 주로 토론 방식으로 이루어지는 경우가 많다. 하지만 학생들에게 낯선 주제이거나 학생들이 토론 역량을 충분히 갖추지 못한 경우, 아직 충분히 형성되지 않은 의견을 바탕으로 다른 사람을 설득하는 토론에 참여하는 일은 큰 부담으로 다가올 수 있다. 사회적 이슈를 접하고 자신과 다른 사람들의 관점과 입장의 차이를 비교하면서 스스로의 정치적 견해를 형성해 나가는 것도 이슈 학습의 중요한 목표일 수 있다. 따라서 이슈 스토리 기반 자료를 대결 방식의 토론이나 제한된 시간 내 집단적 의사 결정을 도출하는 방식으로 활용하기보다는, 교실 안의 모든 학생이 소외되지 않고 이슈에 대한 자신의 생각을 표현하고 나눌 수 있는 대화 자료로써 활용하는 대안적 방법을 제안한다.

둘째, 이슈 스토리 기반 자료는 이슈의 사회적 배경과 정보, 이슈에 대한 상반된 입장들을 포함하고 있다. 이슈 스토리에 포함된 배경 정보는 학생들이 이슈를 이해하고 자신의 입장을 생각하는 데 유용한 도움 자료가 될 수 있다. 하지만 이슈 스토리에서 어느 정도의 정보를 제공하는 것이 적정한 수준인지에 대해서는 지속적인 연구가 필요하다. 너무 적은 자료는 사고를 적절하게 자극하기 어렵지만, 너무 많은 자료는 정보 이해 과정에 압도될 수 있다는 점에서 문제가 된다. 학생들의 발달 단계를 고려하여 사고를 효과적으로 자극할 수 있는 정보 제공 수준에 대한 논의가 이루어질 필요가 있다.

셋째, 중등용 자료를 개발할 때 중학교와 고등학교 수준을 고려하여 난이도와 이해도가 보다 세분화된 다양한 자료를 개발할 필요가 있다. 이때 교실 수업에서의 활용 가능성을 높이기 위해서는 중학교와 고등학교의 교과 교육과정 및 범교과 주제 학습과 더욱 긴밀하게 연계하여 자료를 개발해 활용할 수 있는 방안을 고려해 볼 수 있다.

넷째, 학생들의 시각으로 이슈 스토리 기반 자료의 타당성 및 자료의 내용이 사고에 미치는 영향 등에 대해 면밀하게 분석할 필요가 있다. 이러한 분석은 자료 활용에 있어서 이슈 스토리의 대화에 매몰되지 않고 대화 속 의견을 통해 자신의 의견을 도출하여 정리할 수 있는 근거를 마련하는 데 크게 기여할 것이다.

다섯째, 이슈 스토리 기반 자료를 현장에 실제로 적용하고, 그 효과나 의미에 대한 경험 연구를 지속할 필요가 있다. 이때 앞서 제안한 토론이나 대화 이외에 이슈 스토리 자료를 활용할 수 있는 다양한 방법을 모색한다면 현장에서의 활용 가능성이 높아질 수 있을 것이다. 이러한 다각적 모색을 통해 학생들의 정치적 문해력을 신장할 수 있는 방법에 대한 현장 교사 및 연구자들의 공감과 이해가 확산되기를 기대한다.

5부

이슈 스토리 기반 토론에 참여한
학생들의 반응은 어떠한가?[1]

1 연구 개관

1) 연구 질문

우리 사회의 학생들은 학교 밖 사회에서 관심이 집중되고 있는 정치·사회적 이슈에 대한 대화와 토론에 참여할 수 있을까? 가능하다면 언제부터 가능할까? 그 과정에서 겪는 어려움은 무엇이며, 이를 어떻게 도울 수 있을까? 이에 대해 학교 민주시민교육의 핵심을 차지하는 사회과교육을 중심으로 활발한 이론적 논의가 이루어져 왔으며, 이슈 토론의 중요성에 대해서는 대부분 동의한다. 하지만 그 현실적 가능성에 대해서는 회의하거나 의심하는 경우가 많다. 이는 경험적 근거를 바탕으로 도출된 타당한 결론이라기보다는 앞서 3부에서 언급한 바와 같이 다양한 연구 및 실천 경험이 축적되지 못한 가운데 나타나는 "막연한 두려움"(박윤경·이승연, 2015a: 95)일 수 있다. 현재 또는 미래의 시민인 학생들이 사회 이슈에 관심을 갖고 관련 역량을 갖추는 일이 필수적이라면, 이를 위한 현실적 대안을 마련하고 그 교육적 가능성을 면밀하게 검토하는 것이 성인 교육자 및 학자들에게 주어진 책무일 터이다. 이에 5부에서는 앞서 4부에서 소개한 이슈 스토리 기반 자료를 활용한 대화 및 토론에 참여한 학생들의 반응을 체계적으로 분석하고자 한다.

구체적인 연구 질문은 다음과 같다.

첫째, 학생들은 정치·사회적 이슈 스토리 기반 토론에 대해 어떻게 생각하는가? 이와 관련하여 이슈 토론 주제, 토론 자료 및 토론 방식에 대한

----

1   5부의 내용은 필자의 졸고 「정치사회적 이슈 스토리 기반 토론에 대한 초중고 학생들의 반응 분석: 학교 민주시민교육에의 시사점」(박윤경, 2020)의 내용을 수정 및 보완 후 재구성하여 작성하였다.

학생들의 의견을 분석하고자 한다. 이때 초·중·고 학생들 사이에 반응의 차이가 있는지도 살펴보고자 한다.

둘째, 이슈 토론 활동을 통해 학생들이 경험한 것은 무엇이며 어떤 변화가 일어났는가? 이와 관련하여 학생들이 이슈 주제 토론 활동에서 의미 있게 생각한 바를 드러내고, 자신의 변화에 대해 어떻게 생각하고 있는지를 확인하고자 한다.

이를 바탕으로 정치·사회적 이슈 토론 참여의 교육적 의미를 이해하고, 학교 민주시민교육에서 이슈 토론을 활성화시키기 위한 시사점을 제시하고자 한다.

2) 이슈 스토리 기반 토론의 구조와 특징

이슈 스토리 기반 토론은 앞서 설명한 바와 같이 필자가 수행한 "한국 청소년의 시민성 형성에 대한 질적 연구" 과정에서 이루어진 것이다. 이 연구에서는 한국 청소년의 시민성과 그 형성 과정을 심층적으로 이해하기 위해, 다양한 우리 사회의 정치·사회적 이슈에 대해 초·중·고 학생들이 가지고 있는 생각을 생생하게 드러내고자 했다. 이를 위한 자료 생성 전략으로 고안한 것이 이슈 스토리 기반 토론이다. 따라서 이슈 스토리 기반 토론은 일반적인 토론 수업과는 그 목적과 진행 방식에 있어서 차이가 있다. 이슈 스토리 기반 토론의 전반적인 구조와 특징을 토론 주제, 토론 자료 및 토론 진행 방식을 중심으로 살펴보면 다음과 같다.

첫째, 토론 주제는 학생들이 학교 안팎에서 실제로 접하는 정치·사회적 이슈들이다. 토론 주제를 정하기 위해 먼저 이슈 주제 영역을 크게 10개로 구분한 후 이슈의 시사성, 중요성 및 학생 수준을 고려하여 영역별로 각 하나씩의 이슈 주제를 선정했다. 이슈 주제 영역은 학교 급 차이 없이 동일하지만, 구체적인 이슈 주제는 초등용과 중등용으로 구분하여 제시했다(구체적인 내용은 4부 3장 참조).

둘째, 토론 자료는 이슈 스토리 기반 자료를 개발하여 활용했다. 이슈 스토리 기반 자료는 크게 '이슈 스토리'와 '이슈 질문'으로 구성되어 있다. '이슈 스토리'는 가족 구성원들이나 친구들이 특정 사회적 이슈에 대해 대화하는 방식으로 기술되어 있으며, 대화 내용에 이슈에 대한 등장인물들의 찬반 입장과 근거가 포함되어 있다. '이슈 질문'은 이슈 확인 질문, 입장 확인 질문, 이슈 질문, 심화-연계 질문의 순으로 질문이 점차 확장되는 단계적인 방식으로 제시되어 있다(구체적인 내용은 4부 3장 참조).

셋째, 토론 진행 방식은 질적 연구의 관점에서 학생들의 생각을 있는 그대로 드러내는 방식으로 이루어졌다. 하나의 이슈에 대해 자연스럽게 이야기를 나누는 과정에서 학생들이 자신의 생각을 최대한 다양한 측면에서 확인하고 이를 각자가 자신의 언어로 표현할 수 있도록 돕는 방향으로 토론을 진행했다. 이슈 토론에 참여한 모든 학생에게 다른 사람의 방해나 평가를 받지 않고 자신의 생각을 이야기할 수 있는 기회를 공평하게 제공했다. 학생들은 진행자가 던진 질문에 대해 순서대로 자신의 의견을 이야기했다. 바로 의견이 떠오르지 않는 경우에는 발언 순서를 바꾸거나, 원하지 않을 경우에는 발언하지 않도록 허용했다. 이 과정에서 토론 진행자는 이슈 토론의 관찰자이자 중립적 안내자로 역할을 설정하고 토론을 진행했다. 진행자는 토론 질문을 제시하고 대화를 나누기 위해 학생들이 궁금해하는 정보는 제공하되, 어떤 의견의 옳고 그름에 대해서 발언하거나 발언 방식이나 내용에 대해 긍정적이거나 부정적인 피드백은 제공하지 않았다.

3) 토론 참여 학생

이슈 스토리 기반 토론에 참여한 학생들은 서울시의 강남 지역(강남구, 서초구, 송파구)과 비강남 지역(그 외)의 초등학교, 중학교, 고등학교(각각 4개교, 총 12개교)에 재학 중인 초등학교 5학년부터 고등학교 2학년까지의 학생 60명이다. 참여 학생들은 연구 목적으로 학교당 4~6명을 교사의 추천을 받아 선정했다. 이 연구에 참여한 학생들은 학업 성적, 수업 참여 및 토론 능력, 리더 역량 등에서 비교적 우수한 평가를 받은 학생들이다.[2] 교사들은 대부분 추천 기준을 참고하거나 토론이나 발표 능력이 우수한 학생들 위주로 추천했는데, 초등학생 중에는 학생 자신의 희망에 의해 참여한 경우도 있었다. 교사의 추천을 받은 학생들에게는 연구 취지와 면접 방법, 참여자의 익명성 보호, 혜택 및 참여 중단 권리 등에 대해 구두로 안내하고 학생 본인과 학부모의 서면 동의를 받았다. 이슈 토론 참여 학생 구성은 [표 5-1]과 같다.

[표 5-1] 이슈 토론 참여 학생(단위: 명)

구분	학년 *( )는 초등학생			성별		지역		합계
	1(4)	2(5)	3(6)	남	여	강남	비강남	
초등학생	·	12	10	10	12	14	8	22
중학생	4	7	10	9	12	8	13	21
고등학생	·	17	·	10	7	8	9	17
합계	4	36	20	29	31	30	30	60

....

2   우수한 학생들을 선정한 것은 모(母)연구인 "한국 청소년의 시민성 형성에 대한 질적 연구"가 사회 엘리트로 성장할 가능성이 높은 학생들의 시민성 형성 과정에 관심을 갖는다는 점을 반영한 것이다. 아울러 학습과 무관한 실제적 이슈를 다룬다는 점에서 학생들의 반응을 풍부하게 생성하기 위한 연구 전략에 따른 것이기도 하다. 학교 민주시민교육에는 다양한 능력과 배경을 가진 모든 학생이 참여한다는 점에서, 이 연구에서 제시한 이슈 토론 방식의 교육적 가능성에 대한 결과 해석 시 유의할 필요가 있다.

4) 토론 진행 방식

　구체적으로 이슈 스토리 기반 토론이 이루어진 모습은 다음과 같다. 이슈 주제 토론 활동은 학교 단위로 이루어졌다. 각 학교별로 3~6명의 학생들이 교실이나 특별실 공간에 모여 이슈 주제들에 대해 이야기를 나누었다. 토론은 총 10개의 이슈 주제를 2~3개씩 묶어서 3~4회 진행되었다. 처음 이슈 토론을 시작할 때는 학생들에게 질문에 대한 정답이 따로 있는 것이 아니므로 각자 자신이 생각하는 바를 있는 그대로 이야기하면 된다는 점을 안내했다.

　이슈 주제별 토론은 먼저 학생들이 개별적으로 자료를 읽고 난 후, 자료에 제시된 질문에 답하는 방식으로 이루어졌다. 학생들은 이슈 스토리를 읽으면서 이슈 질문에 대한 자신의 의견을 미리 적어 놓기도 했다. 토론 자료 읽기가 끝나면, 가장 먼저 이슈 확인 질문을 통해 자료에서 문제가 되고 있는 이슈가 무엇인지, 그리고 등장인물들 사이에서 어떻게 의견이 대립되고 있는지 확인했다. 그 과정에서 모르는 용어 등에 대해 질문이 있는 경우 간략하게 설명했다. 그다음 이슈에 대한 각자의 입장을 이야기했다. 보통 자료에 나온 등장인물과 그 입장을 언급하면서 자신의 입장을 제시하는 경우들이 많았다. 그다음 이슈에 대한 입장을 좀 더 다각적으로 파악하기 위해 이슈 질문과 심화-연계 질문에 대해 이야기를 나누었다.

　토론이 이루어지는 동안 진행자는 학생 모두에게 공평하게 발언 기회를 제공했다. 하나의 질문에 대해 한 명씩 돌아가면서 의견을 이야기하면서 다른 사람들은 집중해서 듣는 방식이었다. 학생들은 자기 생각을 말할 때, 그전에 다른 학생이 한 얘기를 인용하는 방식으로 다른 의견에 대한 동의나 반대 의사를 표현하기도 했다. 간혹 의견이나 입장이 분명하지 않은 경우에는 답변 순서를 바꾸거나 답변하지 않아도 되는 분위기 속에서 토론이 이루어졌다. 학생들의 생각이나 의견을 구체적으로 파악하기 위해 필요한 경우에는 진행자가 추가 질문을 던지기도 했다. 이처럼 이슈 스토리 기반 토론은 토론 자료와 다른 사람들의 의견을 참조하여 자기 자신의 입장을 정리하고 생각하는 데 초점이 맞추어졌다. 따라서 토론에 참여하는 학생들도 가능한 한 자신의 생각을 분명하게 파악하여 전달하기 위해 노력했다.

5) 자료 수집 및 분석

자료 수집은 각 학교별로 이슈 토론 활동이 끝나는 시점에 반구조화된 질문지를 활용하여 이루어졌다. 구체적으로 초등학생에 대한 자료 수집은 2014년도 2월부터 3월 사이에 이루어졌다. 이슈 주제 토론을 2개 학기에 나누어 진행한 중학생에 대한 자료 수집은 두 차례에 걸쳐 이루어졌다. 구체적으로 1차는 2014년 7월, 2차는 2014년 12월부터 2015년 2월 사이에 이루어졌다. 고등학생의 경우는 2014년 12월부터 2015년 7월 사이에 자료를 수집했다. 면접 내용은 학생 및 학부모의 서면 동의를 받아 모두 녹음(또는 녹화)되었다.

질문지의 내용은 이슈 토론 활동에 대한 느낌, 가장 기억에 남는 토론 주제와 그 이유, 이슈 스토리 기반 토론 자료에 대한 의견, 이슈 토론을 하면서 생각이 바뀌거나 새롭게 알게 된 점, 이슈 토론 참여 의사 등을 중심으로 구성했다. 다만 연구가 학교 급별로 순차적으로 진행되면서 이슈 스토리 자료에 대한 질문은 중학생과 고등학생 대상 질문지에만 포함되었다.

면접 자료 분석은 주제 영역, 범주, 세부 내용 등으로 점차 자료를 세분화하여 분류하는 질적 자료 분석의 일반적인 패턴을 따라 이루어졌다. 구체적인 분석 절차는 연구 목적에 맞게 다섯 단계에 걸쳐 이루어졌다.

1단계는 자료의 범위를 확인하기 위한 단계로, 방대한 규모의 면접 자료들 중에서 이슈 토론에 대한 학생들의 반응을 담은 자료들을 학생별로 원문 그대로 발췌했다.

2단계는 연구 질문과 관련성이 높은 의미 단락을 추출하는 단계로, 1단계에서 발췌한 자료 중에서 독립된 주제를 포함한 의미 단락(semantic unit)을 중심으로 분석 자료를 추출했다. 이때 자료 왜곡이나 의미 훼손을 최소화하기 위해 가급적 의미 단락의 추출 범위를 폭넓게 설정했다.

3단계는 주제 영역별 범주화 단계로, 각 의미 단락에서 유사성이 높은 내용을 묶어서 주제 영역과 각 하위 범주를 분류한 후, 이에 해당하는 세부 내용을 추출하여 자료를 재구조화했다. 주제 영역은 크게 이슈 토론에 대한 소감, 이슈 토론 방식에 대한 의견, 이슈 토론 경험과 의미로 구분한 뒤 각 영역별로 범주를 세분화했다. 예를 들어 이슈 토론에 대한 소감은 먼저 긍정 반응, 복합 반응, 부정 반응으로 자료를 범주화한 뒤, 긍정 반응을 다시 재미와 흥미, 보람과 의미, 새롭고 신기함 등의 세부 내용별로 구분했다. 이때 하나의 의미 단락이 여러 하위 범주에 해당하는 내용을 포함하는 경우에는 자료를 분절적으로 분리하지 않고 자료의 맥락을 파악할 수 있는 수준에서 자료 단위를 구분하여 재배열했다. 2단계와 3단계 자료 분석은 초등학생, 중학생, 고등학생의 순으로 순차적으로 이루어졌다. 이 과정에서 새로운 범주가 추가되면서 상세화되었다.

4단계는 분석 결과의 정교화 단계로, 학교 급을 통틀어 자료 전체를 주제 영역과 범주별로 재획정하고 그 분석 결과를 정리했다. 이 과정은 자료의 단순 재배열이 아니라, 3단계에서 세분화된 범주를 다시 적용하여 전체 자료 분석 결과를 일관되게 검토하고 수정하는 방식으로 이루어졌다.

5단계에서는 자료의 전체적인 현황을 파악하고 학교나 지역에 따른 차이를 가늠해 보기 위해 사례 수를 집계하여 표로 정리했다. 그러나 질적 자료의 특성상 수치의 대소를 기계적으로 비교하지 않도록 유의하여 해석하고자 했다.

2 이슈 스토리 기반 토론에 대한 학생들의 반응

1) 이슈 토론 활동 전반에 대한 반응

초·중·고 학생들은 이슈 스토리 기반 토론 활동에 대해 어떻게 생각하고 있을까? 이슈 토론 활동에서의 긍정적 경험이 토론에 대한 선호나 이슈에 대한 관심 등의 후속 효과로 이어질 수 있다는 점에서 학생들의 전반적인 반응을 확인하는 일은 중요하다.

초·중·고 학생들이 이슈 스토리 기반 토론 활동을 전반적으로 어떻게 느끼고 있는지 분석한 결과, 이슈 토론에 대한 반응으로 분류된 총 68건 중 긍정적인 반응이 대다수를 차지했고(53건), 그다음은 긍정 반응과 부정 반응이 섞인 복합 반응(13건)으로 나타났다. 부정적인 반응은 매우 드물었다 (2건).[3] 다음에서는 긍정 반응과 복합 반응의 내용에 대해 좀 더 자세히 살펴보고자 한다.

(1) 긍정 반응: 재미있고 유익하고 새롭다

이슈 주제 토론에 참여한 학생들은 '재미, 흥미, 좋음, 괜찮음, 긍정적임, 새로움, 색다름, 신기함, 보람, (끝나서) 슬픔, 자극, 유익, 의미 있음, 편

....

3   이슈 토론이 "힘들고 피곤"하거나 "꺼림칙"하다는 내용이었는데(M-1-SD-F2, M-3-ND-F3), 2학기에는 이 학생들의 반응도 긍정적으로 바뀌었다.

함, 부담 없음, 생동감, 희망' 등의 단어를 활용하여 자신들의 긍정적인 느낌을 표현했다. 반응 빈도를 살펴보면, 재미와 흥미(24건), 좋거나 괜찮으며 긍정적임(13건), 유익하고 의미 있고 보람됨(7건), 새롭고 색다르고 신기함(5건)의 순으로 많이 나타났다. 학생들은 "평상시"에 친구들과 학교에서 토론을 할 "환경"이 많지 않은데 토론을 "접할 수 있어서" 새롭고, 재미있고, 흥미로웠다는 의견을 제시했다. 이 중에는 토론을 좋아하지 않은 학생도 있었지만, 토론을 좋아하거나 토론 동아리에 속해 있지만 학교에서 토론 기회를 많이 갖지 못했던 경우도 있었다. 학생들은 이슈 주제 토론을 통해 다른 친구들에게서 "자극"을 받기도 했으며, 그 과정을 "보람 있는 시간"이라고 평가했다.

> 전반적으로 좀 이런 토론을 제대로 해 본 적이 그렇게 많지가 않아요. 학교 수업 말고는. … 토론도 이런 수업이 아니고 다른 그냥 문제를 푸는 과정에서의 토론이었기 때문에 새롭고 신기하고 또 재밌었던 것 같아요.
>
> (E-5-SS-F2)[4]

> 제가 토론하는 걸 되게 좋아하는 데 원래, 중학교 들어와서 토론을 할 수 있는 기회가 사실 많지가 않았어서 학교에서 친구들이랑 같이 토론하는 게 너무 재밌었고. (M-1-SD-F1)

> 생각보다 흥미로웠어요. 토론을 좋아하는 편은 아니라서, 그런데 해 보니까 재밌어요. 토론하고 해서 어떻게 버틸까 했는데. (M-3-NG-M2)

....

4 학생 식별 코드에는 학교 급, 학년, 지역 및 소속 학교, 성별에 대한 배경 정보가 포함되어 있다. 구체적으로 E는 초등학생, M은 중학생, H는 고등학생이며, S는 강남 지역, N은 비강남 지역이고, M은 남학생, F는 여학생을 의미한다. 예를 들어 M-1-SD-F2는 중학교-1학년-강남 지역 D학교-여학생 2번이며, M-3-ND-F3는 중학교-3학년-비강남 지역 D학교-여학생 3번이다.

이거 하면서 되게 많은 것들에 대해서 생각해 볼 수 있었던 것 같아서 굉장히 유익했던 것 같고, 제가 비록 토론 동아리지만 토론할 기회를 많이 [갖지] 못했어요. 근데 이번 기회를 통해서 토론도 많이 한 것 같아서 굉장히 좋습니다. (H-2-SB-M2)

학생들은 이슈와 관련해 몰랐던 것을 알고 생각할 기회가 되었다는 점 (4건)이나 자신과는 다른 의견을 들을 수 있었다는 점(4건) 등을 긍정 반응의 이유로 언급했다. 그러나 무엇보다 이슈에 대해 이야기를 주고받는 '대화 자체'(14건)의 즐거움을 많이 언급했다. 이런 이슈 토론 대화 속에서 "생동감"과 "살아 있다는 느낌"을 받기도 했다. 이슈 정보나 사고 기회 획득, 다른 의견 청취는 대화 기회에 따라오는 것들이라는 점에서 그 출발점으로 토론을 통한 대화 기회를 갖는 것의 중요성을 확인할 수 있다.[5]

다른 사람들의 의견이나 다른 사람들이 이런 걸 어떻게 보는지, 어떤 이슈에 대해서는 대부분 일치하는 의견도 많았지만, 어떤 데에서는 구체적인 해결 방안이라든가 그런 거에 대해서 다른 의견도 있어서 그런 거에 대해 배울 수 있어서 참 재밌었어요. (M-1-SD-M2)

서로 이렇게 이야기 나눌 수 있는 게 상당히 긍정적이라고 생각해요.
(H-2-SB-M1)

....

5   긍정 반응은 학교 급별이나 성별에서(초등학생 16건, 중학생 16건, 고등학생 21건; 여학생 25건, 남학생 28건) 두드러진 차이가 나타나지 않았다. 지역별로는 강남 지역이 31건, 비강남 지역이 22건으로 다소 차이가 있는데, 이는 비강남 지역의 한 초등학교 면접 과정에서 전체적인 소감에 대한 반응이 수집되지 못한 점과 1학기 토론 활동에 참여한 비강남 지역의 중학생들이 주로 3학년으로 2학기에 입시 준비를 위해 다른 학생들로 교체된 점 등과 연관이 있을 수 있다. 따라서 지역별 반응 차이에 대해서는 보다 더 면밀하게 검토가 이루어질 필요가 있다.

일반 교과 수업 시간에서는 느낄 수 없었던 약간의 생동감과 약간 살아 있다는 느낌, … 그래서 굉장히 많이 느낄 수 있었고.   (H-2-SH-F1)

(2) 복합 반응: 처음에는 긴장되고 힘들었지만 점차 덜 어렵고 재미있다

복합 반응과 관련하여, 학생 중 토론 활동 초반의 어려움이 긍정적으로 바뀌었다고 이야기한 경우들이 있었다. 처음에는 잘 모르는 학생들과의 토론이나 새로운 토론 방식에 대한 '어색함, 긴장, 새로움, 낯섦'(5건)이나 이슈 토론 주제에 대해 생각하고 말하는 것에 대한 '어려움, 힘듦, 고민 많음(8건)'을 경험했지만, 점차 활동이 반복되면서 긴장이 풀리고 편안해져서 이슈 주제에 대해 생각하는 것도 덜 어려워졌다는 것이다. 더 나아가 토론 활동을 통해 깊게 생각하고, 알게 되고, 얻는 경험을 하면서 "재미"와 "만족"을 느꼈다고 언급했다.

처음에는 이거를 대답하고 그런 게 좀 긴장되고 그럴 때도 있었는데 하다 보면 그냥 긴장도 풀어지는 것 같고 그랬어요.   (E-5-SS-F1)

처음엔 어려웠는데 하다 보니까 괜찮은 거 같아요. 재밌어요. 토론하고 이렇게 말하다 보니까 재미있는 것도 알게 되고 새로운 걸 많이 얻는 것 같아요.
(M-3-NG-F1)

토론 같은 걸 안 하니까, 평상시에, 초반에 말하는 건 되게 힘들었는데 계속 하다 보니까 그래도 할 만한 것 같아요. 편해진다고 해야 하나?
(M-3-ND-F4)

처음에는 그냥 별로 생각 없이 들어왔었는데, 주제가 생각보다 좀 심오하고 어려워서 처음에는 조금 힘들었는데 하다 보니까 재미있고, 제가 생각하지 못했던 부분에 대해서 좀 깊게 생각해 보는 계기가 된 것 같아서 되게 만족

스럽고 좋았어요. (H-2-SH-F2)

이러한 복합적 반응 양상은 학생들이 이슈 토론 활동에 지속적으로 참여하는 것의 가능성과 중요성에 대해 생각하게 한다. 즉 이슈 토론 초기에 여러 가지 이유로 불편함이나 어려움을 느끼는 학생들도 토론 경험이 지속되는 과정에서 긍정적인 경험을 할 가능성이 있다. 이는 역으로 부정적인 경험으로 끝나는 일회성 토론 활동이 갖는 문제점을 드러낸다.[6]

2) 이슈 토론 주제에 대한 반응

이슈 토론 주제에 대한 학생들의 의견을 확인하는 것은 '이슈 토론의 주제로 무엇을 다룰 것인가'라는 질문과 관련된 함의를 제공할 수 있다는 점에서 중요하다. 이슈 토론 주제에 대한 반응은 크게 어려운 주제와 인상 깊었던 주제를 중심으로 분석했다.

(1) 어려운 주제

이슈 토론 주제로 다룬 10개의 주제가 어려웠는지 물은 결과, 학생들의 의견은 '어렵지 않다'(19건)와 '어렵다'(18건)는 반응이 반반 정도로 혼

---

6 복합 반응 사례들은 지역별로는 차이가 드러나지 않지만(강남 6건, 비강남 7건), 초등학생(4건)이나 고등학생(2건)에 비해 중학생(7건)에게서 많이 나타나고, 남학생(3건)보다 여학생(10건) 사례가 두드러지게 많았다. 중학생 사례가 많은 것은 앞선 긍정적 반응 양상과 마찬가지로 두 학교에서 1차와 2차 토론 참여자들이 달라진 연구 상황과 연관되었을 수 있다. 그런데 성별로 나타나는 차이가 만약 여학생들이 남학생들보다 관계적 지향성이 높고, 이로 인해 다른 사람과 상호 작용하는 토론 상황에서 정서적으로 더 불편함을 느끼는 데서 기인하는 것이라면, 토론 환경에서 성별에 따라 더 섬세한 교육적 개입을 하는 것에 대한 고민이 필요할 수 있다.

재되어 나타났다. 이는 이슈 주제에 대한 전반적인 느낌과 특정 이슈에 대한 의견을 모두 포함한 것이었다.[7]

먼저, '어렵지 않다'는 의견을 준 학생들은 주로 '아는 주제'(8건)라는 점을 그 이유로 들었다. "의외로 친숙"하거나 "많이 접해 봤던 문제" 또는 "학생들 관련 주제"라는 점에서 생각하거나 말하기가 쉽고 편했다는 것이다. 이와 함께 이슈 토론 주제가 "주변에서 일어나고 있는 사건들"이고 과거의 역사적 사건들과 달리 대중 매체에서 바로 접할 수 있다는 '주제의 실제성'(2건)을 이유로 제시하기도 했다.

> 뭔가 맨 처음에는 되게 어려울 줄 알았는데, 그래도 의외로 되게 친숙한 주제들이어서 좀 더 흥미 있었던 것 같아요. (H-2-SB-M3)

> 선행 학습이나 무료 급식 관련된, 학습이나 교육 관련되거나 학생들 관련된 내용이 좀 쉬웠어요. (중략) 경험했던 거 토대로 말해서. (H-2-NG-F3)

> 제가 잘 모르는 내용이 나올까 봐 (중략) 많이 걱정했는데, 막상 해 보고 나니까 다행히도 저와 거리가 먼 게 아니라 제 주변에서 다 일어나고 있는 큰 사건들이기 때문에, 큰 이슈이기 때문에 약간 더 흥미로웠어요. (M-2-SB-F1)

> 역사적인 건 과거에 옛날에 일어났으니까 좀 멀게 느껴지는데 이런 사회 이

....

7 흥미로운 점은 학교 급별로 다른 반응이 나타났다는 점이다. 이슈 주제가 '어렵지 않다'는 의견이 더 많이 나타난 초등학생(어렵다 3건, 어렵지 않다 5건)이나 고등학생(어렵다 6건, 어렵지 않다 9건)과 달리, 중학생에게서는 어렵다는 의견이 더 많았다(어렵다 9건, 어렵지 않다 1건). 이는 중학생용 이슈 주제가 고등학생용과 동일하게 설정되었다는 점과 연관이 있을 수 있다는 점에서, 향후 이슈 주제의 학생 수준 적합성에 대한 좀 더 면밀한 검토가 필요하다. 특히 중학교 1학년 학생들은 초등학생과 인지적, 경험적 성장 정도가 크게 다르지 않을 수 있다는 점에서 이슈 주제를 선정할 때 학교 급별 경계 지점에 있는 학생 집단들에 대한 고려가 필요할 수 있다.

슈들은 제가 뉴스나 신문을 보면서 많이 접하기 때문에 좀 더 가깝게 느껴지고, 좀 더 제 의견을 수월하게 말할 수 있는 거 같아요. (M-2-SB-M1)

이와 달리 '어렵다'고 답한 경우에는 특정 이슈 토론 주제에 대한 이해나 지식 부족, 관심 부족을 주된 이유로 언급했다. 이와 함께 자신이 체험해 보거나 이전에 생각해 보지 않은 주제라는 점, 단어의 생소함, 깊이 있는 사고와 생각이 필요한 내용이라는 점도 이유로 들었다. 이외에 드물지만 이슈 주제에 대한 자신의 입장을 정하지 못했다는 점을 언급한 경우도 있었다.

잘 몰라서 어려웠어요. 잘 모르니까. (M-3-NG-F2)

제가 그 참정권 그런 쪽 … 에 대해서 엄청 관심 있던 게 아니었어서 이쪽이 말하기 힘든 것도 있었고, 말하기보다는 듣는 쪽이었던 것 같고. (H-2-NG-F2)

주변에 그런 사람들이 없어서 (중략) 딱히 생각을 안 해 봐서 좀 어려웠어요. … 직접 들어 본 사례도 거의 없고. (H-2-NG-F1)

선행 학습을 찬성하고 반대 둘 다 공감이 가서 결정 내리기 힘들었어요. (M-3-ND-F3)

이에 비추어 학생들이 특정 이슈 토론 주제를 어렵게 생각하는 것은 주제 자체의 특성 못지않게 학생마다 경험이나 준비도가 다르다는 점과 연관되어 있음을 알 수 있다. 그럼에도 학생들이 이슈 주제에 친숙하거나 어느 정도의 배경 정보를 갖는 것이 이슈 토론에 어렵지 않게 접근하는 좋은 출발점이 될 수 있음을 짐작할 수 있다.

그런데 복합적 반응 사례처럼 이슈 주제의 어려움이 반드시 이슈 토론에 대한 부정적 반응으로 귀결되지는 않는다. 이처럼 학생마다 특정 이슈 주제를 어렵게 느끼는 이유는 다양하고, 어려움에 대한 판단 역시 변동 가능성이 있다는 점에서 이슈 토론 주제를 선정할 때 난이도를 최우선 기준으로 적용하는 것은 학생들이 다양한 이슈를 접할 기회를 제한할 수 있다는 점에서 유의할 필요가 있다.

(2) 인상적인 주제

이슈 토론 주제 중 기억에 남거나 인상적인 주제와 그 이유에 대한 반응은 [표 5-2]와 같다.

10개의 이슈 토론 주제 중 특히 기억에 남거나 인상적인 주제에 대해 학생들은 북한과 통일(12건), 자유와 평등(9건), 다문화(8건), 사회 차별과

[표 5-2] 인상 깊은 주제와 그 이유(단위: 명)

인상 깊은 주제	학교			합계	인상 깊은 이유	학교			합계
	초	중	고			초	중	고	
자유와 평등	2	3	4	9	일상 관련	2	2	2	6
다양성	·	2	2	4	관심 주제	·	4	2	6
다문화	2	2	4	8	대화 많음	4	·	2	6
사회 차별과 우대 정책	4	2	2	8	많이 생각	2	4	·	6
사회 불평등과 사회 복지	·	1	1	2	무관심/금기 주제	·	1	4	5
학교 폭력	·	3	2	5	입장 차이	1	·	2	3
북한과 통일	6	6	·	12	사전 지식	2	1		3
정치 참여	·	1	4	5	중요 이슈-사회	·	1	·	1
대중문화	·	·	·	0	참신한 주제	·	1	·	1
글로벌 이슈	·	2	2	4	최신 이슈	·	1	·	1
합계	14	22	21	57	합계	11	15	12	38

우대 정책(8건), 학교 폭력(5건), 정치 참여(5건), 다양성(4건), 글로벌 이슈(4건), 사회 불평등과 사회 복지(2건)의 순으로 언급했다. 대중문화 영역의 이슈를 언급한 학생은 없었다. 그런데 자유와 평등, 다문화, 사회 차별과 우대 정책 영역의 이슈에 대해서는 초등학생, 중학생, 고등학생이 고루 인상적인 주제로 언급한 반면, 북한과 통일은 초등학생과 중학생만이 인상적인 주제로 제시했고 다양성, 사회 불평등과 사회 복지, 학교 폭력, 정치 참여, 글로벌 이슈는 중학생과 고등학생들만이 인상적인 주제로 제시했다.

한편 인상적인 주제를 선택한 이유와 관련하여, 학생들은 기본적으로 자신의 일상과 관련된 주제(6건)나 평소 관심이 있는 주제(6건)를 다룬 것에 대해 인상 깊게 생각했다. 평소 가족이나 친구들과 나눈 대화가 이슈 주제일 수 있다는 점에 놀라기도 하고, 선행 학습 금지법처럼 학생들의 일상과 밀접한 주제를 다룰 때 더 관심이 생기기도 했다는 것이다.

> 그 대형 마트는 실제로 엄마, 아빠랑 얘기해 봤던 거기 때문에 좀 놀랐어요. 그런 게 진짜로 이슈구나. (E-5-SS-F2)

> 아무래도 저희랑 밀접하게 관련이 있어서, 그래서 기억에 남는 것 같아요. (중략) 선행 학습이요. 일단 저희랑 관련이 있으니까, 좀 더 관심이 생겨요. (M-3-ND-M1)

또한 토론하면서 대화가 많이 이루어졌거나(6건), 스스로 생각이나 고민을 많이 한 경우(6건), 또는 학생들 간에 입장 차이를 확인한 경우(3건)도 기억에 남는다고 언급했다. 이슈 토론 주제에 대해 "할 말이 많"거나 서로 입장이 나뉘어서 긴 시간 토론이 이어질 때 즐거움을 느끼기도 했다. 예상과 달리 이슈에 대해 학생들 사이에 "의견이 갈리는" 것에 신기해하기도 하고, 자신이 평소 "당연"하다고 여겼던 것에 대해 다시 생각해 보거나 자기 입장이 명확하지 않아 "고민을 많이" 해 본 것도 재미있고 흥미롭게 생각했다.

> 그때 통일에 관한 주제를 했을 때, 애들과 그때는 40분이 넘도록 토론을 해서 그때 정말 즐거웠어요. (E-6-NA-F1)

> 처음 네 개 주제는 제 입장이 찬성 반대 잘 나눠져 있어서 그냥 잘 정했는데, 마지막 다섯 번째 (주제)에서 국가 안보냐 아니면 개인 사생활이냐 그거에 대해서는 고민을 많이 해 봐 가지고 생각을 많이 해 보게 되니까 떠오르는 것도 많고, 그래 가지고 마지막 다섯 번째 주제가 제일 흥미 있었던 것 같아요. (M-1-SD-M2)

> 이건 진짜 할 말이 많았어요. 선행 학습에 대해서는 할 말이 많아서 열불 나게 했던 것 같고, 반대되는 의견이 없을 줄 알았어요. 다 한쪽으로 몰릴 줄 알았는데 이런 거, 이슈에 대해서 의견이 갈리는 거 자체가 신기했어요. 약간 '당연히 이런 거 아닌가?' 했는데 의외로 이런 것도 많고. (H-2-NG-F1)

한편 학생들은 평소 관심이 없던 주제나 도전하기 어려운 금기 주제들에 대해서도 언급했다(5건). "평소 생각을 많이 했던" 주제 못지않게 "평소 생각해 보지 못한" 주제에 대해 다룬 것도 재미있게 생각한 것이다. 또 주변 친구들이나 가족과 얘기하기 어려운 주제에 대해 "자유롭게 얘기"할 수 있었던 것이나, 종교적인 이유 등으로 개인적으로 "심각"하게 여기는 주제에 대해 생각해 본 것도 좋은 기회로 생각하고 있었다.

> 한국인의 범위가 어느 정도? 그것도 평소에 생각해 보지 못한 거여서 재밌었고, 군 가산점제도 관심이 많은 거라서 재밌었어요. (H-2-SH-M2)

> 저는 그 동성 결혼. 솔직히 말해서 그 이런 거는 정치나 경제 이런 게 아니라

서 가끔씩 친구들이랑 얘기할 때가 있는데 아무래도 그냥 동성애자에 관한 것만 얘기하지 동성 결혼이나 커플 같은 거는 얘기를 안 해 봤는데, 솔직히 부모님이랑 얘기하기도 좀 그런 주제잖아요. 근데 그거를 좀 자유롭게 얘기할 수 있어서 좋았어요. (M-1-SD-F2)

저한테는 되게 좀 심각한 얘기였거든요. … 근데 이거는 꼭 말을 하는 게 저로서는 되게 좋은 주제였다고 생각해요. (중략) 가끔씩 김조광수 커플이나 일이 한 번씩 터질 때마다 그냥 가끔씩 교회에서 말이 나올 때가 있는데 교회는 그런 게 절대 안 된다고 생각하니까. (H-2-NS-M1)

이처럼 학생들은 평소 지식이나 경험이 있는 주제는 물론, 자기 삶과 연관성을 찾을 수 있는 실제성이 있는 주제이거나 토론에서 활발한 대화나 사고 과정을 경험한 주제들을 인상적으로 생각했다. 그런데 사전 정보나 경험 여부가 활발한 대화로 이어지는 연결 고리가 될 수 있다는 점에서, 학생들이 일상에서 접하는 정치·사회적 이슈들을 토론의 장으로 가져오기 위한 고민이 필요하다.

이와 함께 평소 무관심했거나 대화가 금기시된 주제들, 자기 입장이 분명하지 않은 주제들을 접하는 것도 학생들은 인상적인 경험으로 생각했다. 특히 학교 급별로 비교해 볼 때, 고등학생들은 통일처럼 반복적으로 접한 낯익은 주제보다는 학교 교육에서 잘 다루지 않거나 민감성이 높은 주제에 주목하는 것으로 나타났다. 이는 고학년에게는 낯설고 어려운 주제가 긍정적인 자극이 될 수 있음을 보여 준다. 향후 우리 사회의 도전적인 이슈들에 대해 학생들이 안전하게 대화할 수 있는 기회를 제공하기 위한 방안 모색이 요구된다.

3) 이슈 스토리 기반 토론 자료에 대한 반응

이슈 토론 자료에 대한 학생들의 의견을 토론 자료의 필요성 및 기능과 스토리 기반 자료에 대한 선호 및 강점을 중심으로 분석한 결과는 [표 5-3]과 같다.

(1) 자료의 필요성과 활용 양상

학생들은 이슈 토론 자료가 도움이 됐다고 명시적으로 언급하거나, 토론할 때 자료의 도움을 받았던 점을 들어 자료의 필요성(15건)에 대해 언급했다. 이때 자료의 특정 기능에 집중한 경우도 있지만, 학생 대부분은 자신이 자료에서 도움을 받았던 점을 복합적으로 언급했다. 학생들이 이슈 토론에서 자료를 활용한 양상은 [표 5-3]에 제시한 바와 같이 크게 여섯 가지로 정리할 수 있다.

첫째, 학생들은 이슈 토론의 '주제 및 내용'(4건)을 파악하는 데 자료

[표 5-3] 토론 자료 활용 양상과 스토리 기반 자료의 강점(단위: 명)

구분		학교		합계	구분		학교		합계
		중	고				중	고	
필요성 (16)	있음	11	4	15	선호 (22)	정리형	1	·	1
	차이 없음	1	·	1		대화형	14	5	19
활용 양상 (27)	주제 및 내용	1	3	4		차이 없음	2	·	2
	논제 및 질문	2	·	2	강점 (33)	실제성	4	3	7
	관점 및 입장	3	3	6		구체성	·	3	3
	주장 및 근거	1	1	2		명료성	7	1	8
	예시	3	·	3		정보성	5	·	5
	사고하고 말하기	5	5	10		역량 촉진성	8	2	10

의 도움을 받았다.

둘째, 이슈 토론의 '논제 및 질문'(2건)을 확인하는 데 활용했다.

셋째, 이슈 주제를 둘러싼 '관점 및 입장'(6건)의 차이를 파악하기 위해서도 자료를 활용했다.

넷째, 각 관점에 따른 '주장 및 근거'(2건)를 확인했다.

다섯째, 구체적인 '예시'(3건)를 통해 상황을 이해하는 데 도움을 받았다.

여섯째, 이슈 토론 주제에 대해 '사고하고 말하기'(10건)에 도움을 받았다.

즉 토론 자료는 학생들에게 평소 잘 모르는 주제라도 자료를 읽으면 "충분히 알 수 있을 정도"의 설명을 제공하고, 논제가 "무엇인지 확실하게 알 수" 있게 도왔다. 또 "예시 이야기"를 통해 입장에 따른 주장을 비교하고 서로 다른 "관점에 대해서 좀 더 많은 정보"를 파악하여 "생각을 점화"하거나 "생각이 길을 찾아가는" 데 도움을 받았다고 했다. 이런 이유를 들어 학생들은 이슈 토론 자료의 필요성을 강조했다.

> 자료가 있는 쪽이 없는 쪽보다 훨씬 나은 것 같아요. 만약에 자료가 없으면 질문을 봐도 '이게 뭔 소리지', 막 이런 생각하고 있을 것 같고. (M-3-ND-F2)

> 맨 처음에 주제가 딱 있고, 대충 설명하는 내용이잖아요. 충분히 저희가 뭐 그 내용을 자세히 모르더라도 거의 읽으면 충분히 알 수 있을 정도.
> (H-2-SB-M3)

> 아주 큰 도움이 됐다고 생각해요. … 처음부터 제 입장을 먼저 말한다는 건 좀 힘들었을 텐데 이렇게 … 예시 이야기를 통해서 이 입장에 대해서는 이런 주장이 있고 또 다른 입장에 대해서는 이런 주장이 있구나, 라는 생각이 들

어서 … 제가 제 생각을 주장을 말하는 데 있어서 더 수월했던 거 같아요.

（M-2-SB-F1）

일단 모르는 제도들에 대해서 설명이 있는 건 있어서 당연히 좋은 것 같고, 사실 그 제시문에 있는 모든 입장들을 미리 알고 있었던 건 아니잖아요. 그래서 그 제시문을 보고 새로운 입장에 대해서 알기도 하고, 반대편이 이렇게 생각하기도 하는구나도 있고, 생각을 점화하는 데 되게 좋은 것 같아요.

（H-2-SB-M1）

자료가 없었을 경우에는 저희가 정말 만약에 그 주제에 대해서 들어 본 적이 없다면 이해하기 힘든 부분이 있을 수 있었는데, 그 자료를 통해서 조금 더 두 의견에 대해서 조금 더 생각을 할 수 있었던 것 같아요. 아예 모르는 상태에서 진행되는 것이 아니라 어느 정도 자료를 읽고 하니까 '아, 그러면 나는 이 말에 이런 걸 조금 더 덧붙일 수 있겠다'라는 생각도 들고, 그래서 좋았던 것 같아요.

（H-2-NS-F1）

이상의 자료 활용 양상은 실상 학생들이 이슈 토론을 할 때 요구되는 토론 역량과 관련된 것들이다. 주제 이해, 논제 파악, 입장 확인, 근거 제시, 자기 입장 표현하기 등 어느 한 부분에서 어려움을 느낄 경우 토론 자체에 어려움을 느끼게 된다. 사전 지식이나 토론 역량 등에서 출발점이 다를 수 있는 학생들이 자신에게 필요하거나 부족한 부분을 보완하는 데 토론 자료를 유용한 도구로 활용했음을 알 수 있다.

(2) 스토리 기반 자료에 대한 선호와 강점

그렇다면 이렇게 다양한 기능을 수행하는 토론 자료를 어떤 방식으로 구성해야 할까? 이와 관련하여, 토론 주제에 대한 정보나 논제를 요약하는 정리형 방식과 인물들 간의 대화를 포함한 스토리 방식 중에서 어느 쪽을 더 선호하는지 학생들의 의견을 알아보았다.

이에 대해서는 '대화형 자료'를 선호한다는 의견이 대다수였다(19건). 그 이유는 이야기로 제시되어 이해하기 쉽고(5건), 도움이 되며(4건), 잘 와닿는다(2건)는 것이다. 즉 구체적인 인물들이 대화를 나누는 상황이 "현실감" 있게 제시되어 인물들의 상황이나 입장을 "단기간에 파악"하기 쉽고 "잘 와닿는다"라는 반응이었다. 또 이야기의 "흐름"이 "자연스럽게 연결"되어 자료가 "딱딱하지 않고 익숙"해 대화 상황에 "이입"하기 쉽고 재미있다는 의견들이 제시되었다.

> 첫 번째 주장은 이렇고 이거에 대한 근거는 이렇다. 이렇게 보면 딱 보면 좀 딱딱하게 느껴지고 좀 재미가 없을 것 같은데 딱 예문을 주고 이런 이야기를 나누고 거기 안에 있는 두 사람이 어떤 주제에 대해서 다른 생각을 하고 있는 거를 좀 더 논리적으로 말하는걸 보면 조금 더 잘 이해할 수 있었던 것 같아요.　　　　　　　　　　　　　　　　　　　　　　(M-2-SB-M1)

> 인물들의 말을 통해서 주제를 제시할 때 인물들이 직접 그 상황을 읽는 것처럼 느껴지기 때문에 더 현실감이 있어서, (중략) 더 잘 와닿았던 것 같아요.　　　　　　　　　　　　　　　　　　　　　　　　　　　(M-2-SB-F2)

> 이게 더 단기간에 보고 파악하기에는 더 좋은 것 같고, 아예 뭐 칼럼같이 반대 칼럼, 찬성 칼럼 이렇게 보는 거는 내용 파악에 더 좋을 것 같긴 한데 아무래도 읽고 자기가 또 생각 정리하고 말하는 데 시간이 좀 걸릴 것 같아서.　　　　　　　　　　　　　　　　　　　　　　(H-2-SB-M1)

> 그게 그 그냥 단순히 제목만 딱 던져 놓고 토론하기가 쉽지 않은데, 그런 거를 좀 대화 형식으로 하니까 좀 더 알기가 쉬웠던 것 같아요. 그니까 좀 더 이입해서 볼 수 있었던 것 같아요.　　　　　　　　　　　　　　(H-2-SB-M4)

학생들의 답변에 나타난 대화형 자료의 강점은 크게 다섯 가지로 정리할 수 있다. 이 부분에서 제시하는 내용은 학생들이 대화형 자료에 초점을 맞추어 자료의 강점에 대해 언급한 것으로 자료 활용 양상과 내용상 일부 중첩될 수 있다.

첫째, 자료의 '실제성'(7건)으로, 스토리 자료가 실제 대화를 담아 친근감 있고 공감이 된다는 점이다. 학생들은 이슈 스토리가 일상생활에서 이루어지는 "진짜 사람들의 의견"과 "실제 대화"를 담고 있다는 점을 가장 많이 언급했다. 학생들은 자신들이 일상에서 접할 수 있는 구체적인 대화 상황을 통해 이슈 토론 주제를 잘 받아들일 수 있으며, 또한 이러한 자료의 실제성이 "공감, 친근감, 재미"를 느끼게 할 뿐 아니라 자신에게도 "효력"이 있는 "실생활 내 애기"로 받아들여지게 한다고 언급했다.

> 대화를 통해서 좀 더 구체적인 상황에 적용해 볼 수 있었던 것 같아요. 찬반 이렇게 해 주면 명시적으로 그냥 아 여기 이런 점이 있고, 이건 이 점이 좋은데, 실제 대화를 이렇게 해서 주니까 좀 더 친근감 있게 읽을 수 있었고요. 그리고 좀 실제로 적용되는 사례를 보여 주는 것 같아서 오히려 그게 좀 더 좋았던 것 같아요. (H-2-SB-M2)

> (대화 읽고 난 다음) 좀 이해가 잘되는 것 같아요. 주제만 던져 놓고 말하게 되면 말을 잘 못 하는 경우가 많거든요. 그런 거 한 번씩 읽어 보고 좀 실생활에서 내 애기다 하면서 공감하면서 읽게 되니까, (중략) 그러니까 아예 주제만 던져 놓으면 '이게 딴 나라 애기구나, 내 애기는 절대 아니겠구나' 하는 경우가 있는데 대화를 하듯이 나오잖아요. 근데 그걸 읽으면서 '아, 이게 나한테도 효력이 있구나' 좀 더 생각해 보면은. (H-2-NS-M1)

> 그런 거를 줄글로 나열할 때는 그런 거에서 단순히 어떻게 생각하는지만, 진짜 정보만을 습득할 수 있는데, 그런데 이렇게 대화 형식으로 한다면 진짜

사람들이 어떻게 그거를 말로써 표현을 하느냐 그런 것까지 알 수 있으니까, 그리고 진짜로 사람이 말하는 것처럼 되어 가지고 사람들의 의견이라는 거를 느낄 수가 있어서 그런 게 더 좋은 것 같아요. (M-1-SD-M2)

둘째, 자료의 '명료성'(7건)으로, 양측 입장이나 주장과 근거를 찾기 쉽다는 점이다. 스토리를 통해 이슈를 둘러싼 사람들 사이의 "대립되는 의견"이나 "갈등 상황"을 구체적으로 알 수 있고, 인물들의 말을 통해 "양측 입장"이나 주장은 물론 "근거"를 찾는 데도 도움을 받는다는 것이다.

스토리를 읽는 게 도움이 돼요. 그러니까 그 스토리를 통해서 일단 갈등 상황을 더 구체적으로 알 수 있고, 그리고 누가 갈등을 하는지 누가 어떤 주장을 하는지도 알 수 있었는데. (M-1-SD-M1)

이렇게 대립되는 인물들이 몇 명씩 나오잖아요. 그러면 그 의견에 대해서 제가 조금 찬성하는 부분도 있고 반대하는 부분도 있었는데, 인물들이 말하는 걸로 제가 말할 거에 근거를 좀 더 찾을 수도 있고, 그다음에 이 부분에서는 조금 약간 제 생각에 아닌 것 같다, 이런 거는 제가 발표할 때 또다시 반박할 수 있는 근거로 사용될 수 있는 거라서 이야기가 없으면 사실 조금 더 생각하기 어려웠을 것 같아요. (M-1-SD-F1)

그런 이야기들을 보고 그다음에 토론을 시작하는 게 더 좋은 거 같아요. 왜냐면 … 거기에 이야기 안에서도 근거를 좀 제공을 하잖아요. (M-2-SB-M1)

셋째, 자료의 '구체성'(3건)으로, 구체적인 사례나 예시를 제공해서 상황을 이해하기 쉽다는 점이다. 예를 들어 자료에 구체적인 상황이 사례로 제시되어, 이슈 토론 주제를 접했을 때 당황하지 않고 그림이 잘 그려졌다는 의견이 있었다.

> 스토리를 읽어 보고 하니까, 아무래도 딱 예를 들어서 '개인과 국가의 이익이 충돌했을 때 어떻게 해야 하는가'라는 딱 질문을 처음 받으면 되게 당황할 것 같은데 그게 아니라 사례를 봤고, 그거에 대해서 조금씩 생각하다가 마지막에 그 질문을 받게 되니까 좀 더 그림이 잘 그려지는 것 같아요.
>
> (H-2-SH-F2)

> 이게 그냥 '다문화를 어떻게 생각해?' 이렇게 물어보는 게 아니라, 다문화에 대해서 되게 구체적으로 예시를 해 줬잖아요. 그래서 그게 토론하는 데 도움 많이 됐던 것 같아요.
>
> (H-2-NS-F2)

넷째, 자료의 '정보 전달성'(5건)이다. 이는 자료에 학생들이 "몰랐던 내용이나 용어", 주제에 대한 "배경 정보", "여러 가지 부연 설명" 등이 담겨 있어서 도움이 된다는 점이다.

다섯째, 자료의 '역량 촉진성'(8건)으로, 자신의 의견에 대해 생각하거나 이를 말로 표현하는 데 도움이 된다는 점이다. 실제 대화 상황을 담은 대화형 자료를 읽으면서 자신이 말할 것뿐 아니라 어떤 방식으로 표현할지에 대한 "아이디어"도 얻을 수 있었다. 특히 정리형이 아니라 대화형 자료가 "틀에 맞춰서 생각"하지 않고, "생각의 폭"을 넓히고 "생각을 다양하게" 만드는 측면이 있다고 보았다. 또한 심화 연계 질문을 통해 깊이 있게 생각할 수 있었다는 의견도 있었다.

> 그냥 그 주제가 딱 주어지면 저희가 어떻게 그거에다 시작을 해야 하는지 모르겠는데, 그렇게 일상생활 같은 데서 그런 이야기를 줘서, 아빠하고 아들 아

니면 친구들끼리 그렇게 대화하는 거를 해 보면 그런 걸 어떤 식으로 전개해 나가야 될지 아니면 거기서도 약간 아이디어를 얻고. (N-1-SD-M2)

딱딱 정리된 거보다는 오히려 이야기식 같은 게 더 생각을 다양하게 만들어 줄 수 있는 거 같아요. 아예 그렇게 딱딱 정해져 있으면 그 틀에서 맞춰서 생각이 진행될 수도 있어서. (H-2-SB-M1)

원래 학교에서나 학원에서는 (중략) 주제를 가지고 토론만 하고 그러는데, 여기서는 그거를 가지고 그걸 또 심화해서 다른 거랑 연결시켜서 말하니까 조금 더 도움이 되는 것 같아요. 좀 더 생각을 깊이 할 수 있는 것 같아요.

(M-2-SB-M1)

중학생과 고등학생의 반응을 비교해 보면, 중학생(24건)이 고등학생(9건)에 비해 더 다양한 측면에서 대화형 자료의 강점에 대해 언급했다. '실제성'에 대한 언급은 서로 비슷하지만 중학생은 '역량 촉진성'(8건), '명료성'(7건), '정보 전달성'(5건) 면을 고등학생보다 많이 언급했다. 중학생이 토론 주제를 이해하고 쟁점을 파악하며 어떻게 생각하고 말할 것인가와 관련하여 이슈 스토리 기반 자료에 더 많이 의존하고 있음을 짐작할 수 있다. 특히 앞서 중학생이 이슈 토론 주제와 관련한 어려움을 더 많이 언급했다는 점과 연관 지어 볼 때, 토론 주제에 접근하는 데 어려움이 많을수록 대화형 자료에서 더 많은 도움을 받는 것으로 보인다. 이런 점에서 대화형 자료에 제시된 인물들의 의견과 표현 방식들이 모방 효과를 통해 토론 참여에 도움을 주었을 가능성에 대해 생각해 볼 수 있다.

4) 이슈 토론 방식에 대한 의견

학생들이 경험한 이슈 토론 방식에 대한 의견을 기존 토론 경험과의 차별성과 학생들이 파악한 이슈 주제 토론 방식의 특징을 중심으로 정리하면 다음과 같다.

(1) 토론 방식의 차별성

학생들은 기존 토론 경험과의 차이를 다음과 같이 제시했다.

첫째, 찬반 토론이 아니다. 학생들이 주로 경험한 토론은 특정 주제에 대해 찬성과 반대의 입장을 정하는 방식의 토론이다. 그런데 이 연구에서는 찬성과 반대의 입장을 정하지 않고 여러 주제들에 대한 "의견을 얘기"한다는 점에서 "색다름"을 느꼈다.

둘째, 서로 반박하거나 상대방을 공격하지 않는다. 학생들은 수업에서 찬성과 반대를 나눠서 토론하는 상황에서 감정이 격해지는 경험을 하기도 했다. 자신과 다른 팀을 "적"으로 여기거나 학생끼리 "싸우듯이" 행동하기도 했다. 이 토론에서는 그런 일이 일어나지 않았다.

셋째, 상대방과 경쟁하지 않는다. 학생들이 토론 동아리에서나 토론 대회에 참가하기 위해서 경험한 토론은 '이기기 위한 토론'이었다. 이를 위해 학생들은 상대의 "허점"을 파고들어 이길 수 있는 "토론 기술"을 익히는 데 집중하는 경우들이 많았다. 이 토론에서는 그보다 "진솔한 의견"을 나눌 수 있었다.

> 이슈 토론 처음에 한다고 했을 때는 … 어떤 주제를 가지고 애들끼리 이렇게 의견을 이렇게 찬반 토론 같은 건 줄 알았는데 많은 문제에 대해서 의견을 얘기하니까 좀 더 색달랐고 재밌었어요. (M-2-SB-F2)

근데, 나는 이거 하면서 토론에 대해서 생각해 봤어. 토론을 했는데, 그때는 진짜 반대편 애들이, 지금은 안 그랬는데, 막 욕 쓰고, 지들이 졌다고 막 화내고, 한 달 동안 막 째려보고 다니는 거예요. (중략) 맨날 막 애들이 토론하면 쾅쾅 치면서 아니 말 뚝뚝 끊으면서 … 얘기하고 막 싸우고 (중략) (이 토론과는) 많이 달라요. 왜냐면 그때는요, 그 주제를 하나 주고 해 와라 그래서, 찬성, 반대여서, 제가 찬성에 대한 거 막 쓰고 반대에 대한 거 막 쓰고 그러니까, 막 싸우듯이 내 편 막 옆에 있는 사람도 적이야. 막 싸워. 아니, 그게 아니라 진짜 교실 쩌렁쩌렁하고.   (E-6-SG-F3)

토론 동아리는 사실 토론을 정말 본질적으로 대하는 것보다는 대회 같은 그런 거에 치중을 하기 때문에 토론의 기술 같은 것도 그렇고, 좀 뭐지, 논리의 허점 같은 거를 파고드는 그런 식으로 하는 경향이 많아서 이런 건 서로 뭐 의견의 반박이라든가 그런 건 없잖아요. 토론 때는 그냥 진솔한 의견보다는 이길 수 있는 방향을 찾기 때문에.   (H-2-SB-M1)

(2) 토론 방식의 특징에 대한 인식

학생들이 생각하는 이슈 토론 방식의 주된 특징은 다음과 같다.

첫째, 분위기가 질서 정연하다. 학생들은 서로 큰 소리를 낼 필요 없이 "조용조용하게 한 명씩 차례대로 얘기"한다.

둘째, 자기 생각을 말한다. 다른 사람의 의견을 반박하거나 이기는 것이 목적이 아니라, 자기 생각을 드러내서 표현하는 데 집중했다. 서로 "공격"하는 찬반 토론에서와는 달리, 이 토론에서는 다른 사람 의견을 "반박"해야 한다는 "부담" 없이 자신과 다른 의견에도 "동의"하면서 내가 어떻게 생각하는지에 대해 "자유롭게" 얘기할 수 있었다.

셋째, 의견 변화가 가능하다. 예전 토론에서는 이기기 위해 중간에 자신의 생각이 잘못되었다는 것을 알게 되는 경우에도 처음 시작할 때의 주장을 "계속 밀어야" 했다. 하지만 이 토론에서는 토론 과정에서 생각이 달라지면 이미 말한 의견을 자유롭게 "바꿀 수" 있었다.

> 약간 분위기가 되게 좋았어요. 그냥 질서 정연하고, 다른 데서 토론을 하면 애가 했다가 애가 반박을 했다가 애가 했다가 이래서 반박할 거를 생각해 내야 되고 이런 것도 있었는데, 여기는 그냥 자기 생각 말하고 끝내는 거니까 편안했던 것 같아요. (H-2-NS-F2)

> 그러니까 그냥 자기 생각 말하는 건 처음이고요. 동아리에서 찬반 토론 이런 것만 많이 해 봤지, 이런 거는 처음해서, 이게 더 좋은 것 같아요. 찬반 토론은 서로 공격하고 그러잖아요. 근데 이거는 그냥 자기 생각 들면 '아, 너는 그렇게 생각하니? 나는 이렇게 생각해. 너에게 동의한다'. (H-2-NG-F3)

> 일단 제가 토론 대회 같은 거는 개인적으로 별로 좋아하진 않아요. 자료 준비하는 거는 열심히 할 수 있는데 제가 토론 대회 같은 데 나가면 말이 되게 빨라져서, 제가 준비한 거랑 상관없이 막 되게, 대회 같은 데 안 맞거든요. 근데 그래서 여기 자유롭게 얘기하는 거다 보니까 그런 부담이 없어서 편한 것 같아요. (H-2-SH-M1)

> 이번 토론에서는 아닌데, 그전 옛날 토론들에서 보면 제가 처음에 이 의견을 했는데 다른 사람들 의견을 들어 보니까 '오, 이게 더 맞는데' 하는데 그래도 제 의견으로 시작을 했으니까 그걸 계속 밀어야 됐었어요. 이번에는 조금 더 다른 토론보다 조금 더 자유적으로 좀 더 제 의견을 말할 수 있어서 제가 이 의견을 말해도 또 바꿀 수도 있었던 거 같아요. (M-2-SB-M1)

이와 함께 토론의 구조가 심화되는 방식이라는 점과 교사의 역할이 다르다는 점도 특징으로 언급했다. 이슈 토론 주제에 대한 질문이 점차 "심화"되면서 좀 더 "근본적인 문제로 파고 들어가는 구조"라는 것이다.

또한 이 토론에서처럼 교사가 토론 중에 새로운 개념을 소개해 주거나 학생들이 이야기한 내용을 정리해 주는 방식으로 지원한다면 "배움의 자리"가 마련될 것 같다는 의견도 제시되었다.

> 선생님께서 하시는 방식이 어떤 사례를 주고, 그걸 싹으로 좀 더 근본적인,
> 뭐가 더 근본적인 문제인가에 대해 좀 파고 들어가는 그런 구조였는데, 좀
> 그런 게 나중에 어떤 사회 현상이나 어떤 문제에 대해서 생각해 볼 때도 되
> 게 도움이 됐던 것 같은데.   (H-2-SH-F2)

> 그리고 또 최적인 게 또 선생님이 중간에서 이렇게 정리를 해 주시거나 하시
> 잖아요.   (H-2-SH-F1)

이상의 차별점과 특징을 가진 토론 방식에 대해 학생들은 새롭고, 색다르며, 신기하다는 반응과 함께 분위기가 좋고, 부담 없이 편안하다고 평가했다. 한 학생은 이런 토론 방식이 자신이 재밌게 보는 TV 시사 프로그램과 비슷한 것 같다고도 말했다.

5) 이슈 토론 활동이 갖는 의미와 자신의 변화

이슈 토론에 참여하면서 학생들은 무엇을 경험하고 어떤 면에서 자신이 변화했음을 체감했을까? 이와 관련한 학생들의 생각을 크게 이슈 토론 활동의 의미, 이슈 토론 참여를 통한 자신의 변화, 이슈 토론을 통한 의견 변화를 중심으로 정리한 결과는 [표 5-4]와 같다.

[표 5-4] 이슈 토론 활동의 의미와 변화(단위: 명)

구분		학교			합계
		초	중	고	
의미 있는 경험 (37)	대화 기회	3	3	10	16
	다른 의견 듣기	3	8	5	16
	사고 기회	·	3	2	5
자신의 변화 (47)	새로운 지식과 정보 획득	2	6	3	11
	이슈에 대한 관심과 흥미 증가	3	4	2	9
	토론에 대한 선호 증가	1	4	·	5
	토론 능력 향상	5	4	2	11
	자기 의견 정리 및 명료화	·	7	4	11
의견 변화 (16)	없음	2	·	·	2
	정교화	1	4	·	5
	있음	4	4	1	9

(1) 학생들에게 이슈 토론 활동이 갖는 의미

① 이슈에 대한 대화의 기회

학생들은 이슈 주제 토론 활동에 참여하면서 이슈에 대해 이야기할 기회를 가질 수 있었다는 점을 많이 언급했다(16건). 학생들은 대부분 가족이나 친구, 또는 학교나 학원에서 이슈에 대해 이야기하거나 토론할 기회가 많지 않다고 말했다. 이슈 주제 토론을 통해 친구들과 "같이 말하는 시간"을 갖고 "다양하게 의견을 교환"하면서 평소 이슈에 대해 "하고 싶은 말"을 할 수 있었다. "이렇게 시간 내서 오랫동안" 이슈에 대해 얘기해 본 적은 "처음"이었다는 것이다. 그래서 "서로 이야기를 나눌 수 있는 기회" 자체를 가진 것을 "긍정적"으로 생각하고, "사회적 이슈에 대해서 이야기를 했다"라는 것에 큰 의미를 부여하기도 했다.

특히 학업에 바쁜 일상으로 다른 사람들과 "실질적으로 교류할 수 있는 기회"가 많지 않은 고등학생들(10건)이 초등학생(3건)이나 중학생(3건)에 비해 '대화 기회' 자체의 의미를 강조했다.

> 평소에 막 그런 거 보면서 하고 싶은 말도 많았는데 다 말할 수 있었던 것 같아서, 그냥 뉴스나 인터넷 기사 같은 거 보면서 … 생각을 많이 해 봤는데, 그런 거 생각하면 말하고 싶잖아요. 근데 그런 기회는 많지 않아서.
>
> （H-2-SH-M2）

> 평소에 이렇게 딱 친구들끼리 대충 뭐 어떻다, 어떻다 대강 얘기는 했는데 그래도 이렇게 시간 내서 오랫동안 해 본 적은 처음이어서 좋았어요.
>
> （M-2-SB-M2）

> 전체적으로 이런 이야기를 나눌 수 있는 기회가 있다는 게, 서로 이렇게 이야기 나눌 수 있는 게 상당히 긍정적이라고 생각해요.　（H-2-SB-M1）

> 한번쯤 기사를 읽다가 생각은 해 봤는데 말로는 잘 못 해 봤는데, 이번 기회를 통해서 좀 그런 사회적 이슈들에 대해서 어느 정도 이야기를 했다는 점에서 굉장히 의미 있었고.　（H-2-SB-M4）

② 이슈에 대한 다른 의견 듣기

학생들은 대화 기회와 함께 다른 사람들의 생각을 들을 수 있었다는 점을 많이 언급했다(16건). 친구들과 여러 의견이나 다양한 생각을 공유하면서 이슈 토론 주제들에 대해 "같은 또래"나 "다른 사람들은 어떻게 보는지"에 대한 궁금증을 해소할 수 있었다. 또 혼자서는 생각하지 못했던 점을 "환기"하는 경험이 되기도 했다. 특히 자신과는 다른 입장의 이유나 근거를 들으면서 "그쪽 입장은 왜 이렇게 되었는지를 생각"해 보거나 그 입장에 "공감"하는 기회를 갖게 되었다. 이를 통해 "한쪽으로 치우치"지 않고 "시야가 넓어진 느낌"을 받았다는 점에 긍정적인 의미를 부여했다. 학교 급별로는 중학생들이 이에 대해 가장 많이 언급했다(8건).

> 토론을 하니까 … 어떤 게 옳은 건지 그냥 기사를 보고 댓글을 보는데, 그러면 너무 한쪽으로 치우치기 마련인데 여러 가지 의견을 들어 봐서 좋고.
>
> (M-1-SD-M1)

> 한 가지 사회 이슈에 대해서 저는 이런 입장을 가졌었는데, 4명이서 함께 이야기를 해 보니까 저와 다른 의견을 가진 친구의 입장을 들으면서 '다른 사람들은 그렇게 생각할 수 있구나'라는 것을 느꼈어요.　　(M-2-SB-F1)

> 이번 토론에서 특별히 의견이 바뀐 건 아니지만 그래도 … 저와 다른 의견에 대한 근거도 좀 알게 되었고 그거에 좀 공감할 수 있었던 거 같아요.
>
> (M-2-SB-M1)

> 조금 다른 의견들이 많았잖아요. 그러니까 무조건 반대되는 의견이 하나씩은 있었잖아요. 그런 것에 대해서 그렇게 생각했구나 정도를 알게 되었고, 좀 시야가 넓어진 느낌도 있었던 것 같아요.　　(H-2-NG-F2)

③ 이슈에 대한 사고 기회

학생들은 이슈 토론이 이슈 주제에 대해 생각할 수 있는 기회였다는 점에 대해서도 언급했다(5건). "그냥 지나치던 이슈들"이나 "생각하지 못했던 부분"에 대해 더 "깊게 생각"해 보거나, 사회 문제의 해결 방법이나 대안 제시에 대해 구체적으로 생각해 보는 기회를 가졌다는 것이다. 그런데 이슈 주제에 대해 사고하는 활동은 토론을 마친 후에도 지속되기도 했다. 한 초등학생은 이슈 주제 토론에서 다뤘던 이슈에 대한 자신의 입장을 계속 생각해 본 경험을 들려주기도 했다.

> 그냥 뉴스로 봤을 때는 그냥 지나치던, 가볍게 지나치던 이슈들을 더 깊게 생각해 볼 수 있어서 좋았어요. （M-2-SB-F2）

> 토론을 하니까 일단 좀 사회 문제 같은 거에 대해서 한 번 더 생각해 볼 시간 이 주어져서 한 번 더 생각해 보고, 아니면 어떤 게 옳은 건지 그냥 기사를 보 고 댓글을 보는데 그러면 너무 한쪽으로 치우치기 마련인데 여러 가지 의견 을 들어 봐서 좋고, 그리고 그 지금 [문제]되는 사회 문제를 어떻게 해결할 수 있는지, 아니면 그런 나중에 대안을 어떻게 제시해야 되는지 같은 것도 한번 생각해 볼 수 있던 기회였던 것 같아요. （M-1-SD-M1）

> 입학에서 우대 정책, 그게 인상 깊었는데 그게 제가 찬성을 할지, 반대를 할 지, 그때도 못 정했었던 것 같아요. 그래서 그때는 어떻게 하면, 뭐, 이렇게 하 면 뭐가 안 좋고, 어떻게 하면 뭐가 또 좋은 점도 있고, 그래서 그때 못 정했 던 것 때문에 기억이 더 많이 나는 것 같아요. … 가끔 생각날 때도 있는데, 사실 어제도 생각을 잠깐 했었어요. 근데 어제도 잘 모르겠어서. 어제는 그 특혜를 줘야 되지 않을까 생각을 해 보다가 오늘 아침에 또 생각이 바뀌었어 요. （E-5-SS-F1）

이를 통해 이슈 토론이 토론 과정에서 우리 사회 이슈에 대한 학생들 의 사고를 자극할 뿐 아니라, 토론을 통해 활성화된 사고가 토론이 끝난 후 에도 지속함을 알 수 있다.

(2) 이슈 토론 활동을 통해 나타난 자신의 변화

① 이슈에 대한 지식·정보 및 흥미·관심 증가

이슈 토론에 참여한 후 나타난 변화와 관련하여, 학생들은 이슈 주제에 대해 이전에는 알지 못했던 새로운 점을 알게 되었다는 점을 가장 많이 언급했다(11건). "혼자 생각"할 때는 알지 못했던 "사실"이나 "지식", 또는 다른 "입장"들에 대해 재미있고 새로운 걸 더 많이 알게 되었다는 것이다. 그러면서 학생들은 "지식이 풍부"해지고 "견문이 넓어지는 느낌"을 갖기도 했다. 한 초등학생은 이를 "뇌의 주름"이 많아졌다고 표현했다. 이는 사전 준비나 학습의 결과라기보다는 토론 중 다른 친구들과 대화를 나누는 과정에서 자연스럽게 획득한 것이다.

> 다른 애들의 생각 중에요, 제가 모르는 게 있잖아요. 그래 가지고 더 많이 그런 지식들을 알게 되었어요.   (E-6-NA-M1)

> 제가 혼자 생각했을 때 알지 못한 거, 예를 들어서 탈북 얘기할 때는 탈북 동아리 애가 말한 거, 원래 몰랐는데 알게 되었고.   (M-1-SD-M1)

> 맨 처음에 한 다문화가정에 대한 토론 같은 경우에는 제가 딱히 깊게 생각해 본 적이 없는 문제였는데 애들이랑 얘기를 해 보면서 좀 더 자세히 알 수 있게 됐고, 정치 쪽에도 많이 관심을 가질 수 있게 됐어요.   (M-2-SB-F2)

> 솔직히 처음에는 긴장을 많이 했어요. '과연 내가 말을 잘할 수 있을까? 삼천포로 빠지는 거 아니야?' 했는데, 근데 애들이 의견이 다양했잖아요, 처음에. 애들 말하는 수준을 보고 '대단하다' 이런 느낌도 들고, 제가 몰랐던 사실을 알게 되니까 되게 유익했어요.   (H-2-NG-F3)

또한 학생들은 전보다 정치·사회적 이슈에 대한 흥미와 관심이 높아졌다는 점에 대해서도 많이 언급했다(9건). 이는 친구들과 대화하면서 몰랐던 내용을 알게 되거나 자신과는 다른 의견을 듣게 된 것과도 관련 있다. 구체적으로 관련 뉴스나 신문을 더 "관심 있게" 보기도 하고, 토론 후 적극적으로 관련 이슈에 대해 찾아보기도 했다. 특히 정치에 대한 관심을 직접적으로 언급했다(4건).

몰랐던 것 더 잘 알게 되니까 관심도 높아지는 것 같아요. (H-2-NG-M1)

여러 가지 뉴스에서 나오는 것도 좀 더 뉴스 볼 때도 그런 거에 대해서 좀 더 관심 있게 보는 거 같아졌어요. (E-6-NA-F1)

준비를 딱히 못 했는데 오히려 하고 나서 '아, 진짜 그런가?' 하고 찾아보긴 해요. ○○○ 학생이 되게 이런저런 사례 많이 들어서 '아, 진짜?' 하면서 집에 가서 찾아보기도 하고, 오히려 준비해 가는 게 아니라 가서 보고 듣고 다시 찾아보는 게 많은 것 같아요. (H-2-NG-F1)

정치에 관심을 가지고 좀 더 생각이 깊어진 것 같아요. 원래 평소에 정치에 관심이 사실 제가 별로 없는데, 이렇게 말하면서 이중에 또 들은 것도 '오, 이렇구나'라고 이제 알게 되고. (M-3-ND-F3)

이에 비추어 이슈 주제 토론이 학생들을 정치·사회적 이슈들에 자발적으로 접촉하도록 만드는 연결점으로 작용할 가능성을 엿볼 수 있다. 그런데 학생들이 토론을 통해 이슈에 대한 지식과 정보를 얻었다고 했을 때 정보의 양이나 정확성 못지않게 학생들이 체감하는 '이슈 주제에 대한 효능감'에 주목할 필요가 있다. 이슈 토론을 통해 접한 다양한 지식 정보가 학생들의 흥미와 관심과 연쇄 작용을 하면서 이슈 관련 자발적 행동 가능성을 높여 줄 수 있기 때문이다.

② 토론에 대한 선호 및 토론 역량 증가

학생들은 이슈 주제에 대한 지식이나 태도의 변화와 함께 토론에 대한 선호나 역량에서의 변화에 대해서도 많이 언급했다.

우선 이슈 주제에 대해 생각하거나 말하는 것을 더 잘하게 되었다고 했다(11건). 이슈 토론에 익숙해지면서 "생각도 더 많이 떠오르고" 이슈에 대해 말할 때 무슨 말을 해야 할지 "고민"을 덜 하고, "근거"를 들어서 말하거나 "자연스럽게" 말하기가 가능해졌다. 말하기가 편해지면서 스스로 "말하기 능력"이 늘었다는 느낌을 받기도 했다. 한 고등학생은 "스피치 연습"을 한 것 같다고 표현했다.

> 맨 처음에는 말을 좀, 뭐, 생각도 별로 없었고 그래서 그냥 … 잘 못 말했는데 계속 하다 보니까 익숙해지고 계속 생각도 더 많이 떠올라서 … 좀 더 말을 더 잘하게 된 것 같아요.　　　　　　　　　　　　　　　　　　　(E-6-NA-F1)

> 이거 안 할 때는요, 애들하고요 그냥 생각만 대충 말했는데, 이거 하고 나니까 근거랑 그런 거까지 다 … 뭔가 막 말빨이 세졌다고 해야 하나?
> 　　　　　　　　　　　　　　　　　　　　　　　　　　　(E-6-NA-M1)

> 옛날에는 이걸 문제를 보고, 그러니까 이걸 내가 이렇게 말하면 되나 이렇게 생각하고 그랬는데, 그것 때문에 고민을 많이 했는데 이제는 그래도 그것보다는 고민을 덜 하고 말할 수 있어요.　　　　　　　　　　(M-2-SB-M2)

일단 다섯 차례의 이슈 토론을 하면서 조금 더 말을 좀 자연스럽게 할 수 있었던 것 같고, 다른 친구들의 의견도 반영을 하면서 내 의견이 어떻게 잘못됐나 아니면 조금 고쳐야 되나 막 그런 것도 생각해 보게 된 거 같아요.

(M-2-SB-M1)

이와 더불어 토론을 선호하지 않았던 학생 중에 이슈 주제 토론을 경험하면서 토론을 좋아하게 되었다는 의견도 제시되었다(5건). 이전에는 다른 사람과의 충돌을 피하기 위해 "마음속으로 의견을 가지고 있는 게 더 낫다"라고 생각하거나 토론을 해도 바뀌는 게 없어서 "왜 토론(을) 하지"라고 생각한 경우도 있었는데, 토론을 하면서 생각이 정리되거나 대화 주제를 발견하는 등 "뭔가 도움"을 받고 재미있다고 생각하는 경험을 하면서 토론에 대한 생각이 변화했다는 것이다.

이제 조금 달라진 거 같아요, 이번 토론을 하면서. 처음에는 제가 제 마음속으로 의견을 가지고 있는 게 더 낫다고 생각했어요. 제가 이때까지는 … 좀 다른 애들한테 말하면 안 될 것 같았고, 좀 애들이 많이 반대할 수도 있을 것 같으니까. 그래서 제 마음속에 생각하고 가족들과 많이 얘기하고 그랬는데, 이 토론을 하면서 친구들과도 더 많이 말하게 되었고 그런 점에서 좀 더 토론을 좋아하게 된 거 같고.

(M-2-SB-M1)

사회랑 그런 거 토론할 때 좀 '별로 바뀌는 것 같지도 않은데 왜 토론하지' 그런 식으로 생각했던 것 같아서 (중략) 지금은 그래도 재밌는 것 같아요. 지금은 이렇게 막 하다 보니까 생각도 정리할 수 있는 것 같고, 이렇게 생각을 확장할 수도 있는 것 같아요.

(M-3-ND-F2)

이제 생각이 바뀐 것 같아요. 이렇게 토론해 보니까 뭔가 도움이 되는 것 같아요. 이렇게 토론해서 아빠한테도 같이 말할 수 있고 더 대화할 주제가 많

이 생기는 것 같기도 해요.　　　　　　　　　　　　　　　　(M-3-NG-F1)

이슈에 대한 자기 생각을 전개하는 것은 이슈 토론의 가장 중요한 출발점이다. 또 이를 표현하는 능력은 의사소통 과정에서 기본적인 역량이다. 앞서 살펴본 바와 같이 교사들의 추천을 받아 연구에 참여한 학생들 중에도 토론 초반에 이슈에 대해 생각하고 말하기의 어려움을 드러낸 경우가 있었다. 학생들이 체감한 토론 능력 향상은 일정한 형태로 반복되는 토론 경험을 통해 이루어진 변화일 수 있다. 한편 토론에서의 긍정적 경험이 학생들의 토론 선호로 연결될 수 있다는 점도 주목할 만하다.

③ 자기 의견의 정리와 명료화

이슈 주제와 토론에 대한 지식 및 태도와 함께, 학생들이 자주 언급한 것은 이슈에 대한 자신의 의견을 정리하고 명료화할 수 있었다는 점이다(11건). 학생들은 이슈 자료를 읽고 생각하면서 자신의 관점과 입장을 확인하는 과정을 거치고, 또 다른 학생과 대화하면서 자기 의견을 "수정"하거나 "보충"하면서 "의견을 키워 나가는" 데 도움을 받는다. 또 자신의 생각을 "다시 한번 정리"하거나 "관점을 뚜렷하게 생각"해 보며 "자기의 것"을 만드는 경험을 한다. 이는 주어진 것을 받아들이는 교과목 수업에서보다 "훨씬 살아 있다는 느낌"을 주는 것이었다. 이때 '다른 의견을 통해서 자기를 보기'라는 미러링 효과(거울 효과)를 경험하기도 한다. 학교 급별로 보았을 때, 자기 생각의 정리와 확장에 대해서는 중학생(7건)과 고등학생(4건)이 언급했다.

다른 친구들의 의견도 반영을 하면서 내 의견이 어떻게 잘못됐나, 아니면 조금 고쳐야 되나 막 그런 것도 생각해 보게 된 것 같아요.　　　(M-2-SB-M1)

제 생각을 다시금 정리해 보게 된 것 같아요. 그니까 제가 사회를 바라보는 관점들이나 그런 게 아직 뚜렷하지 않았는데 조금 더 이 기회를 통해서 다시 제 관점을 뚜렷하게 생각해 보고 다시금 돌아볼 수 있는 기회가 됐던 것 같아요. (H-2-NS-F1)

뭔가 혼자만이 아니라 이제 같이 공론화해서 같이 한번 토론해 볼 수 있는 그 기회가 있다는 거 … 자기가 무언가를 만들어 내는 거고, 자기의 것이잖아요. … 일반 교과목 수업 같은 경우에는 받아들이는 입장이 조금 세고, 뭐 토론식 교육이나 이런 거는 아직 정착이 되지 않아서 아직 미비하기도 하니까 그니까 훨씬 살아 있다는 느낌을 받아요. (중략) 이렇게 얘기를 하게 되면서 … 다른 의견을 통해서 저도 보고 그러니까 제 의견을 통해서 다른 의견도 보고. (H-2-SH-F1)

그렇다면 토론 과정에서 이슈에 대한 의견은 어떻게 변화할까? 평소 생각과 다름이 없다(2건)는 경우도 있었지만, 입장 자체가 변화되지는 않았어도 이슈에 대해 좀 더 "깊게 생각"하거나 자기 "의견을 뒷받침"하거나 좀 더 "여러 방향으로 생각"하는 등 '의견의 정교화'가 이루어졌다는 학생들도 있었다(5건).

이와 달리 토론에 참여하면서 입장이 바뀐 경우들도 많았다(9건). 통일 반대에서 찬성으로, 통일 찬성에서 반대로, 북한 이탈 주민에 대한 비호감에서 호감으로, 다자녀 혜택 반대에서 찬성으로, 대형 마트 휴무 영업 찬성에서 반대로 바뀐 사례들처럼, 학생들이 토론 과정에서 접한 새로운 정보나 다른 주장 및 근거의 타당성에 공감하면서 자신의 의견을 바꾼 것이다. 이런 의견 변화는 고등학생에 비해 초등학생(4건)과 중학생(4건)들이 더 많이 언급했다.

제 의견이 완전히 바뀌지는 않았지만 그래도 조금은 '아, 이렇게 될 수도 있겠구나!' 다른 친구들 의견 들으면서 해서 오히려 좀 더 제 의견을 좀 더 약간 뒷받침할 수 있는 그런 것을 더 생각했어요.　　　　　　　　　　(M-1-SD-F1)

저는 생각이 바뀐 것도 있고, 바뀌지 않았지만 더 그거에 대해서 깊게 생각해 본 것도 있는데 … 꼭 통일을 해야 하나 … 이런 생각도 가지고 있었는데, 이걸 하면서 통일이 됐을 때 더 이익이 크기 때문에 할 수 있다면, 피해를 많이 보지 않는다면 하는 게 더 좋겠구나, 라는.　　　　　　　　(E-5-SD-F2)

여러 번 있었는데 (중략) 일단 나머지 세 친구의 말을 듣고 그 친구들의 의견을 통해서 제 생각을 정리한 다음에 말을 하는 편인데, 그 와중에 바뀐 적도 꽤 있었고요. 아니면 제가 처음에 말했는데 그 뒤에 말한 친구의 의견이 제 의견을 반박하는 거였는데 갑자기 저도 그 친구의 의견도 맞다고 생각돼서 아차 싶었던 적도 있었어요.　　　　　　　　　　　　(M-2-SB-F1)

　　한편 입장 변화가 없다고 한 학생들도 자신의 의견은 달라지지 않았지만 자신과 다른 의견에 공감하게 되었다는 경우도 있었다. 이에 비추어 이슈 토론 과정이 '자신의 확인 과정'임과 동시에 나와 다른 '타인의 이해 과정'이 될 수도 있음을 알 수 있다. 이를 통해 정치·사회적 이슈에 대해 서로 다른 입장을 가졌지만 상대방의 입장과 의견에 공감이 가능한 '정치적 입장의 점이 지대'를 넓혀 갈 수 있는 가능성을 엿볼 수 있다.

3 종합

1) 이슈 토론 활동의 의미: 비대립적 이슈 대화를 통한 정치적 의견 형성의 장

초·중·고 학생들의 이슈 토론 활동 경험을 분석한 결과는 다음과 같이 요약할 수 있다.

첫째, 이슈 주제 토론에 참여한 학생들은 토론 활동 경험에 대해 긍정적으로 반응했다. 활동 초반에 부정적인 느낌을 가진 학생들도 대화와 토론 참여가 지속되면서 긍정적 반응으로 변화했다.

둘째, 이슈 주제와 관련하여 학생들은 이슈 주제 중 일부가 모르는 단어나 아는 주제가 아니라는 점에서 어렵다고 생각했다. 이슈 주제 중에서는 자신의 일상과 관련된 주제를 친숙하게 느끼고, 사전 지식이나 경험이 있는 주제 또는 토론이 활발하게 이루어진 이슈 주제를 기억에 남는 주제로 꼽았다. 그러나 잘 모르거나 평소 대화하기 어려운 금기 주제에 대해 토론해 본 것에 의미를 부여하기도 했다.

셋째, 학생들은 주제 및 내용 이해, 논제와 질문 파악, 주장과 근거 확인, 사고와 말하기에 도움이 된다는 점에서 토론 자료가 필요하다고 보았다. 자료 형태와 관련해서는 정보 제시형 자료보다는 대화형으로 구성된 자료가 실제성, 구체성, 명료성, 사고와 말하기 촉진의 측면에서 더 유용하다고 보았다.

넷째, 학생들은 이 연구에서 경험한 이슈 토론 방식이 서로 공격하거나 경쟁하지 않는다는 점에서 기존 토론 방식과는 다르다고 보았다. 또한 편안한 분위기에서 자신의 의견을 솔직하게 이야기하거나 자유롭게 의견을 바꿀 수도 있다는 점을 차별화되는 특징으로 파악했다.

다섯째, 학생들은 우리 사회의 이슈에 대해 대화를 나누면서 다른 사람들의 다양한 의견을 듣고 이슈에 대해 깊이 사고할 기회를 가졌다는 점을 중요하게 생각했다.

여섯째, 토론 활동에 참여하여 나타난 변화와 관련하여 학생들은 이슈에 대한 지식과 흥미가 증가했다는 점, 토론에 대한 선호와 토론 능력이 증가했다는 점, 이슈에 대한 자신의 의견을 정리하고 확인할 수 있었다는 점에 주목했다.

이상의 분석 결과를 종합해 볼 때, 이슈 스토리 기반 토론에 참여한 학생들에게 이슈 토론은 '자료와 교사의 안내를 받아 이루어진 비대립적 대화(safe and guided non-confrontational issues dialogue)를 통해 자신의 정치적 견해를 확인해 가는 장(場)'으로서의 교육적 의미를 갖는 것으로 해석할 수 있다. 이슈 토론을 하면서 학생들은 이슈를 이해하고, 이에 대한 입장을 정하고, 표현하는 것과 관련하여 때론 어려움을 겪기도 했다. 하지만 이해하기 쉬운 형태로 이슈에 대한 정보를 담은 자료들과 중립적이고 사고를 촉진하는 교사로부터 도움을 받을 수 있었다. 또한 다른 사람과 경쟁하거나 대립할 걱정 없이 정치·사회적 이슈에 대한 자신 및 타인의 생각과 의견에 집중하는 기회를 가질 수 있었다. 이런 안전하고 편안한 분위기 속에서, 다른 사람들의 의견을 자유롭게 참조하여 자기 의견을 확인하고 수정, 변경하면서 스스로의 의견을 형성하는 경험을 할 수 있었던 것이다. 학생들은 이러한 과정에서 경험한 스스로의 성장과 변화에 대해 긍정적으로 평가했다. 이렇게 자신의 가치관이나 세계관을 확인하고 의심하면서 스스로 확인한 정치적 견해는 가상의 연습용이 아니라 실체성을 갖는다는 점에서 의미가 있다.

2) 제언 및 시사점

대의 민주주의의 한계에 대한 비판과 함께 민주시민성의 요체로서 정치·사회적 이슈에 대한 시민 개개인의 의사 결정과 판단 능력의 중요성이 부각되고 있다. 그런데 우리 사회의 학생들은 정치·사회적 이슈에 대한 대화나 토론 경험이 많지 않을 뿐 아니라 이와 관련한 다양한 어려움을 호소하고 있다. 실상 이슈 대화나 토론에 참여하기 위해서는 이슈에 대한 정보뿐 아니라 기본적인 의사소통 능력 등 종합적인 역량이 필요하다. 학교 시민교육 과정에서 학생들은 이슈 관련 역량이 갖춰진 상태에서 이슈 대화나 토론에 참여하는 것이 아니다. 오히려 역량이 부족한 상황에서 이를 키우기 위한 지속적인 경험을 필요로 한다. 그러나 이를 위한 다양한 시도와 그 결과에 대한 면밀한 분석보다는 우려의 시선과 회의적 태도가 지배적이다.

5부에서는 이슈 스토리 기반 토론에 참여한 초·중·고 학생들의 반응을 분석하여 정치·사회적 이슈 토론의 가능성을 탐색하고 구체적인 전략을 모색해 보고자 했다. 연구 결과를 바탕으로 학교 민주시민교육을 위한 시사점을 다음과 같이 추출할 수 있다.

첫째, 초·중·고 학생들은 우리 사회의 실제 정치·사회적 이슈를 주제 삼아 토론을 벌일 수 있다. 앞서 기술한 바와 같이, 이슈 토론의 효과에 대한 긍정적 평가가 있음에도 이슈 토론 적용이 가능한가에 대한 논의가 지속되어 왔다. 특히 초등학교 단계에서 이슈 토론 도입 여부는 쟁점에 해당한다. 그런데 이 연구에 참여한 초등학생들의 전반적인 반응과 변화의 모습은 이슈 토론 적용이 가능할 뿐 아니라 필수적임을 보여 준다. 이 연구를 통해 만난 초등학생들은 토론을 마친 이후에도 친구들이나 가족 구성원들과 토론을 이어 가고, 개인적으로도 이슈에 대해 반복하여 생각하는 모습을 보여 주었다. 또한 전체적으로 다른 사람들의 지식과 의견에 매우 유연하게 반응하는 만큼, 가능하면 일찍부터 다른 사람들과 이슈에 대한 이야기를 나눌 수 있는 기회를 제공할 필요가 있다.

이때 학생들의 일상에서 접촉 가능한 이슈들을 주제로 삼아 학생들의 몰입을 이끌어 낼 수 있다. 대부분 학생들은 자신의 일상과 관련된 이슈들에 큰 관심을 보였다. 자신의 삶과 연관된 문제들이 사람들 사이에 이견이 존재하는 이슈라는 점을 알게 되면, 정답이 아니라 타협점을 찾아가는 민주 사회의 작동 원리를 보다 빠르게 이해할 수 있다. 따라서 학교 민주시민교육에서 이슈 토론을 초등학교 단계부터 도입하고, 학생들이 자신의 실제 생활 세계에서 접하는 문제들에 대해 이야기할 수 있는 기회를 제공할 필요가 있다.

둘째, 안전한 토론 환경을 만들기 위해 중립적인 교사의 안내하에 비대립적인 방식으로 대화하는 환경을 조성할 필요가 있다. 이 연구에 참여한 초·중·고 학생들은 이미 학교 교육이나 학원 수업, 또는 토론 대회 등에 참여하면서 이슈 토론에 대해 부정적인 경험을 하고 있는 것으로 나타났다. 다른 사람의 의견을 무조건 반박해야 하거나 다른 사람으로부터 공격당하는 환경에서 이루어지는 이슈 토론은 자신과 생각이 다른 타인을 '적'으로 인식시키는 부작용을 낳고 있었다. 초·중·고 학생들은 자신의 정치적 견해를 실험하고 새로운 생각에 도전하는 다양한 사고 실험의 과정에 놓여 있다. 그런데 '오늘의 의견'을 '불변의 의견'인 것으로 여겨 더 생각할 기회를 갖지 못한다면, 이른바 시민으로서의 '잠재태'를 다양한 방향으로 확장할 수 있는 가능성을 발휘하기 어려울 것이다. 나와 타인의 의견을 분리하고 자신의 정치적 입장을 고정된 것으로 여기는 접근 방식은 사회 전체적으로 양극단이 아닌 중간 지대의 목소리를 제거하고, 서로 간의 정치적 타협을 위한 여지를 거의 남겨 놓지 못하는 상황으로 이어질 수 있다

(Hess & McAvoy, 2015: 8). 이 연구에서 학생들은 대립, 반박, 경쟁이 없는 토론 환경을 매우 신선하고 새로운 것으로 인식했다. 이는 학교 민주시민 교육에서 이슈 토론을 일종의 탐색 및 실험의 기회로 삼을 수 있도록 안전한 토론 환경을 마련해야 할 필요성을 제기한다. 이때 교사는 학생들의 의견 탐색 과정을 돕는 관찰자, 지원자, 촉진자의 역할을 수행할 수 있다.

셋째, 이슈 토론을 통해 학생들에게 정치·사회적 이슈에 대한 자신의 의견을 형성할 기회를 제공할 필요가 있다. 학생들의 민주시민성 함양과 관련하여 이슈 토론은 다양한 측면에서 효과를 갖는 것으로 알려져 있다. 이런 측면에서 학교 교육에서 이슈 토론은 학생들의 민주주의와 관련된 지식, 기능, 가치 태도 및 행동적 정향 등 다양한 교육 목적 달성을 위한 효과적인 전략으로 도입된다. 그러나 정작 이 과정에서 학생들 스스로가 자신의 시민적 정체성, 정치적 지향성에 대해 실질적으로 고민할 기회를 제공해야 한다는 점은 소홀히 여겨진다. 그런데 이 연구에서 학생들은 다른 누군가의 입장을 대변하거나 가상의 의견을 제시할 필요 없이 온전히 자기 자신의 의견을 탐색하고 있었다. 바로 이런 경험이 이슈 토론을 살아 있는 경험으로 만들어 준다. 이러한 점에 비추어, 학교 민주시민교육을 살아 있는 교육의 장으로 만들기 위해서는, 학생들이 자신의 진정한 의사 형성 과정을 경험할 수 있도록 돕는 기회를 제공해 줄 필요가 있다.

넷째, 이슈에 대한 정보와 관점, 심화 질문으로 구성된 스토리 기반 자료를 유용하게 활용할 수 있다. 이 연구에 참여한 학생들은 토론 자료의 필요성을 강조하면서, 자료 구성 방식으로 정보 요약형보다는 대화형을 선호한 것으로 나타났다. 인물들 간의 대화에 이슈에 대한 정보와 관점을 녹여 내는 방식이 학생들이 이해하기에 쉽고 활용 가능성도 높다는 것이다. 무엇보다 이슈 대화를 실제 상황으로 인식하게 함으로써 현실에서 접하기 어려운 성인이나 주변 사람들과 이슈에 대해 대화하는 상황을 제공할 수 있다. 특히 이슈 주제 이해에 어려움이 있는 학생일수록 스토리 기반 자료의 유용성을 강조하는 모습이 나타났다. 따라서 학교 급이 낮은 학생들, 이슈 대화를 접할 기회가 많지 않은 학생들, 이슈 주제에 대한 지식과 정보가 부족한 학생 집단을 위해 현실적인 이슈 주제들에 대한 스토리형 자료를 지속적으로 축적할 필요가 있다. 다만 이슈 변동 속도에 비해 토론 자료 제공 속도가 미치지 못할 수 있다는 점에서, 비교적 우리 사회에서 반복적으로 나타나는 이슈 주제 영역을 중심으로 대표적인 자료를 구축해 놓는다면 학교 민주시민교육 지원에 유용할 것이다.

이상의 시사점과 관련하여 마지막으로 학교 민주시민교육을 위한 이슈 학습이나 토론의 목표를 재설정해야 함을 주장하고자 한다. 이슈 대화 및 토론은 어떤 목표 달성을 '위한' 수단이나 방법이라기보다는 경험과 과정 '그 자체가 목표'가 되어야 한다. 다양한 사람들이 모여 사는 다원화된 민주 사회에서는 하나의 이슈에 대해 의견이 다른 구성원들이 자연스럽게 모이게 된다. 이들에게 섣부른 합의나 의사 결정을 요구하기보다는 서로 생각이 다른 사람들과 합리적으로 의사소통하며, 자신의 생각을 탐색하면서 민주 사회 구성원으로 성장하는 과정을 경험할 수 있는 안전한 교육의 장을 제공해 주는 것이 학교 민주시민교육이 담당해야 할 중요한 기능이다. 이 연구에서 제시한 학생들의 목소리를 통해 그것이 가능하며, 그러한 경험 속에서 학생들이 어떻게 스스로를 성찰해 가는지를 확인할 수 있다.

기존 연구들은 시민성이 '없는' 존재에서 시민성을 '가진' 존재로 학생들이 이행해 가는 것으로 전제하였다. 그래서 시민성 교육은 대부분 성인의 관점에서 청소년 시민성이 가진 문제점을 지적하고, 어떻게 이를 개선하고 처방할 것인가에 집중해 왔다. 하지만 이 연구에서는 청소년 시민성이 규범적으로 옳고 그르다고 판단하고 평가하기 전에, 모든 청소년은 시민성의 잠재태를 가지고 있으며 탐색과 모색의 과정을 거쳐서 스스로의 시민성을 형성해 간다는 전제하에 이슈 토론의 조건을 설정하고 그 가능성을 확인했다. 이렇게 볼 때 학교 민주시민교육은 바람직한 시민성의 모습을 제시하는 것 못지않게 학생들이 안전한 환경에서 스스로의 시민성을 탐색해 나갈 수 있는 기회를 제공하기 위한 노력을 기울여야 할 것이다.

한편 학교 민주시민교육에서 이슈 대화 및 토론의 성패는 그 목표를 어떻게 설정하는지에 따라 달라질 수 있다. 특정 이슈에 대한 지식 정보의 수준이나 토론 역량을 최우선 목표로 설정할 경우, 학교 교육에서 이루어지는 이슈 대화나 토론의 효과, 학생들의 성장과 변화에 대한 판단은 부정적일 수 있다. 하지만 현재 진행 중인 사회적 이슈를 접하고 생각이 다른 사회 구성원들과 의사소통하면서 자기 스스로의 사고를 형성하는 과정을 경험하는 것 그 자체를 목표로 설정한다면, 이슈 대화 및 토론 경험은 그 자체로 교육적일 수 있다. 이때 중요한 것은 '교육 효과'의 달성보다는 학생들에게 이슈에 대한 다양한 생각을 자유롭게 탐색할 수 있는 안전한 환경을 마련해 주는 것, 그리고 그 과정에서 스스로 우리 사회의 이슈를 다룰 수 있다는 효능감을 가질 수 있도록 돕는 것일 수 있다. 이를 위해 향후 학교 민주시민교육에서 '안전한 이슈 대화 및 토론 환경'에 대한 논의가 더욱 활성화되기를 기대한다.

6부

학교 교실에서의 이슈 수업에 대한 학생들의 생각은 어떠한가?[1]

1 연구 개관

1) 연구 질문

학교 수업에서 정치·사회적 이슈에 대해 다룰 필요가 있는가? 그렇다면 수업에서 어떤 방식으로 이슈를 다루어야 할까? 이는 사회적 논쟁 문제를 주요 학습 주제로 다루어 온 사회과교육의 '오랜 화두'로 국내 학계에서는 어느 정도의 합의점이 형성되어 있는 질문들이다. 그러나 최근 우리 사회의 정치적 양극화 현상에 대한 우려와 함께, 학교에서 사회적으로 민감한 이슈들을 다루는 것이 민주시민교육의 측면만이 아니라 사회적으로도 뜨거운 논쟁거리로 떠오르고 있다.

사회과교육 및 민주시민교육에서 오래 지속되어 온 학문적 논쟁에서는 정치·사회적 이슈를 다루어야 한다는 의견이 정설이다. 오히려 걱정할 바는 학교 교육에서 사회적 이슈가 필요한 정도에 비해 덜 다루어지고 있다는 점이다(박윤경·이승연, 2015b; 이쌍철 외, 2019). 이는 이슈 교육에 대한 학교 및 교사의 적극적인 자세를 요구한다.

그런데 학교 현장에서는 학교와 교사들의 적극적인 시도가 학생과 학부모의 문제 제기 및 사회적 비판의 대상이 되고 있는 형국이다. 일례로 서울의 한 고등학교에서 행한 계기 교육이 학생의 자율권을 침해했다는 논란에 휘말리면서, 학교 내에서 이루어진 교육적 행위의 적합성에 대한 판단이 학교를 넘어 사회적 논쟁거리가 된 바 있다(한국일보, 2019. 12. 18). 이러한 사회 분위기는 일종의 간접 경험을 통해 학교 교육에서 정치·사회

---

1   6부의 내용은 필자가 공저한 「학교 수업에서 정치사회적 이슈를 다룬다는 것의 의미 이해: 서울 지역 중·고등학생들에 대한 질적 사례 연구」(박윤경·조영달, 2020)의 내용을 수정 및 보완한 후 재구성하여 작성하였다.

적 이슈를 다루기를 꺼리는 자기 검열 기제로 작동함으로써, 동시대의 다른 학교와 교실에서의 이슈 학습을 위축시킬 우려가 있다.

전반적인 학문적 논의와 학교 민주시민교육 강화라는 정책 흐름에 비추어 학교에서 정치·사회적 이슈를 다루는 것의 적합성에 대해 새삼 논의하는 것은 비효율적이며, 사회 구성원 다수가 참여하는 사회적 대화를 통해 우리 사회가 안고 있는 거대 과제의 해법을 도출하고자 하는 현 시대 민주주의의 흐름에 비추어도 적합하지 않다. 그렇다면 관건은 학교 교육에서 정치·사회적 이슈를 어떻게 다룰 것인가에 대한 교육적 방향성을 설정하는 것이다. 이는 교육계뿐 아니라 사회 구성원 다수를 포함하는 일종의 공론화 과정을 요구하는 문제일 수 있다. 이에 6부에서는 앞으로 이어질 학문적, 사회적 논의에 시사점을 제공하기 위해 정치·사회적 이슈 학습의 당사자인 학생들의 목소리(the student voice)에 우선적으로 귀를 기울이고자 한다.

구체적인 연구 질문은 다음과 같다.

첫째, 학생들은 학교 수업에서 정치·사회적 이슈를 다루는 것에 대해 어떻게 생각하는가? 이 질문은 크게 학교 수업에서 정치·사회적 이슈를 다루는 것, 그리고 사회적으로 민감한 이슈의 의미와 이를 수업에서 다루는 것에 대한 의견을 포함한다. 이때 정치·사회적 이슈란 "사회 구성원의 관점에 따라 생각과 입장의 차이가 드러나는 정치, 사회적으로 중요한 문제들"을 말하며(박윤경·이승연, 2015a: 92), 이슈 수업이란 정치·사회적 이슈 수업을 의미한다. 또한 민감한 이슈란 정치·사회적 이슈 중에서 학생들이 특히 민감하다고 생각하는 이슈를 의미한다.

둘째, 학생들은 학교 수업에서 정치·사회적 이슈를 어떤 방식으로 다루어야 한다고 생각하는가? 이 질문은 크게 이슈 수업에서 토론에 대한 선호 여부와 수업에서 교사가 이슈를 다루는 방식에 대한 의견을 포함한다.

후자의 경우, 구체적으로 교사가 이슈에 대한 서로 다른 의견을 모두 제시하는 것, 옳은 의견을 제시하는 것, 교사의 의견을 공개하는 것에 대한 의견을 포괄한다. 이때 해당 질문에 대한 찬반 여부 자체보다 찬성하거나 반대하는 이유를 파악하는 데 중점을 두고자 한다. 이는 학생들이 표시한 의사 자체보다 그 밑에 깔린 전제, 논리 및 근거에 대한 이해를 통해 이슈 수업에 대한 학생들의 기대와 우려를 더 잘 파악할 수 있으며, 이를 바탕으로 '학교 수업에서 정치·사회적 이슈를 다룬다는 것'에 대해 학생들이 구성하는 심층의 의미를 드러낼 수 있다고 보기 때문이다.

이러한 연구 질문을 중심으로 우리 사회의 학생들이 학교 수업에서 정치·사회적 이슈를 다루는 것과 관련하여 어떤 기대와 우려를 갖고 있는지를 드러냄으로써 학생들이 형성하는 이슈 학습의 의미를 이해하고, 이를 바탕으로 학교 수업에서 정치·사회적 이슈를 다룰 때 견지할 교육적 원리를 도출하기 위한 시사점을 제시하고자 한다.

2) 연구 참여자

학생들이 구성하는 학교 이슈 수업의 의미를 이해하기 위해, 서울 지역 중학생과 고등학생을 대상으로 질적 사례 연구를 수행했다. 질적 사례 연구는 하나의 사회적 단위나 현상에 해당하는 사례를 총체적으로 서술하고 분석하는 연구 방법으로(Merriam, 1988: 45), 연구의 목적이 가설 검증이나 이론 도출보다는 현상을 깊이 있게 이해하는 데 있다(박윤경, 2004: 3). 이 연구에서는 질적 연구의 관점에서 학교에서 이루어지는 이슈 수업에 대한 학생들의 생각을 총체적으로 드러내고, 그러한 생각의 이면에 내재된 의미를 전체적인 맥락 속에서 파악하고자 했다.

연구 참여자는 연구 자료를 풍부하게 생성해 낼 수 있도록 일종의 준

거 기반 표집 방법인 의도적 표집 방법(LeCompte & Preissle, 1993: 64; Patton, 2002: 46)으로 선정했다. 구체적으로 학업 성취, 표현력이나 수업 참여, 리더로서의 성장 가능성을 선정 기준으로 설정해 각 학교의 사회과 교사들이 이를 참고하여 비교적 학업 성적이 우수하고, 임원 경험이 있거나, 사회 수업에서 토론이나 발표에 적극적으로 참여하는 학생들을 추천했다. 교사의 추천을 받은 학생들에게는 사전에 연구의 목적과 취지, 구체적인 면접 방법 및 연구 참여자의 권리(연구 목적 외 자료 비공개, 익명성 보호 및 참여 중단 등)에 대해 안내하고, 학생과 학부모의 서면 동의(연구 참여 여부, 녹음 및 녹화 각각)를 받아 최종 참여자를 선정했다.

심층 면접에 참여한 학생들은 중학생 21명과 고등학생 17명으로, 5부에서 제시한 이슈 토론에 참여한 학생들과 동일하다. 학교 소재지를 기준으로 할 때, 강남 지역(서초구, 강남구, 송파구)과 그 외 지역의 중학교와 고등학교 각각 2개씩, 총 8개 학교에서 학교별로 4명에서 7명 내외의 학생이 참여했다. 실제 면접 일정을 기준으로 중학생은 세 학년에 걸쳐 있으며(1학년 4명, 2학년 7명, 3학년 10명), 고등학생은 모두 2학년에 해당한다. 비교적 다수의 학생들을 연구 참여자로 포함함으로써 질적 연구의 특성상 면접 참여자의 중도 이탈로 인한 자료의 손실 가능성을 완화하고 참여자의 특성에 따른 자료 생성의 차이를 보완할 수 있으며 학교 급, 성별, 학교 소재 지역별로 학생들의 이슈 수업 경험 및 이에 대한 생각의 다양성을 포괄할 수 있다는 장점이 있다. 구체적인 연구 참여자의 구성은 [표 6-1]과 같다.

3) 자료 수집 및 분석

이 연구는 미성년 대상 연구로 필자가 소속된 대학의 생명윤리위원회

[표 6-1] 연구 참여자의 구성

학교	중학생		학교	고등학생	
	남학생	여학생		남학생	여학생
가	A·B(1)	C·D(1)	마	A·B(2)	C·D(2)
나	E·F(2)	G·H(2)	바	E·F·G·H(2)	-
다	I·J(3), M(2)	K·L(3), N·O(2)	사	L·M(2)	I·J·K(2)
라	S·T(3)	P·Q·R·U(3)	아	N·O(2)	P·Q(2)

*( )은 면접 참여일 기준 학년임.

(IRB)의 사전 심의를 거쳐 연구를 진행했다. 이슈 수업에 관한 학생들의 의견은 개별 심층 면접을 통해 수집했다. 면접은 기본적으로 학생별로 1회씩 이루어졌는데, 학생들의 일정을 고려하여 사전 동의를 구한 후에 2인이 함께 면접을 진행한 경우도 있다.

개별 면접은 반구조화된(semi-structured) 질문지를 활용하여 이루어졌다. 주요 면접 질문은 [표 6-2]와 같이 박윤경과 이승연(2015b)의 연구에서 개발한 이슈 수업 방법에 대한 6개의 문항을 기본으로 하되, 좀 더 깊이 있는 자료 생성을 위해 학생들이 생각하는 사회적으로 민감한 이슈의 의미, 수업 중 교사의 정치적 발언과 교사의 정치 참여에 대한 의견을 묻는 질문을 추가했다.

연구에 참여한 학생들은 개별 면접이 이루어지기 전에, 주요 면접 질문이 포함된 질문지에 자신의 의견을 4점 척도 중 하나(매우 그렇다, 그렇다, 그렇지 않다, 전혀 그렇지 않다)로 자유롭게 표시하여 제출했다. 개별 면접은 학생들이 응답한 질문지를 바탕으로 이루어졌는데, 면접은 학생들의 반응 양상을 양적으로 비교·분석하기보다는 학생들이 각 질문의 내용을 어떻게 해석하고, 왜 그렇게 응답했는지에 초점을 두어 진행했다. 이 과정에서 학생들의 '표시 의사'의 심층에 깔린 전제와 가정들, 그리고 그러한 생각들에

[표 6-2] 주요 면접 질문

구분			질문 문항
1	이슈 수업의 필요성		학교 수업 시간에 우리 사회의 정치·사회적 이슈에 대해 다루어야 하는가?
2			사회적으로 민감한 이슈도 수업에서 다룰 필요가 있는가? 사회적으로 민감한 이슈란 무엇인가?
3	이슈 수업 방식	토론 선호	수업 시간에 정치·사회적 이슈를 다룰 때 강의와 토론 중에서 어떤 방법이 더 좋은가?
4		교사 역할	수업 시간에 정치·사회적 이슈를 다룰 때 서로 다른 의견을 모두 알려 주어야 하는가?
5			수업 시간에 정치·사회적 이슈를 다룰 때 어떤 의견이 더 옳은지 교사가 알려 주어야 하는가?
6			수업 시간에 정치·사회적 이슈를 다룰 때 교사가 학생들에게 자신의 의견을 공개하는 것이 좋은가?

관련된 경험들을 파악하고자 했다. 질문의 순서는 학생들의 답변 내용에 따라 흐름에 맞게 조정했으며, 필요한 경우에는 탐색적 질문을 추가했다.

전체 면접은 2014년 1학기부터 2015년 1학기 사이에 중학생과 고등학생의 순으로 순차적으로 진행했다. 구체적으로 중학생 면접은 2014년도 7월부터 2015년 2월 사이에 이루어졌고, 고등학생 면접은 2014년 12월부터 2015년 7월 사이에 이루어졌다. 면접 내용은 학생과 학부모의 사전 서면 동의를 받아 모두 녹음 또는 녹화했다.

면접 자료 분석은 질적 자료 분석의 일반적인 특성을 반영하여 자료를 반복하여 읽으면서 포괄적인 면접 내용을 주제별로 분류하고, 주제별 내용을 다시 세부 내용으로 점차 범주화해 나가는 귀납적인 방식으로 이루어졌다(Miles & Huberman, 1994; 박윤경, 2004; 조영달, 2015). 구체적으로는 자료 범위의 확인, 의미 단락 추출, 주제 영역별 범주화, 하위 범주의 정교화, 전체 현황 집계 및 종합적 의미 해석의 단계로 진행되었다(박윤경, 2020).

주요 분석 절차를 상술하면 다음과 같다. 먼저, 전체 면접 자료 중에서 연구 질문과 관련된 자료들을 의미 단락 단위로 발췌했다. 의미 단락은 하나의 독립된 주제를 포함한 면접 자료로 "잘 알려지지 않은?"과 같이 불완전한 문장 수준부터 하나의 완성된 문장 수준, 또는 둘 이상의 문단이 결합된 수준에 이르기까지 자료의 분량 면에서 다양하다. 의미 단락을 추출할 때는 자료의 내용이 왜곡되거나 의미가 훼손되는 것을 최소화하기 위해 가능한 한 범위를 폭넓게 설정하여 추출했다.

이렇게 의미 단락 단위로 모든 자료를 추출한 뒤, 주제의 유사성이 높은 의미 단락들끼리 묶어서 분류했다. 이때 주제 영역은 주요 연구 질문의 내용을 반영하여 먼저, 학교 수업에서 이슈 다루기, 사회적으로 민감한 이슈 다루기, 이슈 수업 방식 및 이슈 수업에서 교사의 역할을 중심으로 크게 구분한 후, 그 안에서 다시 하위 주제와 면접 자료의 내용을 반영하여 범주를 세분화했다. 일례로 민감한 이슈 다루기에 대한 의견의 경우, 처음에는 자료를 학생들의 입장에 따라 크게 찬성, 중립, 반대로 구분하고, 다시 그 의견의 내용을 반영하여 기대와 우려로 하위 범주를 추출한 다음, 각 범주별로 세부 내용을 분류했다. 예를 들어 '우려' 범주는 교사의 중립성, 교사의 영향, 학생 간 대립과 충돌, 놀림, 상처, 말실수, 분위기 저하, 이해 어려움 등으로 분류했다. 범주의 정교화 과정에서 범주 및 세부 내용을 반영하여 의미 단락별로 기술적인 분류 코드를 부여하고(예를 들어 [민감한 이슈 다루기-중립-우려-학생 간 대립과 충돌] 등), 이를 바탕으로 학생 의견의 전반적인 현황을 파악하기 위해 더 많이 제시된 의견과 소수 의견을 수치화했다. 그러나 질적 자료의 특성상 수치의 많고 적음을 단순 비교하기보다는 연구에 참여한 학생들이 집합적으로 구성하는 의미를 도출하는 데 초점을 두어 해석하고자 했다.

2 학교 수업에서 정치·사회적 이슈 다루기에 대한 의견

1) 수업에서 정치·사회적 이슈 다루기의 필요성

학교 수업에서 정치·사회적 이슈를 다루는 것에 대해 학생들 대다수는 긍정적인 의견을 제시했다. "아무리 학생이라도" 이슈에 대해서 "알아야 할 건 알아야" 하며, 이슈를 다룸으로써 학생들이 정치나 사회에 대해 "관심이 많이 생기고", 학생들이 "살아가는 데 도움"이 된다는 것이다. 구체적으로 사회 이슈에 대한 "더 많은 배경지식"을 알게 되어 자신의 "의견을 형성"하거나, 나중에 어른이 되어 사회로 나가 사회 문제를 논의할 때 "옳지 못한 판단"을 줄일 수 있다는 점 등을 이슈를 다루는 것의 유용성으로 언급했다. 특히 이슈를 학교 수업에서 다뤄야 한다고 생각하는 데는 학생들이 하루 중 학교에 머무는 시간(또는 학교 수업 시간)이 가장 길다는 점 외에도, 학교 외에는 이슈를 "많이 접할 기회"나 "아예 그런 말을 할 기회"가 없다는 현실적인 이유도 작용했다. 한 중학생은 정치·사회적 이슈를 사회 시간에 추가하여 배우면 좋겠다는 의견을 제시하기도 했다.

> 학교 학생들 모두가 그 다 아는 건 아니잖아요. 몇 명 애들은 찾아보는 거 좋아하는 애들도 있는데 대체로 애들이 (중략) 관심을 가지거나 그러질 않아서, 큰 이슈 아니면. 그런데 솔직히 우리나라 국민으로서는 우리나라 어떻게 돌아가는지 이런 것들도 알아야 하는데, 그런 게 우리가 학교에서 있는 시간이 대체로 많으니까 그거를 학교에서 이제 했으면 좋겠다 하는 생각이 들어요.
>
> (중학생 U)[2]

....

2   학생 식별 기호는 원래 [학교 급-학년-학교-성별]을 기준으로 부여했으나, 학생 배경 정보 식별의 차별성이 크지 않아 학교 급과 영어 대문자로 간략하게 표시했다. 중학생 U는 '라'

청소년들이 많이 접할 기회가 없으니까 … 학교에서 수업이 가장 길잖아요. 그러니까 그 시간에 조금 토론을 하면서 사회 이슈에 대해서, 좀 그에 대해서 좀 더 많은 배경지식을 알게 될 수 있고 제 의견을 형성할 수 있으니까.

(중학생 E)

학교에서라도 그런 말을 하지 않으면 아예 그런 말을 할 기회가 없어질 것 같기 때문에 학교에서라도 해서 그런 쪽으로 교육을 해야지, 나중에 어른이 되었을 때 옳지 못한 판단을 하거나 그런 일이 줄어들 것 같아요. (중학생 Q)

이와 달리 소수이지만 일부 학생은 학교에서 이슈를 다루는 것이 소용 없고 필요하지 않다는 의견을 제시하기도 했다. 학생들이 이슈에 대해 아는 것이 "쓸데없"고, 관심 있는 학생들은 "자기들끼리" 얘기하거나 "사회 나가서" 알게 되니 굳이 학교에서 다룰 필요는 없다는 것이다.

그냥 딱히 학생이 알아 봤자 쓸데없을 거 같은데. 그래서 해 봤자 소용없을 거 같아요.

(중학생 L)

그렇게 필요성은 못 느끼는 것 같아요. … 차라리 그런 얘기는 사석에서 자기들끼리 하는 게 … 사석에서 말하는 건 자기들이 관심 있어 가지고 그걸 얘기하는 거잖아요. 근데 관심이 없는데 그걸 학교에서 굳이 그걸 말하게 해야 되나. 좀 그 아이들이 결국 사회 나가서는 다 알게 되고 할 텐데.

(고등학생 N)

두 학생이 뚜렷한 반대 의사를 표하지는 않았던 것과는 달리, 한 중학

....

학교의 3학년 여학생을 의미한다([표 6-1] 참고).

생은 강하게 반대 입장을 피력했다. 이슈를 다루는 과정에서 서로 간의 입장 차이로 인한 대립이나 충돌이 생길 수 있는데, 학교가 이런 "정치적 분위기"가 되기를 원하지 않는다는 이유였다. 같은 맥락에서 교사의 중립성을 조건부로 제시한 학생들이 있었다. 교사가 "이런 일(이) 있었어요"라고 알려 주고 "한쪽에만 치우치지 않고 양쪽 다" 말해 주거나, 자신의 "의견은 좀 자제"를 한다면 학교에서 이슈를 다루는 것도 괜찮다는 것이다. 이처럼 교사의 역할을 중요한 조건으로 제시한 이유는 실제 경험과도 관련이 있었다. 한 중학생은 초등학교 시절 교사가 특정 대선 후보를 지지하는 바람에 학생들이 느꼈던 부정적인 감정들을 언급했다.

> 제가 아까 전에 말씀드렸죠. 저는 정치적인 분위기를 학교까지 끌어오는 것에는 반대한다고요. … 어느 당을 좋아하고, 진보랑 보수, 야랑 여, 이렇게 갈리는 거잖아요. 자신의 의견에 따라서. 그래서 좋아하는 사람들이 붙을 수도 있고, 싫어하는 사람들이 이런 이런 얘기들을 할 수도 있고, 그런 거죠. 저는 학교 때부터 그런 거를 원하지는 않아요. (중학생 I)

> 초등학교 때, 저희 6학년 때 선생님께서, 5학년 때도 그리고 6학년 때도 그러는데, 선생님께서 약간 정치에 관한 얘기를 되게, 조금 많이 하셨는데, 그때 대통령 선거할 때도 한 후보를 엄청나게 지지를 하셔 가지고. 그거를 … ○○○ 후보를 지지하셨는데. (중략) 근데 계속 그러다 보니까, 애들 중에서도 자기 부모님이 △△△ 후보를 지지하시는 분도 계시는데, 계속 그렇게만 하니까 항상 애들이 짜증을 냈거든요. 떨어진 다음에는 엄청 속상해서 우셨다고. 애들 앞에서 그렇게 말씀하시니까 애들이 더 싫어하는 거죠. 약간 그런 선생님들이 계셔서 정치 얘기가 민감한 것 같아요. 진짜 특히 선거할 때는 더. (중학생 C)

한편 입시 준비가 중요한 고등학생의 경우, "진도 나가는 게 아무래도 더 중요"한 현실에서 이슈를 다루기 위해서는 "교육과정이 지금하고 많이 바뀌어야" 한다는 점을 강조하기도 했다.

이처럼 학생들은 대체로 학교 수업에서 이슈를 다루는 것의 필요성과 유용성을 인정하지만, 이슈 학습의 필요성과 효과에 대한 의문이나 이슈 수업의 정치화나 주어진 교육과정을 벗어나는 부담으로 작용하는 것에 대한 우려도 갖고 있음을 알 수 있다.

2) 사회적으로 민감한 이슈 다루기의 필요성

(1) 사회적으로 민감한 이슈의 의미

학교 수업에서 사회적으로 민감한 이슈를 다루는 것과 관련하여, 우선 학생들이 구체적으로 어떤 이슈를 사회적으로 민감한 이슈라고 생각하는지 살펴보았다. 연구 시점에 학생들은 세월호와 정치 관련 문제를 사회적으로 민감한 이슈로 가장 많이 언급했다(각 7건). 그다음으로 권력 비판, 동성애, 학교 폭력, 성차별 문제를 민감한 이슈로 제시했고(각 3~4건), 이외에 북한과 통일, 입시 문제, 종교 문제, 청소년 문제, 사형 제도, 인권 문제를 예로 제시하기도 했다(각 1~2건). 흥미로운 점은 비록 소수지만 동성애, 세월호 사건, 종교 문제를 민감한 문제가 아니라고 본 경우도 있어서, 이슈의 민감성을 인식하는 기준이 학생에 따라 상이할 수 있음을 알 수 있었다.

그렇다면 학생들은 어떤 기준으로 이슈의 민감성 여부를 판단할까?

학생들은 학계에서 논의해 온 것처럼 이슈의 속성에 주목하여, 이슈를 둘러싼 찬반양론이 팽팽히 맞선다는 점(9명)과 이슈의 심각성 때문에 사회적으로 관심이 집중된다는 점(4명)을 언급했다. 학생들이 생각하기에 민감한 이슈란 사람들 사이에 "호불호"가 확실히 나뉘거나 "찬반이 딱 갈라지는"것처럼 이슈를 둘러싼 "견해가 심하게 갈릴 만한" 문제들이다. 또한 세월호 문제나 학교 폭력처럼 피해가 심각해서 언론에서 크게 다루거나 교육을 통해 자주 접하는 문제들을 민감한 이슈라고 생각했다. 이외에 종교 문제처럼 누가 옳고 그르다는 "답이 없는" 문제를 민감하다고 생각하기도 했다.

예를 들면 찬반이 딱 갈라지는 거니까 뭐, 예를 들어서 사형 제도나 아니면 인권 문제나 그런 것. (중략) 아니면, 북한 그런 것에 대해서도, 사람들에게 두렵다고 인식이 된 반면에 어떤 사람들은 지원을 해 줘야 된다고, 아직 적이 아니라 친구라고 생각하니까. 서로 적이랑 친구랑, 딱 반대되는 입장이니까.
(중학생 A)

딱 정확하게는 모르겠는데, 아무래도 사회 이슈에 대해서 찬성과 반대가 딱 대립, 50 대 50으로. 민감하다는 게 아무래도 그 주장에 대한 여러 가지 의견이 있다는 건데, 저희 부모님의 의견과 학교 담임 선생님의 의견이 다를 수도 있고 그런 게 민감한 거라고 하는데, 정치 같은, 후보자 지지하는 투표하는 거 같은데.
(중학생 G)

세월호 같은 … 그런 큰 거 있잖아요. 세월호 같은 경우는 학생들이 좀 피해가 있었고 (중략) 그게 인명 피해가 컸잖아요. 근데 그게 좀 정치적으로나 연관이 되면서…… 사회적인 측면에서 되게 크게 다루고 있었잖아요. 그래서 저희는 그거에 따라갈 수밖에 없는 거니까 저희가 보고 느끼는 것도 거기서 미디어에서 보여지는 게 다잖아요. 그러니까 저는 그렇게 느끼는 것 같아요. 크고 민감한 문제다.
(고등학생 N)

통일 문제도 꽤, 그러니까 북한하고 요새 뭐 비용 때문에 토론도 많고, 그런 것들 때문에 민감하다고 볼 수 있을 것 같아요. 그리고 학교 폭력도 요새 계속 학교 폭력이 심하니까 계속 강사님들이나 선생님들이 교육을 하시고 그러니까 민감하다고 생각해요.   (중학생 F)

이와 함께 학생들은 이슈의 주제적 특성에도 주목했다. 구체적으로 정치 관련 문제(12명)와 학생 관련 문제(9명)를 사회적으로 민감한 이슈로 가장 많이 언급했다. 먼저, 민감한 정치 문제에는 대통령을 비판하거나 정부 발표를 불신하는 것처럼 권력 비판적인 내용은 물론, "과거의 얘기"가 아닌 "현 정치 상황은 모두" 포함된다는 의견도 있었다. 무엇보다 학생들은 "정치적 성향"이 드러나는 문제를 민감하게 생각했다. 학생들끼리 지지하는 정당을 놓고 "서로 다투는" 등 "보수나 진보" 같은 정치적 성향에 따라 충돌할 가능성이 있으며 교사가 "중립적인 태도"를 취하기 어렵고, 또한 교사가 특정한 의견을 "조장"하거나 "강요"할 수도 있다는 점들을 이유로 제시했다. 이는 원래 정치적인 사안뿐만이 아니라 세월호처럼 "정치적 색깔이 묻어 버"린 문제들에도 해당한다.

당장 정치 문제가 보통 가장 민감하죠. 아무래도 그렇게, 보통 그렇게 듣거든요. … 밖에 나가서는 함부로 정치적 경향을 드러내지 말아라. 사람을 좌우로 그렇게 나누는 게 쉬운 게 아닌데도 불구하고, 보통 사람들은 한 마디 듣고 좌파네 우파네 그런 식으로 단정 짓기도 하잖아요. 자기만의 틀에 맞춰서 보기도 하고, 그런 사람도 있으니까 함부로 그렇게 드러내서 좋을 건 없다고, 정치적 중립이 적도 없고, 그냥 그러잖아요. 그래서.   (고등학생 E)

뭔가 뭐랄까 정치적 성향을 띨 수 있는 그런 거? … 음, 그러니까 서로 정치적인 얘기를 하다 보면 막, 보수와 진보가 있다면 서로 충돌하면서 좋게 충돌하진 않잖아요. 그런 것 때문에, … 자기가 생각하는 거랑 다르면 '그럴 수도 있다'가 아니라, '그건 좀 아니다'라고 나와 버리니까 바로.   (고등학생 F)

예를 들면 세월호 특별법 같은 경우에는 어떤 사람들은 그거에 대해 찬성을 하고 어떤 사람들은 그거는 너무 과하다고 말하는 애들도 있는데, 그걸 이제 중립적인 태도를 취하기가 좀 어려울 거 같아요. 네, 교사가.   (중학생 H)

다음으로, 학생 관련 문제들의 경우, 학생들이 큰 피해를 입었거나 학생들의 일상에 영향을 미친다는 점을 넘어서 성차별, 입시, 학교 폭력, 동성애 관련 문제들처럼 교실 안에 있는 학생들 중 누군가가 해당 이슈와 관련하여 이해관계를 갖는 "당사자"일 수 있다는 점을 민감하게 생각하는 이유로 지적했다. 또한 청소년을 문제로 바라보는 시각 자체가 "불편"하다는 의견도 있었다.

민감한 이슈라면, 어, 아마도 학교 폭력 같은 게, 우리 다 학생들이 경험하고 학생들하고 관련된 거니까 학생들이랑 같이 얘기를 하면 약간 민감한 이슈가 될 수도 있겠다는 생각.   (중학생 B)

그 학교 폭력 같은 경우는요. 다 있더라고요. 은연중에 다 있으니까, 직접 그 당사자가 이야기를 들으면 좀 그럴 것 같아요.   (중학생 D)

뭔가 우리들, 청소년들과 관련한 거, 같은 것도 민감하지 않을까요? 예를 들면 청소년들의 문제점이나 (중략) 그런 것에 대해 토론하는 것도 우리가 민감해질 수 있을 것 같아요. … 우리들에 대한 내용인데, 우리들이 조금 '그거는 우리들의 일상이 아니다' 그렇게 생각할 수도 있고, 좀 그 사람들이 우리에 대해서 잘 모르는데도 이렇게 문제점을 제기하는 게 불편할 수 있을 거 같아요.   (중학생 E)

이에 비추어 학생들이 이슈의 민감성을 판단할 때, 학계에서 일반적으로 언급하는 찬반 대립, 사회적 관심이나 중요도뿐만 아니라, 우리 사회의 상황과 관련하여 좌파와 우파, 보수와 진보라는 정치적 성향의 대립 가능성이나 학생 스스로의 당사자성을 중요하게 고려하고 있음을 알 수 있다.

(2) 사회적으로 민감한 이슈 다루기에 대한 의견

그렇다면 학교 수업에서 사회적으로 민감한 이슈라도 다루어야 할까? 이에 대해 학생들은 대부분 찬성 입장이었으며 반대 입장은 많지 않았다. 하지만 찬반 여부와 무관하게 민감한 이슈를 다루는 것에 대한 기대와 우려는 반반으로 나타났다.

먼저, 학생들은 수업에서 민감한 이슈를 다루는 것이 필요하고, 도움이 되며, 학생들의 관심과 참여를 증진할 수 있다고 보았다(8명). 즉 민감한 이슈는 "우리가 직면해야 될 상황"이기 때문에 학생들도 알 필요가 있다는 것이다. 대부분의 학생들이 이슈에 대해 "관심도 없고 무지"하지만, 수업에서 "건드려" 주면 자극을 받고 생각해 볼 수 있다는 것이다. 또 이슈에 대한 서로 다른 의견을 듣고 이에 대한 자신의 의견을 형성할 수 있다는 점도 긍정적으로 생각했다(5명). 민감한 이슈인 만큼 "각자 개인 생각이 좀 많이 다양"할 수 있지만, 보통은 "서로 이해를 못 하고 그냥 주장"하는 경우가 많다. 하지만 수업에서 다룸으로써 "상대방의 입장에서 생각해 볼 수 있는 계기"를 마련하고 "제 의견을 정리"하는 데도 도움이 된다는 것이다. 이와 함께 민감한 이슈를 다룸으로써 문제를 개선하고 편견 해소나 개방성 증진을 통해 우리나라가 발전할 수 있다는 점도 이유로 제시했다(4명). 특히 청소년일수록 "새롭고 바람직하고 도덕적인 의견"을 더 많이 제시할 수 있다는 의견도 있었다. 이외 성인이 되기 위한 준비 과정이라는 점을 언급하기도 했다(2명).

> 아무래도 우리가 직면해야 될 상황이고, 우리가 지금 겪고 있는 사회인 만큼 우리 청소년도 알 필요가 있다고 생각해요. (고등학생 D)

> 저는 일단 하는 게 좋은 거라고 생각해요. 애들은 이제 그런 쪽에 관심도 없고 무지하잖아요. 선생님들이 이렇게 한 번씩 던져 주면 관심 있게 찾아보는 애들이 꼭 있고 가끔씩 말을 하는 애들도 있기 때문에, 한 번씩 던져 주면 조금 민감한 사항일 수도 있긴 한데 그런 식이라도 한 번씩 접해 볼 수 있게 기회를 던져 주는 거니까. 한 번 정도는 이끌어 주는 것도 좋다고 생각해요. (고등학생 J)

> 애들이 서로 이해를 못 하고 그냥 다 그렇게 주장하는 것 같아요. 남자는 군대 가면 '여자들도 당연히 가야 된다'라고 하고, 여자들이 그때 항상 말하는 말이 '그럼 너희도 애 낳아 보라'라고 그러고 그게 항상 똑같은 식으로만 계속되니까 좀 더 다양한 의견을 들어 보고 싶어요. (중학생 D)

> 그래도 왜냐하면 애들은 편견을 가지고 무조건적으로 나쁘다, 막 이런 사회 인식 때문에 그러고 있는데, 오히려 이런 민감한 주제를 하면 편견을 깨뜨릴 수도 있고 찬성 입장에 다가갈 수 [있잖아요]. 평소에는 그런 것 별로 보지 않잖아요. 딱 자신의 의견이 뚜렷하고 관심이 없기 때문에, 그래 가지고 그런 걸 수업 시간에 다루면 더 도움이 될 것 같아요. (중학생 A)

이와 달리 학생들은 찬반이 대립하는 민감한 이슈를 다룰 때 학생들이 교사의 의견에 영향을 받을 수 있다는 점을 우려했다(11명). 정치적이거나 견해가 갈리는 민감한 이슈에 대해 각자 의견이 갈릴 수 있는데, 만약 교사가 특정 의견을 제시하게 되면 학생들이 "주입", "세뇌" 또는 "선도"되거나 자신들의 생각을 이야기할 수 없게 된다는 것이다. 또한 이슈의 성격에 따라 남녀차별 문제처럼 학생 당사자성이 강한 이슈들의 경우에는 학생 간 다툼이나 대립 가능성이 있다는 점도 우려했다(3명). 더 나아가 사회적 개방성이 아직 높지 않은 소수자성과 연계된 동성애 이슈 등의 경우에는 잘 못하면 놀림 대상이 될 수 있다는 점도 문제로 언급했다(3명). 이외에 말실수나 수업 분위기 저하 등에 대한 우려를 표명하기도 했다.

> 사회적으로 민감하다는 게 정치적 애기가 될 수도 있고, 어떠한 견해가 분명히 갈리는 입장이 될 수도 있는 일들이잖아요. 근데 그런 걸 학교에서 다룬다는 것은 사실 좀 힘들다고 생각을 해요. 왜냐하면 학생들이 영향을 많이 받을 나이고, 선생님이 어떤 한쪽의 견해를 미치신다면 조금 그렇지 않을까, 그거는 좀 아니라고 생각을 해요. (고등학생 P)

> 아무래도 민감한 사회 이슈 같은 경우에는 선생님께서도 가르치실 때 중립인 입장을 취하시기가 좀 어려울 거 같고, 학생들도 선생님의 영향을 아무래도 조금은 받고 자신들의 의견도 있기 때문에 그게 좀 충돌하면 어, 뭔가 학생들이 받는 영향이 클 거 같아요. (중학생 H)

> 저는 별로라고 생각해요. 사회에 각자 그 의견이 따로따로 있을 텐데, 수업시간에 선생님의 성향에 따라서 바뀔 수도 있고, … 또 토론을 거쳐야 되고, 그러다간 난장판이 되고. (중학생 I)

> 그래도 뭐랄까, 어, 그게 민감한 이야기다 보니까 말실수나 이런 것도 있을수 있고 하니까. 그것도 우울한 애기를 하다 보면 수업 분위기 자체도 우울

해질 수 있고 하다 보니까 터치 안 하는 게 낫지 않을까 싶어서요.

(고등학생 O)

주목할 점은 이러한 우려가 있음에도, 대부분의 학생이 이슈 다루기의 필요성과 강점을 이유로 민감한 이슈를 다루는 것에 대해 긍정적 입장을 취하고 있다는 것이다. 이는 한편으로는 이슈 다루기의 가능성을 보여 주지만, 다른 한편으로는 교육 현장에서 이슈 다루기의 민감성을 보여 주기도 한다. 따라서 학생들이 교육적 가치와 함께 이에 수반하는 위험성도 감지하는 민감한 이슈를 교실에서 '어떻게' 다루어야 하는가에 대한 심도 있는 논의가 필요하다.

3) 이슈 토론 수업에 대한 선호

학교 수업에서 정치·사회적 이슈를 다룰 때는 어떤 방식으로 다루어야 할까?

학생들은 대부분 이슈 수업 방식으로 강의보다는 토론을 선호한다고 답했다(18명). 토론과 강의를 접목한 방식을 제시한 학생들도 일부 있었지만(4명), 강의 방식이 더 좋다고 답한 경우는 없었다. 학생들이 이슈 수업에서 강의보다 토론을 선호하는 이유로 언급한 내용을 정리하면 [표 6-3]과 같다.

우선 강의는 교사가 "혼자 떠드는 분위기"이고 학생은 듣기만 하기 때문에 지루하고 흥미가 없는데 비해, 토론은 "네 생각은 어떠니?"하고 물어보는 것이기 때문에 학생들이 "말하면서 재미"있다는 것이다.

교사가 혼자 말한다는 것은 단지 지루함의 문제를 넘어선다. 학생들은 강의가 교사 혼자 "일방적으로 얘기"하고 학생들은 자기 의견을 얘기할 수

[표 6-3] 이슈 토론 수업을 선호하는 이유

범주화	강의의 약점	토론의 강점
재미·흥미·참여	듣기만 함(3), 교사 혼자 말함, 혼자 떠드는 분위기(2); 딱딱하고 지루함(6); 흥미 없음, 자거나 떠듦, 집중 안 됨, 관심 안 가짐, 딴짓(5) (총 16건)	덜 지루함; 학생끼리 친밀; 수업 더 재미(3), 효율적으로 강의 주제 전달; 관심(1), 직접 참여(3), 흥미(1), 더 도움(2) (총 10건)
자기 의견 형성 및 공유	교사 말하기, 일방적, 주입; 일방적 말하기; 일방적 지식 전달(3) 자기 의견 얘기 못함; 내 의견 말 못함(2) 중립적이지 않음; 중립성을 지키기 힘듦, 너무 한 방향으로만 알려줌; 교사 편견; 발표자 생각 드러남(4) 주입 당함; 영향 많이 받음; 교사 의견과 주장으로만 생각; 한 방향으로 생각, 그대로 따라감(4) 자기 생각 정리 어려움; 자기주장 없어짐(2) (총 15건)	제 의견 말하기 좋아함; 자기 의사 표현 가능; 저도 말하고 서로 말해야; 내 의견 말하기; 내 이야기(5) 자유로움; 우리 입장 말하기; 다 같이 얘기; 서로 말하고 이해; 서로 다른 의견 알고, 이해 가능; 같이 생각 나누고 이야기; 교사/학생이 서로 자기 의견 공유, 정보 공유(7) 자기 의견, 고쳐 나감; 자기 의견 필요; 주제에 대한 자기 의견 만들 수 있음(3) (총 15건)
새로운 생각	새로운 생각 할 수 없음(1) (총 1건)	새로운 의견 많이 나옴(경험)(1); 새로운 아이디어(1) (총 2건)
주제 이해		관계 파악(1), 주제 깊이 이해(1) (총 2건)
실효성		진짜 사회에서 토론을 통해 정책, 결론 내는 것 중요(1) (총 1건)

* 괄호 안은 해당 의견을 제시한 학생 수이며, 의견은 쉼표로, 학생 단위는 세미 콜론으로 구분함. 예를 들어 '듣기만 함(3)'은 학생 3명이 제시한 의견이고, '교사 말하기, 일방적, 주입'은 한 학생의 의견임.

없는 수업 구조라고 보았다. 그런데 교사가 찬반이 대립하는 이슈에 대해 "왜곡된 정보나 자신의 입맛"에 맞는 방향만 알려 주면, 학생들은 "그 방향으로만 생각"하고 "그냥 그대로 따라가게" 될 수 있다. 그렇게 되면 이슈에 대한 자기 생각을 정리하기 어렵고 "자기주장도 점점 없어지게" 될 수 있다는 것이다.

이와 달리 토론은 학생들이 "자기 의사 표현"을 할 수 있고, 다른 학생이나 교사와 의견을 나눌 수 있는 수업 구조이다. 따라서 학생들이 이 과정을 통해 "자기 의견을 계속 말하면서 고쳐" 나가거나 만들 수 있다. 또한 다양한 의견이 교환되면서 강의에서보다 새로운 의견들이 나올 수 있다는 점도 토론의 강점으로 파악했다. 이외에 토론 과정을 통해 이슈의 개념을 더 잘 이해할 수 있었다거나, 토론을 통해 문제 해결책을 도출하는 것이 "진짜 사회"에서 중요한 것이라는 의견도 있었다.

> 저희 학교만 그런지 강의식으로 하면 대개 애들이 자요, 다. 다 그냥 듣기만 하니까 자장가처럼 들려 가지고 다 자니까, 거의 이건 선생님 혼자 떠드는 그런 분위기가 돼서 이슈이기 때문에 토론이 좋은 거 같아요. 이슈는 강의식으로 하면, 내 의견을 말하거나 그래야 하는데 못 말하잖아요. 토론을 하면 내 의견을 분명하게 잘 말할 수 있으니까 토론이 더 좋다고 생각해요.
>
> (중학생 J)

> 왜냐하면 강의를 들어서 어떤 정보를 알게 되면 그 정보가 자기 생각으로 정리가 되는 것도 좀 어렵고 그리고 … 만약에 강의가 어떤 내용에 대해서 좋게 평가하는 강의 같은 거면 그 방향으로만 생각하게 되고 다른 방향으로는 생각하지 않게 되서, 그 강의를 그냥 그대로 따라가게 될 수도 있을 것 같아요.
>
> (중학생 Q)

> 아무리 중립적인 강의라도 그 사람의 의견과 주장이 들어가 있을 수밖에 없는 게 사실인데, 그걸 듣다 보면 아이들은 그렇게 배우게 되고 그렇게밖에 생각을 할 수가 없기 때문에, 토론을 하게 되면 새로운 의견들이 항상 많이 나오는 게 경험이기 때문에 그게 더 좋다고 생각해요.
>
> (중학생 H)

> 집중이 잘 안 되는 것뿐만 아니라, 강의하면 그 사람의 발표자의 생각이 그대로 드러나잖아요. 그런 것만 계속 듣다 보면 자기주장도 점점 없어지게 되니까, 자기의 의견이 필요하니까.
>
> (중학생 D)

학생 중에는 강의와 토론을 접목하는 방식을 대안으로 고려한 경우도 있었다. 대부분은 교사가 이슈 관련 주제나 배경 지식을 설명한 후에 학생들이 토론하는 방식을 제시했다. 이와 달리 학생들이 먼저 토론을 한 후에 교사가 정리하는 방식을 제안한 경우도 있었다. 둘 모두 교사가 어느 정도의 지식과 정보를 제공해 주는 것이 토론의 질을 높일 수 있다고 보았다. 한편 수업에서 토론이 너무 많은 경우에 소극적인 성격을 가진 학생들이 어려움을 느낄 수 있다는 점을 언급한 학생도 있었다. 이는 이슈 토론이 효과적이더라도 학생 참여 및 수업 방식이 편중될 경우, 학생들의 사고 및 행동 유형에 따라 수업 참여에서 배제될 가능성에 대한 고민이 필요함을 말해 준다.

4) 이슈 수업에서 교사의 역할

학교 수업에서 정치·사회적 이슈를 다룰 때 교사가 이슈를 어떻게 다룰 것인가는 학문적으로나 사회적으로나 이슈 수업을 둘러싼 가장 뜨거운 쟁점 중 하나이다. 이에 대한 학생들의 생각을 알아보기 위해, 수업에서 교사가 이슈에 대한 서로 다른 의견을 모두 알려 주기, 어떤 의견이 더 옳은지 알려 주기, 이슈에 대한 교사의 의견을 공개하기 등에 대해 질문했다. 학생들의 답변 현황을 간략히 정리하면 서로 다른 의견을 모두 알려 주기에 대해서는 대부분 찬성했고, 더 옳은 의견 제시하기에 대해서는 대부분 반대했다. 교사의 의견을 공개하는 것에 대해서는 찬성하는 학생보다는 반대하는 학생들이 조금 더 많았는데, 중립적인 입장도 찬성과 비슷하게 나왔다. 다음에서는 각각에 대한 학생들의 의견을 좀 더 자세히 살펴보고자 한다.

(1) 서로 다른 의견 제시하기

학생들은 대부분 교사가 수업에서 정치·사회적 이슈를 다룰 때 한쪽에 치우치지 않고 "객관적 입장"에서 서로 다른 "양쪽 이야기"를 전달하고, 다양한 의견을 "종합"하는 역할을 해야 한다고 보았다. 이런 점이 한쪽 주장만 얘기하는 강의와 다른 점이며, 이를 통해 학생들이 토론에 참여할 준비를 할 수 있다고 보았기 때문이다. 또한 이슈에 관해 무엇이 "더 바람직한 의견"인지에 대해서는 사람마다 입장이 다를 수 있으며 "소수의 의견도 존중"할 필요가 있기 때문이다. 그런데 만약 교사가 한 의견만 제시한다면 학생들은 다른 의견은 "잘못"된 것이라고 생각하거나 교사 의견만을 "전적으로 따르게" 될 위험이 있다는 것이다. 이처럼 이슈에 대한 서로 다른 입장을 알 수 있어야 자기 의견을 알고 수정하거나, 더 나은 의견을 선택하는 과정을 거쳐 자기 의견을 정립할 수 있다고 본 것이다. 다만 "극단적으로 틀린 의견"에 대해서는 교사가 알려 줄 필요가 있다는 의견도 있었다.

> 그러니까 선생님이 여러 가지 이야기를 알려 주셔야 돼요. 근데 객관적인 입장에서 양쪽의 이야기를 다 전해 주는 게, 왜냐면은 선생님이 한쪽에 치우쳐서 말하는 건 안 되는 거잖아요. 그런 것 때문에. (고등학생 F)

> 더 바람직한 의견이 뭔지는 아무도, 사람마다 다른 거 아니에요? (고등학생 B)

> 일단 한 의견만 선생님께서 말씀해 주시면 아이들은 모르는 상태에서는 전적으로 그 의견을 따르게 되잖아요. 또 다른 의견에도 장점이 분명 있을 것이고 서로 다 장단점이 있는데 한 의견만 말씀해 주시면, 다른 의견을 아예

그냥 무시하게 되니까 동시에 이렇게 알려 주시고 어떻게 생각하느냐, 이게 더 나을 것 같아요. (중학생 C)

다른 쪽의 의견도 들어 봐야지 내가 생각하는 의견이 뭐가 중요하고, 왜 내가 이 선택을 했는지 알 수 있고, 그런 사람들도 존재한다는 것을 알 수 있어서. (중학생 A)

한편 이슈 주제의 특성에 따라 교사가 다르게 접근할 필요가 있다는 의견과 사회적 질타를 받을 수 있는 민감한 내용은 모든 의견을 제시할 필요는 없다는 의견도 있었다. 또 교사가 서로 다른 의견을 제시하더라도 중립적으로 다루기 어렵다는 점을 들어 반대 의사를 표명한 학생들도 있었다.

독도 같은 경우에는 확실히 우리 땅이니까 그거는 하나만 알려 줘도 될 것 같은데, 좀 애매한 거는 둘 다 알려 줘서 편을 가르는 게 낫지 않을까요? … 동성애? 그런 거. (중학생 O)

'아, 이 의견은 좀 아니야', '이 의견은 뭐가 잘못 됐어', '이건 좀 안 좋은 의견이야'. 한 의견을 얘기할 때 목소리 톤이 달라지면서, 이제 올라가는 거죠. '오, 그렇지, 그렇지', 이렇게 올라가는 거죠. 저는 이런 문제를 염려해 가지고 이런 거를 별로 좋아하지 않습니다. (중학생 I)

선생님이 말할 때 선생님이 생각하기에 좋은 거는 잘 말해 주는데, 선생님이 생각할 때 불리하거나 이런 입장은 자세하게 설명을 안 해 주세요. (중학생 J)

(2) 옳은 의견 제시하기

교사가 정치·사회적 이슈에 대한 옳은 의견을 제시하는 것에 찬성한다고 답한 학생들은 주로 일베처럼 "극단적"이거나, 살인과 같이 "심각한 사회 문제"이거나, "사상적으로 불건전"한 경우처럼 가치 판단이 필요하거나, "옳고 그름"이 완전히 나뉘거나, 사실 파악이 가능한 문제들에 대해서는 교사가 옳고 그름을 제시할 수 있다고 보았다. 이보다 더 폭넓게 "교사 나름의 의견"을 제시하는 것이 나쁘지 않다는 의견도 있었다.

일베처럼, 일베 그런 거 있으면 딱 잘라서 이건 안 된다, 나쁘다, 알려 줘야 한다고 생각해요. 아무리 다르다 해도 그건 아니기 때문에.　　　　　　　(중학생 M)

그러니까 극단적인 경우는 이게 틀렸다는 경우를 알려 주셔야 될 것 같아요.
　　　　　　　　　　　　　　　　　　　　　　　　　　　(고등학생 F)

옳고 그름이 완전히 나뉘는 것에서는 옳다는 것을 말해 줘도 괜찮을 것 같은데. … 일본이 독도에 대해서 만약에 발언을 했을 때 일단 그게 틀린 거잖아요. 그런 것을 말해 주면서 일본은 왜 그렇게 말하는지 이렇게 양쪽의 의견을 같이 그래도 말씀을 해 주셔야 왜 일본에서는 이렇게 말하는지 이해도 되고.　　　　　　　　　　　　　　　　　　　　　　　　　　(중학생 C)

문제 자체가 '옳다', '옳지 않다'로 갈리는 문제도 있다고 생각을 하거든요? 그런 점에 대해서는 … 사실관계 같은 측면에서 좀 더 옳고, 옳지 않고, 생각하는 방식 있잖아요. 의견 중에서 이런 의견은 논리적으로 문제가 없는데, 이런 의견은 소위 말하는 비논리적 오류라든가 … 그러니까 이 의견의 전제는 사실 옳고 그름이 있다는 의견? … 근데 이런 의견에 대해서는 옳지 않다를 제대로 알려 줘야 될 것 같아요.　　　　　　　　　　　　　(고등학생 E)

그러나 대다수 학생들은 교사가 어떤 의견이 옳은지 알려 주는 것에 대해 반대하는 의견을 제시했다. 우선 현실적으로 토론 상황에서 교사가 옳은 입장을 제시할 경우 학생들이 토론할 기회가 없어질 수 있다는 의견이 있었다. 보다 근본적으로 사회 이슈의 특성상 옳고 그름을 판단할 수 있는 "확실한 기준"인 "모든 사람의 정답"은 없으며 "개개인의 생각"이 있다는 의견도 있었다. 따라서 학생들은 "스스로 옳고 그름을 판단"하고 각자가 "나만의 정답"을 스스로 찾아야 하며, 그 과정에서 "틀린 의견을 생각하는 것도 의미가 있다"라고 본 것이다.

개개인의 생각이 있잖아요. 개인의 생각이 있는데 굳이 옳은 게 있다고 하면, 그 옳다고 하는 게 선생님의 의견인 거 같아서.   (중학생 N)

선생님께서 어떤 것이 계속 옳다고 말해 주시기만 하면, 애들은 자기가 알아서 생각해서 그게 옳은지 안 옳은지 잘 판단을 안 할 수 있을 거란 생각이 약간 들거든요.   (중학생 B)

쉽진 않죠. 왜냐하면 역사 같은 거와 같이 좀 옳다 그르다의 확실한 기준이 없고 생각하는 사람들의 기준에 나름대로 옳다 그르다가 나눠질 수 있으니까. 나만의 정답을 찾을 수는 있죠. 하지만 모든 사람의 정답은 찾을 수 없는 것이죠.   (중학생 E)

학생들 스스로가 본인이 판단해서 결과를 도출했으면 하는 바람이거든요. 누군가의 도움 받지 않고, 자기들끼리 자발적으로 이야기를 통하거나 아니면 생각을 통해서 그러면 약간 자아성이나 주체성 같은 것도 성립할 수 있을 것 같고.   (고등학생 O)

그런데 학생들이 무엇보다 우려한 점은 교사가 옳은 의견을 제시하는 일이 학생들에게 부정적인 영향을 미칠 수 있다는 것이었다. 이슈에 대해 교사가 옳다고 제시하는 의견은 교사 개인의 의견이라서 옳지 않거나 "편파적"일 수 있다. 그러나 학생들은 교사 의견이 "옳은 생각"이라고 믿고 교사 의견에 따라 가거나, 교사와 같은 생각을 갖도록 노력하거나, "눈치"를 볼 수 있다. 학생보다 "지위가 더 높"은 교사가 자신의 의견을 "선동"하거나 "주입"할 수 있다고 우려하는 것이다. 이는 학생들이 "자기주장을 펼칠 권리를 침해"하는 것이다. 그러나 어릴 때부터 교사 의견이 옳다고 믿고 자란 학생들은 교사의 말에 "반대 의견"이 없어지고, 자신의 생각이 아닌 "타인의 생각을 생각"하게 되며, 우리 사회도 "어른들 말한 방향대로" 흘러갈 수 있다.

> 선생님 쪽으로, 편파적으로 알려 주니까 친구들 생각에 이것도 저렇고 저것도 저렇고 막 해야 되는데 한쪽만 치우쳐서 편파적으로 말하면 안 되니까.
>
> (중학생 J)

> 어렸을 때부터 선생님이 말하는 게 옳은 거라고, 이렇게 막 배우면서 자랐기 때문에 선생님 말씀을 들으면, 아 저게 딱 옳구나, 저게 진짜 옳은 말이구나, 이렇게 생각하면서 선생님 입장을 따라가게 될 수도 있을 것 같아요. 그래서 막 만약에 선생님이 A에 찬성하면, 'A에 찬성하는 사람 손들어 보세요' 하면, 막 거의 과반수가 다 손을 들 것 같아요. 눈치를 봐서라도 그렇게 될 것 같아요.
>
> (중학생 Q)

> 아무래도 교사라는 역할이, 선생님이라는 역할이 학생들에게 뭔가 물론 이렇게 쌍방향일지라도 우리에게 일단 '이거는 이거야'라고 가르쳐 주는 것이기 때문에, 아무래도 그거에 대해서 이러한 정치·사회 이슈에 대해서 '나는

이렇게 생각한다'라고 말을 하면 아무래도 학생들도 그렇고, 저도 그렇고 자연적으로 약간 '이렇게 생각하는 게 더 바람직한 것이구나'라고 주입식? 그런 게 될 수 있어서, 그거는 약간 학생들의 생각, 학생들이 자신의 주장을 펼칠 권리를 침해하는 거라고 볼 수 있기 때문에 '그렇지 않다'라고 했어요.

(중학생 G)

일단 학생들은 선생님의 말이 거의 다 옳은 거라고 생각하잖아요. 근데 그런 상태에서 선생님들이 자기 생각을 말하게 되면 학생들이 그게 옳다고 생각하고, 그걸 믿으면서 계속 나중에도 생각할 것 같아서요. (중략) 여러 가지 생각을 말해 주면서 '(너는) 어느 쪽에 포함됐냐?' 이런 게 맞는 것 같아요.

(고등학생 N)

실제로 학생 중에는 학교 수업이나 학원 수업에서 정치적으로 편향된 의견을 제시하는 교사로 인해 심리적 "불편"함과 같은 부정적인 경험을 한 경우도 있었다.

이거는 좀 저의 개인적 경험이랑 관련이 있는데요, 제가 수업을 들었던 선생님 중에 굉장히 정치적으로 편향된, 이제 정치 성향을 가지고 계신 분이 계셨는데, 항상 수업 때마다 현 정치 비판은 물론이고, 과거 얘기나 되게 다양한 정치 이야기를 해 주셨는데, 그게 지나치게 좀 한쪽에 편향된 얘기여서 학생들이 듣다가 나중에는 결국 선생님이 되게 무서워서 직접 말씀드리지는 못하고 애들끼리 막 '너무 편향된 얘기 아니냐' … 이런 식으로 얘기를 했는데, … 저는 최근이어서 이렇게 최근이어서 '이건 문제 있다'라고 생각했는데, 만약에 더 어린 학생들이 그러한 선생님께 얘기를 들었다면 '어, 이게 맞는 것 같은데?'라고 이렇게 '타인의 생각을 생각'하게 되지 않았을까. …

저는 (그 선생님과) 정치적 입장이 비슷했는데, 들을 때 불편했어요.

(고등학생 D)

이런 이유로 학생들은 교사가 중립적 입장이나 "중재자 역할"을 취하는 것이 좋다는 의견을 제시했다. 교사의 의견과 학생 의견이 "시너지 효과"를 발휘할 수 있다는 점에서 교사의 의견 제시는 가능하지만, 교사가 한쪽으로 강경하게 옳은 의견을 제시하거나 표출하는 것은 교사의 영향력에 비추어 볼 때 바람직하지 않다는 것이다.

그냥 상투적으로 말하자면 중립적 입장이 되게 좋겠죠. 중립적인데, 선생님도 사람이시다 보니까 이게 어떤 의견이 아예 안 빠질 순 없죠. 그래서 선생님께서 참여를 하시는 것에 대해서는 중재자 역할을 할 수도 있으시고, 아니면 선생님의 의견과 아이들의 의견이 만나서 더 좋은, 더 시너지 효과가 날수도 있잖아요. 선생님이 한쪽 의견을 편을 든다고 하시더라도. 그렇다고 하더라도 선생님이 한쪽을 되게 강경하게 표현을, 입장 표현을 하시는 거는 일단은 교육자라는 그런 입장에서 봤을 때 좀 보기는 안 좋은 것 같고, 아이들에게 최대한 중립적인 시각을 가르쳐 줘야 되는 입장이라고 생각을 해요, 저는 교육자라는 자체가. (고등학생 A)

(3) 교사 의견 공개

이슈 수업에서 교사의 의견 공개 여부에 대해서는 긍정적인 반응과 부정적인 반응이 비교적 고르게 제시되었다. 먼저, 교사의 의견 공개에 긍정적인 학생들은 이슈를 파악하거나 이슈에 대한 의견을 형성하는 데 교사의 의견을 듣는 것이 도움이 되고, 교사의 생각이 궁금하며, 어른들의 생각이나 입장을 파악할 수 있다는 점에서도 교사의 의견을 알고 싶다고 말했다. 교사가 객관적 지식을 전수하고 의견을 제시하는 것이 학생들의 지식 습득과 이슈 이해 또는 단점 파악 등에 도움이 되며, 교사 의견 공개를 통해 학생들의 "견문"이 넓어지고, 의견 말하기나 학생 자신의 "성향 판단" 또는 "입장, 주장"을 정할 때 도움을 받을 수 있다고 보았다. 교사 의견을 알아도 학생들이 그냥 교사의 생각이라고 넘기거나 따라가지 않기 때문에 "세뇌" 당할 일은 없다는 의견도 있었다.

> 다양한 의견을 공유할 때 학생들 의견하고 선생님 의견도 당연히 공유를 해야죠. … 선생님도 애들보다는 경험이 많으시고 선생님이라는 직업이 많은 것들을 알려 주고 그런 것들을 하는 직업이잖아요. 그래서 선생님의 의견도 당연히 공유를 해야 그것이 학생들의 지식 습득에 많은 도움이 되고.
>
> (중학생 B)

> 선생님이 딱 택해서 얘기하는 게 나을 거 같아요. 쌤의 의견도 알아야 되니까. 어른들은 어떻게 생각을 하시는지 알아야 되니까. (중학생 O)

> 그냥 저희도 사람이니까 선생님이 어떻게 생각하는지 단순히 궁금하니까. 저 선생님이 어떤 생각 갖고 계실까 그런 거 알고 싶어서, … 그거는 지도해 주는 거는 이렇게 정해 주는 거고, 선생님이 자기 의견 말하는 거는 그냥 자기 토론에 자기 의견 하나 던지시는, 제시하는 거랑 똑같잖아요.
>
> (고등학생 B)

> 저는 일단 이런 '선생님이니까 많은 공부를 하셨고, 또 더 훌륭하신 분이시니까 이런 의견도 좋겠다'라는 생각만 들지, '이렇게 생각해야 된다'라는 그런 세뇌적인 그런 건 더 없기 때문에 그렇게 했던 것 같아요. 물론 선생님이 말씀하기 싫으시다는 데 제가 막 '알려 주세요' 이런 그런 필요까지는 없다

고 생각하지만. (중학생 G)

그런데 학생들이 교사의 의견 제시를 완전히 부정하는 것은 아니지만 조건부로 가능하다는 의견들이 많았다. 교사의 "옳고 그름 판단"이나 "한쪽으로 강경하게 몰아가기"는 안 되지만 "강요나 사심 없이", "고려 사항"일 경우에는 가능하다는 의견이었다. 또한 교사의 "견해 자체"가 아니라 "견해 형성 과정"은 공개할 수 있다거나, 교사가 자기 의견을 공개할지 여부는 교사의 "자유 의지"이므로 원하지 않을 경우에는 밝히지 않을 수 있다는 의견도 제시되었다.

그게 강요하지만 않는다면, 말 그대로 공개잖아요. 그러니까 '너희들이 생각할 때 이런 점까지 듣고 고려해 줬으면 좋겠다'라는 걸 알려 준 다음에 '나는 좀 더 좌쪽에 가까운 성향을 가진 사람인데 이런 측면에는 이런 의견도 있고, 이런 의견도 있다' 싶으면 아이들이 나름대로 이해하는 데 더 도움이 될 거라고 생각을 해요. 그냥 공개하는 것에 대해서는, 강요하거나 사심이 들어가면 문제가 있는데. (고등학생 E)

그러니까 학생들한테 고정관념을 심어 주는 건 옳지 않지만 선생님도 자신만의 의견을 가지고 있으니까 공개는 해도 된다고 생각해요. … 그니까 선생님이 말해야 될 거는 '내 생각에는 이런 거 같아', 그래야 되는 거지 '야, 이거는 틀렸어, 왜냐면 이렇기 때문이야', 그러면 안 되는 거죠. (중학생 E)

그건 자기, 선생님께서 자신의 의견을 말씀하시는 것 자체는 저는 부정하지 않아요. 그거는 아이들의 선생님께서, 그러니까 선생님께서 더 멀리 보실 수 있고 하는 건 사실이니까 선생님의 의견을 통해서 아이들의 견문도 넓어질 수 있고, 하는 거는 저는 맞다고 봐요. 근데 너무 한쪽으로 강경하게 몰아가

시거나, 선생님의 의견 전체적으로 다 도움이 되죠. 왜냐하면 더 많은 걸 배우셨고, 더 많은 걸 경험하셨고.   (고등학생 A)

선생님이 어떤 견해를 가졌냐기보다는 이런 사고 과정을 통해서 그 견해를 가지게 되었다, 라는 과정을 학생들에게 알려 줄 수가 있거든요. … 그 견해를 어떻게 가지게 되었는지, 그 견해를 자기가 가지게 된 요소는 무엇이었고, 원인이 무엇이었는지 이런 과정을 보면, (학생들이) 자신의 혹시 성향 판단이라든지, 아니면 견해를 자기의 입장을 주장을 정하는 과정에서 도움을 받을 수 있다고 생각해서.   (고등학생 C)

이와 달리 교사의 의견 공개에 부정적인 학생들은 교사가 자신의 정치적 입장을 언급하는 일이 학생들에게 미칠 부정적 영향에 관해 많이 언급했다. 학생들이 교사의 의견을 자기 의견보다 "우선시"하고 교사의 의견을 따르고 싶어 한다는 것이다. 심지어 교사의 잘못된 이야기도 "옳은 생각"이라고 생각하며 교사와 "같은 생각"을 갖도록 노력하거나, 교사와 의견이 "다르면 틀리다"라고 생각할 수 있다는 것이다. 이러한 힘을 가진 교사가 자신의 의견을 토론 전에 제시한다면 학생들이 자유롭게 의견을 제시할 수 있는 기회를 제약할 수 있다. 토론을 "할 맛이 안 나는" 것이다. 더 나아가 교사와 학생 간에 충돌과 갈등이 일어날 수도 있다. 실제로 학생들은 학교나 학원 수업에서 정치적 견해를 밝히는 교사로 인해 부정적인 경험을 하기도 했다. 이러한 우려와 사전 경험들에 근거해 학생들은 교사가 교실에서 중립적인 위치에서, 자신의 의견이 있더라도 드러내지 않기를 원했다.

아, 근데, 안 좋은 거 같은데? 왜냐하면 선생님이니까, 선생님 의견이 뭔가 옳은 거 같아서 저도 그 의견에 따르고 싶어져서 막 그럴 거 같아요. (중학생 L)

대부분의 학생들은 선생님이 말하는 거를 자기 생각으로 하는 경우가 많잖아요. 듣고 '아, 이렇구나' 그러니까 선생님은 자기 생각을 많이 말하면 안 될 것 같아요.　　　　　　　　　　　　　　　　　　　　　　　　　(고등학생 F)

왜냐하면 교사 선생님이 어떻게 생각하는지 알면 어떤 학생들은 자기랑 반대된다고 선생님을 싫어할 수 있고, 그리고 또 교사가 자신의 의견을 알려 주면 어떤 학생들은 자기는 꼭 교사와 같은 의견을 가져야 된다고 일부러 자기 생각도 아닌데, 그런 척하면서 그렇게 할 수도 있으니까 오히려 안 알려 주고 있는 게 학생들에게 더 토론할 수 있는 기회도 많고, 왜냐하면 교사가 알려 줘 버리면 일단 학생들은 교사가 다 말하는 것이 다 맞으니까 따라야 한다고 생각하니까, 안 알려 주고 수업하는 게 오히려 더 낫다고 생각해요.　　　　　　　　　　　　　　　　　　　　　　　　　(중학생 A)

그러니까 저 어릴 때부터 … 교사들 생각에 동의를 하면 좀 더 '교사님이니까 더 옳은 생각을 하지 않을까' 그런 생각을 갖고 있으니까, 교사 선생님이랑 같은 생각을 갖도록 노력하거나 그런 일들이 있을 것 같아서 그렇게 생각했어요.　　　　　　　　　　　　　　　　　　　　　　　　　(중학생 F)

학생들이 교사 의견 공개의 강점에 대해 기대하면서도 동시에 부정적 영향을 우려하는 이유는 무엇일까? 일부 사전 경험과 관련되어 있기도 하지만, 교실에서 교사가 갖는 위상에 대한 인식과도 관련이 있다. 학생들은 교사가 학생들보다는 "더 많이 배우고 경험한 분"으로 학생들보다 "위"라고 인식하고 있었다. 이처럼 교사는 학생들에게 "거울"이 될 수 있는 존재이자, 학생들이 자신의 진정한 의사를 찾아 나가는 과정을 "왜곡"할 수 있는 힘도 가진 존재인 것이다. 이런 교사의 힘은 "정치적 편파성"을 다룰 때 첨예하게 드러났다.

학교에서든 학원에서든 토론을 할 때 선생님께서 의견을 말해 주신 경우가 있었는데, 아무래도 의견을 말해 주시게 되면 저보다 더 많이 배우신 분이고 더 저희에게 가르침을 주시는 분이기 때문에 아무래도 그쪽으로 생각을 했던 게 사실인 것 같아요. 그래서 제 경험으로 비추어 보았을 때는 의견을 말하지 않고 자신만의 주장을 가지고 있는 게 더 좋다고 생각해요. (중학생 H)

솔직히 학생이라서 선생님이 위잖아요. 만약에 선생님이 가 가지고 잘못된 이야기를 해도, 이게 계속 쌤이 이야기를 하다 보면 이게 맞는 것 같다는 생각이 들 때가 많아요. 그런 것들이, 그러니까 만약에 좋아하는 선생님이 이런 이야기를 하면 자기도 그게 좋아지고 그러는데, 만약에 선생님이 의견을 먼저 말해 버리면 그거를 선생님이 말했으니까 이렇게 자기 의견보다는 선생님 의견을 먼저 하는 애들이 있어서, 별로 안 좋다는 생각이 들어요.

(중학생 U)

선생님은 아이들한테 거울이나 마찬가지잖아요. 그런데 너무 한쪽으로 치우치면 그 성향을 따라가는 아이들도 있고. 그것 때문에 선생님을 싫어하는 아이들도 있으니까 선생님은 중립적인 게 좋은 것 같아요. 사실 제가 중학교 때 저희 역사 선생님이 약간 ○○○ 정부, △△△ 정부 안 좋아하셨어요. □□□당은 안 좋아하셨는데, 그렇다고 그 반대편인 ☆☆☆? 그쪽도 이름 바꾸기 전의 당도 좋아하지는 않으셨어요. '다 얘네들은 다 좋은 사회를 만들어 가는 사람들은 아니다'라는 생각이 있었는데, 그렇다 보니까 가끔 남자애들이 장난치는 애들이 많았어요. 왜 선생님은 그렇게 몰아가시냐고, '너희는 아직 생각도 잡히지 않은 것들이 기사 이런 것에 되게 한 번에 딱 봤을 때 재밌어서 접근하는 식으로 봐서는 안 된다'라고 엄청 혼내신 적이 있었거든요. 그래서 중립적으로 바라봐서 애들이 의견을 낼 수 있게 해 주시는 게 좋은

것 같아요. (고등학생 K)

(4) 교사의 수업 중 정치적 발언

그렇다면 학생들은 교사의 정치적 행위에 대해 전체적으로 반대하는 것일까? 학생들 대부분은 교사도 교사이기 전에 사람이자 국민으로서 정치에 참여하는 것은 본인의 자유이자 당연한 권리라는 의견을 제시했다. 더 나아가 교사가 정치에 참여한 경험을 들려주는 것이 학생들에게 도움이 될 수 있다는 의견도 있었다. 학생들이 생각하는 교사의 정치 참여의 예로는 인터넷 댓글, 서명, 집회 참여, 교원 노조 파업까지 다양했다. 다만 교사의 정치 참여를 원칙적으로 찬성하는 경우에도 교사가 "공과 사"를 구분해야 하며, 학생들이 "교육을 받을 권리를 침해"하는 수준은 적절하지 않다고 보는 경우도 있었다. 이는 교사의 정치 참여 반대 입장을 밝힌 학생 중에도 교사는 "가르치는 일에 집중"해야 한다는 의견이 있었다. 특히 교사의 정치 참여가 "(정치)색"을 입는다는 우려도 표했다.

> 교사들이 정치 참여를 하는 것에 대해서는 당연히 옳은 거죠. 교사도 당연히 민주시민이니까 당연히 정치 참여 할 수 있고. 또 교사들이 정치 참여를 더 많이 하게 되면 학생들에게 좀 그런 이슈에 대해서 말해 줄 수도 있고, 그러면 학생들이 더 흥미를 가질 수도 있고 관심을 가질 수도 있으니까요.
>
> (중학생 E)

> 물론 그분께서 뭘 어떤 거를 지지하시고 이런 거는 그건 그분의 자유라고 생각을 하는데, 그걸 학생들에게까지 표현을 하는 게, 그분들도 대한민국의 국민이고 정치에 참여할 권리, 참정권이 있으신 분이신 만큼 교육 현장에서 정치적 발언이 아니라면 충분히 집회 이런 거에는 참여하실 수 있다고 생각

해요. (고등학생 A)

저는 허용돼야 된다고 생각해요. 교사도 교사이기 전에 국민이고, 국민은 당연히 정치 활동을 할 수 있잖아요. 국민은 당연히 정치 활동을 할 수 있잖아요. 근데 뭐 그러니까 그거를 공과 사를 구분한다고 하고, 그거를 자기의 직업으로 안 끌어들인다면. (고등학생 E)

학생들이 교사의 정치 참여를 원칙적으로 인정하는 것과는 달리, 수업에서의 정치적 발언에 대해서는 부정적인 의견들이 다수를 이루었다. 수업 중 정치적 발언이 가능하다고 한 학생들의 경우, 교사의 발언이 이슈에 대해 몰랐던 내용을 알게 되거나 장단점을 파악할 수 있어서 재미있고 유익하며 토론에 도움이 될 수 있다고 보았다. 다만 교사가 특정 의견을 일방적으로 강요하지 않는다는 전제를 제시했다. 중립 입장의 경우, 교사가 정치적 입장을 밝히는 일이 나쁘지 않고 "해도 되고 안 해도 된다"라는 의견이 있었지만, 대부분 교사가 수업 중에 정치적 발언을 해도 되는 조건들을 제시했다. 이슈와 연관된 배경지식과 관련된 예시로 제시하거나, 교육적인 목적으로 특정 정치인의 잘못된 행동을 비판하거나 강요할 목적 없이 교사의 생각 정도를 들려주는 것은 괜찮다는 것이다. 이때 교사의 의견이 학생과는 다를 수 있다는 전제하에 "참고"로 이야기해야지, 특정 정치인 자체를 비판하거나 교사가 자기 생각을 강요하는 것은 적합하지 않다고 보았다. 옳고 그름에 대한 교사의 판단 제시는 "비효과(적)"이라고 생각하기 때문이다.

근데 괜찮은 것 같은데? 솔직히 다들 편파적이긴 하잖아요. 그냥 무조건 ○○○당 싫어하는 사람도 있고 ○○○당 옹호하는, 지지하는 분들도 계시는

데 선생님이라고 해서 모든 정당에 관대할 필요는 없으니까. 재밌어요, 오히려 듣다 보면. (고등학생 I)

그냥 처음 교육을 시킬 때 선생님 말은 모두 옳은 것이 아니라 그냥 선생님 생각을, 생각이 다를 수도 있고 너희들과 다를 수도 있다, 그렇게 참고만 해라, 라고 일단 말을 한 다음에 말을 하면 좋을 것 같아요. (중학생 R)

예를 들면 어떤 정치인이 그 국가의 돈을 빼돌려 가지고 자기 개인 자금으로 썼다 그러면, 그럼 그때는 선생님께서 '저런 정치인은 저렇게 돈을 빼돌려. 저렇게 돈을 빼돌려서 자신의 사리사욕을 채우고 저렇게 하는 것은 나쁜 일이다. 애들아, 너희도 커서 그렇게 비도덕적인 행동을 하면 안 된다' 그렇게 입장을 밝히시는 거는 바람직하다고 생각해요. (중학생 B)

그러니까 막 이렇게 생각을 강요하거나 그런 거가 아니면요, '난 이렇게 생각한다' 정도는 말씀해 주실 수 있으니까. (고등학생 F)

반대 입장 학생들도 "교육 활동에 정치적 견해는 없어도 된다"라거나 학교 내에서의 정치적 발언이 "큰 문제"라는 입장도 있었지만, "발언 자체는 가능"하더라도 단정 짓거나 "너무 밀고 나가는 것"은 반대한다는 입장이었다. 그 이유는 앞서 이슈 토론에서 교사의 의견 공개가 갖는 부정적 영향에 대한 이유와 같은 맥락에서, 학생들이 교사의 생각이 맞는다고 보고 "동조"할 수 있기 때문이다. 더 큰 문제는 교사와 의견이 맞지 않아도 "교권"으로 인해 "반박"하지 못하고 "어쩔 수 없이 따라가게" 되는 상황이 발생할 수도 있다고 보았기 때문이다. 학생들이 학교 수업을 통해 얻고자 하는 것은 교사의 생각이 아니라 자기 자신의 생각이었다. 따라서 학생들의 자기 의견 형성 과정을 왜곡하거나 강제하는 방식으로 교사가 직접적인 영향력을 행사할 가능성을 경계하는 것으로 해석할 수 있다.

> 해도 상관은 없는데, 막 이래야 된다, 꼭 이건 이렇게 돼야 돼, 이런 건 학생들
> 도 자기의 의견이 있을 수 있는데 그렇게 너무 밀고 나가면, 어, 그러면 안 좋
> 을 거 같은데?   (중학생 L)

> 근데 만약에 교사가, 교사분이 가르치는 아이들한테 자기 정치 참여 같은 걸
> 밝히고, 막 자기 입장은 이런 데 너네는 어떠냐 하면서 말하면 학생들도 어
> 쩔 수 없이 선생님이 막 '선생님 틀렸어요' 이렇게 말하기 좀 그렇잖아요. 그
> 래서 어쩔 수 없이 좀 따라가게 될 것 같아요.   (중학생 Q)

> 근데 그거는 아닌 거 같아요. … 그니까 수업 시간에는 학생들이 배우려고
> 있는데, (선생님이) 정치적 발언을 하면 아까처럼 선생님 생각이 맞다고 (학
> 생들이) 생각해서 그런 경우도 있고, 좀 그런 이유들 때문에 교사 선생님이
> 그러는 건 조금 아니라고 생각해요.   (중학생 F)

3 종합

1) 이슈 다루기의 의미: 교실 공간의 정치성 발현

이상의 분석 결과를 정리하면 다음과 같다.

첫째, 이 연구에 참여한 중학생과 고등학생들은 대체로 학교 수업에서
정치·사회적 이슈를 다루는 것이 필요하고 유용하다고 보았으며, 사회적
으로 민감한 이슈를 다루는 것에 대해서도 긍정적인 입장을 제시했다.

둘째, 학생들은 사회적 이슈의 민감성을 판단할 때, 찬반 대립이나 사

회적 관심이라는 이슈의 기본 속성은 물론 진보와 보수, 좌파와 우파라는 정치적 성향의 대립이나 학생들이 이해관계 당사자라는 이슈 주제의 특성에도 주목했다.

셋째, 학생들은 사회적으로 민감한 이슈를 다루는 것과 관련해 이슈에 대한 학생들의 관심과 참여 증진에 도움이 될 수 있다는 기대와 함께, 학생들이 교사의 의견에 영향을 받을 수 있다는 점과 학생 간 대립 가능성이 있다는 점에 대한 우려를 드러냈다.

넷째, 학생들은 이슈 수업 방식과 관련해 강의처럼 일방적이지 않고, 자기 의견을 말하고, 서로 다른 의견을 이야기할 수 있다는 점에서 토론을 선호했다.

다섯째, 학생들은 정치·사회적 이슈 수업에서 교사의 역할과 관련해, 이슈에 관한 서로 다른 의견을 모두 알려 주는 것에는 대부분 찬성했지만, 학생들의 의견 형성에 미칠 부정적 영향을 우려하여 교사가 더 옳은 의견을 제시하는 것에는 대부분 반대했다. 또 학생들은 교사가 수평적 관계에서 하나의 참조 대상으로 자신의 의견을 공개하는 것은 가능하지만 학생에게 영향력을 행사할 수 있는 방식으로 공개되는 것에 대해서는 반대했다. 이와 관련하여 학생들은 교사의 정치 참여 권리는 인정하지만, 수업 중 정치적 발언에 대해서는 학생들의 의견과 충돌하거나 영향을 미칠 수 있다는 점에서 반대했다.

이상의 분석 결과를 종합해 볼 때, 학교 수업에서 정치·사회적 이슈를 다룰 때 학생들은 자신의 정치적 의견 형성에 대한 기대와 함께 교사의 힘에 의해 이 과정이 왜곡될 수 있다는 우려를 동시에 갖고 있음을 확인할 수 있다. 학생들에게 이슈 토론은 자기 자신의 정치적 견해를 형성하는 장이다. 이슈 수업에서 교사는 이슈에 대한 정보와 다양한 쟁점들을 제시하고 강요하지 않는다는 전제하에 자기 의견을 공개할 수도 있다. 학생들은 기본적으로 교사가 자신들보다 많이 배운 사람이며 성인들의 사고를 엿보는 창이라고 생각한다. 하지만 찬반양론이 대립하는 문제와 관련해 더 옳은 의견을 제시하는 것에 대해서는 반대하거나 우려한다. 교사가 자기 의견을 옳다고 주장하는 것이 강요로 받아들여지거나, 학생들에게 영향을 미쳐서 자기 생각을 하지 않도록 만들 수 있기 때문이다. 학생들은 학교 수업에서 교사가 갖는 일종의 정답 판정자로서의 상징 권력을 인식하고, 이 힘이 이슈 토론의 본질인 학생들의 정치적 의견 형성을 왜곡하는 것을 우려하고 있다.

이런 점에서 학교 수업에서 정치·사회적 이슈를 다룬다는 것은 학생들에게 '교실 공간의 정치성 발현'이라는 의미를 갖는 것으로 해석할 수 있다. 여기서 '정치성'이란 넓은 의미에서와 좁은 의미에서의 정치성을 포괄하는 것이다. 넓은 의미에서는 교실 수업에서 가지고 있는 구성원 간 힘의 차이가 드러나는 것이며, 좁은 의미에서는 현실 정치에서 나타나는 좌파와 우파, 진보와 보수, 또는 여당과 야당 지지라는 정치적 성향의 차이가 드러나는 것을 의미한다. 교사의 정치적 성향과 학생의 정치적 성향이 대립할 때, 이 둘은 결합 효과를 발휘하게 된다. 이때 교실 수업은 교육적 공간일 뿐 아니라 정치적 권력 공간이다. 이슈 수업에서 교사가 정치적 발언을 할 때 교실은 '탈정치적 영역(a-politico area)'에서 '정치적 공간(political space)'으로의 형질 변환을 일으킨다. 정치적 공간으로서의 교실에서 교사는 교육자일 뿐 아니라 학생들의 정치적 의견 형성에 영향력을 행사할 수 있는 권력을 가진 인물이다. 학생들은 교사를 전문적 안내자로서 인정하지만, 교사 개인의 의견을 강요받기를 원하지는 않는다. 즉 학생들은 교사가 이슈 수업에서 정치에 대해 이야기하는 것을 싫어하는 게 아니라, 이를 정치적이거나 권력적인 방식으로 다루는 것을 싫어한다. 자신들이 해당 이슈를 다룰 때 민감하게 느끼는 만큼 교사도 조심스럽게 다뤄 주기를 기대하는 것이다.

이와 달리 교사가 자신의 정치적 성향을 학생에게 전이하려고 한다고 학생들이 감지하는 순간, 이슈 수업은 자유로운 탐색이 가능한 교육적 기회가 아니라 자신의 의지와 타인의 강요 사이에서 보이는 또는 보이지 않는 충돌이나 갈등 또는 전쟁이 일어나는 각축장이 되고 만다. 이는 학생들의 학습 주체성(subjectivity)을 위축시킬 수 있다는 점에서 문제적이다. 이 연구에 참여한 중학생과 고등학생 들은 직접적 경험 또는 예상 가능한 두려움을 바탕으로 이에 대한 '우려'로 표현되는 일종의 '거부감'을 드러냈다.

물론 정치·사회적 이슈를 수업의 주제로 직접 다루지 않는 수업에서도 이러한 정치성은 드러날 수 있지만, 이는 학생들에게 교사 개인의 특성에 따른 우연적이거나 부분적, 또는 일회적인 경험일 수 있다. 그러나 정치·사회적 이슈를 직접 주제로 다루는 수업에서는 수업 주제의 특성상 정치성이 발현될 수 있는 가능성이 높으며, 무엇보다 학생들이 이미 선행 경험에 기초하여 이에 대한 우려를 가지고 수업에 들어올 수 있다는 점에서 일반적인 수업과는 차별화된다. 이처럼 정치·사회적 이슈 수업은 일정한 맥락 속에서 이루어지며, 학생들은 자신들이 구성하는 상황 정의 속에서 이슈 수업에 대한 이해와 기대를 형성한다. 이런 점에서 수업 중 무심코 하는 정치적 발언도 교사의 의도와는 무관하게 이슈 수업의 맥락에 대한 학생들의 상황 정의에 영향을 미칠 수 있으며, 그에 따라 학생들이 이슈 수업에서의 행동 양상을 결정한다는 점에서 매우 중요한 의미를 갖는다.

2) 제언 및 시사점

학교에서 이루어지는 이슈 수업의 쟁점들에 대한 학생들의 목소리를 귀납적으로 분석한 결과, 정치·사회적 이슈 수업과 관련하여 학생들이 자신의 정치적 의견 형성 가능성에 대한 기대와 함께 교사에 의해 그 과정이 왜곡될 수 있다는 우려를 동시에 갖고 있음이 드러났다. 학생들이 갖는 우려의 실체는 '교실 공간의 정치성 발현'으로 압축될 수 있다.

이슈 수업의 쟁점에 대해 다룬 기존 연구들은 주로 당위적 방향성을 제시하거나, 쟁점에 대한 교사들의 의견을 확인하는 데 초점을 두었다(구정화, 2003, 2009; 노경주, 2000; 오연주, 2014; 조영제, 1998). 많지는 않지만 학생들의 의견을 조사한 경우에도 이슈 수업 전반에 대한 인식이나 교사 역할에 대한 선호 여부 등과 관련한 정보는 제공했으나(구정화, 1999; 박윤경·이승연, 2015b; 오연주, 2010), 정치·사회적 이슈 수업에 대한 학생들의 기대와 우려의 실체를 총체적으로 파악하는 데는 어려움이 있었다. 앞서 5부에서 제시한 바와 같이, 최근 학생들에게 정치·사회적 이슈 수업이 "비대립적 대화를 통한 정치적 의견 형성의 장"의 의미를 가질 수 있다는 연구 결과가 제시되었으나(박윤경, 2020), 다른 한편으로 학교 수업에서 정치·사회적 이슈를 다루는 것이 왜 민감한 일이며 무엇이 이러한 민감성을 만들어 내는지에 대해서는 드러내지 못했다. 이 연구 결과는 바로 이 지점을 포착해 냈다는 점에서 선행 연구와 차별성을 갖는다.

연구 결과를 바탕으로 학교 이슈 수업과 관련하여 다음과 같은 시사점을 추출할 수 있다.

첫째, 학교 이슈 수업과 관련하여 교육 주체들의 적극성을 넘어선 민감성 제고가 필요하다. 이 연구에서 학생들은 학교 수업에서 정치·사회적 이슈를 다루는 것에 대해 긍정적으로 생각하면서도, 교사의 영향이나 학생 간 대립 상황에 대해서는 우려하고 있는 것으로 나타났다. 이는 학교 수업에서 이슈 다루기가 갖는 가능성과 민감성을 동시에 보여 주는 것이다. 학교와 교사는 정치·사회적 이슈가 교실에 들어오면서 갖게 되는 교육적, 정치적 의미에 대해 생각해 볼 필요가 있다. 또한 교실에 있는 학생 및 그 가정 배경의 정치적 다양성에 대해서도 고려해야 한다. 이런 점에서 이슈 수업의 소재를 선정하고, 그 소재를 다루는 방식 등에 대한 의사 결정을 할 때 좀 더 섬세한 접근이 필요하다. 이때 중요한 것은 수업 기법의 문제가 아니라 수업 지향성의 문제이다. 이슈 학습의 목표는 '하나의 유일한 모델'로서의 특정 정치적 성향을 가진 시민을 길러 내는 것이 아니라, 민주 사회의 운영 원리를 체득한 바탕 위에 자신의 정치적 지향성을 스스로 찾아갈 수 있는 기회를 제공하는 데 있다. 즉 이슈 수업은 학생을 '교사의 복사판'으로 만드는 과정이 아니라 '주체성을 지닌 정치적 시민'으로 만드는 과정이라는 점에 대한 교육적 공유 과정이 필요하다.

둘째, 정치·사회적 이슈에 대해 다룰 때 교사의 복합적인 역할에 대한 고민이 필요하다. 이 연구에서 드러난 바와 같이 이슈 수업에서 학생들이 기대하는 교사의 역할은 정답 판정자가 아니라 '중립적 기회 제공자, 사고 촉진자, 토론 안내자'이다. 그러나 다른 한편으로 학생들은 교사를 통해 우리 사회의 합의된 질서나 문화, 시민적 가치를 확인하고자 하는 의사도 강하다. 사회적 이슈라 할지라도 모두 논쟁적인 것이 아니라 그 안에 어떤 합의 가능한 지점, 즉 학교 교육에서 명시적으로 안내해야 할 지점이 있다고 보는 것이다. 이런 점에서 교사는 이슈의 특성에 따라 때로는 중립적 안내자, 때로는 방향 제시자로서의 역할을 수행할 수 있어야 한다.

셋째, 학문적 공동체에서 정치·사회적 이슈에 접근하는 최소 수준의 합의점에 대한 가이드라인을 학교 현장에 제공할 필요가 있다. 기실 사회적 현안에 대해 어느 정도까지 합의가 가능한 수준인가를 학교와 개별 교사가 결정하도록 맡기는 것은 '공교육의 책임을 전가'하는 것일 수 있다. 예를 들어 젠더 폭력과 관련하여 학생들의 일상에서 통용되는 혐오 발언에 대한 교육적 지침을 제공할 필요가 있다. 학교 현장은 실시간으로 사회에 노출되어 있는데, 이론 및 학문적 연구는 이를 뒤따라갈 뿐 시의적절한 시점에 교사들이 참고할 수 있는 가이드라인을 제공하기는 어렵다. 이 점에서 해외 학회들이 당면 이슈에 대한 입장을 제시하는 점은 시사하는 바가 크다. 학술적 논의가 이루어지기 전이라도 교과 교육 및 연구 공동체 내부의 발 빠른 논의와 검토를 거쳐서 당면 현상을 바라보는 최소 수준의 합의점을 제시함으로써, 학교 현장 일선에서 이러한 논쟁적 상황과 정면으로 맞서고 있는 교사들을 도울 필요가 있다. 이와 함께 교과 간 협의체에서 숙의를 거쳐 일종의 가이드라인을 제시할 필요가 있다. 이런 방식으로 축적된 지침들을 통해 한국의 교육 현장에서 수용 가능한 최소 수준의 공통 원칙이 마련될 수 있을 것이다.

넷째, 이 연구에 참여한 학생 중 일부는 이슈 수업의 실제성에 대해 의문을 표시하고, 교실의 정치적 분위기를 우려하거나 교육과정과의 연계 속에서 이루어질 필요가 있다는 의견을 제시하기도 했다. 이런 점에 비추어 이슈 수업은 교육과정과의 긴밀한 연계 속에서 이루어질 필요가 있으며, 이슈를 다루는 상황의 정치적 민감성에 대한 사려 깊은 접근이 요청됨을 알 수 있다. 특히 학생들의 부정적인 경험으로부터 비롯된 합리적 의심과 우려 못지않게, 이슈 학습에 대한 학습된 무력감 또는 낮은 효능감을 어떻게 개선할 수 있을지에 대한 고민이 필요하다. 한 가지 긍정적인 신호는 이슈 토론 참여에서의 긍정적인 경험이 이런 효능감 제고에 도움이 될 가능성이 있다는 점이다(박윤경, 2020). 결국 학생들의 '학습된 무력감'을 '학습된 효능감'으로 전환할 가능성을 발견할 수 있다.

학교 교실은 그 자체로 정치적으로 양극화된 우리 사회의 축소판일 수 있으며, 시민 사회 구성원으로서 학생들은 정치적으로 다원적인 의견을 형성해 가고 있다. 학교 이슈 수업도 사회적 합의도가 높은 객관적인 사실 정보 전달의 성격을 넘어서고 있다. 교실 수업에서 교사와 학생이 주고받는 것이 지식의 전수를 넘어선 개인의 신념과 가치관에 기초한 '의견의 영역'으로 넘어가는 순간, 그리고 이 의견이 개인의 정치적 성향이나 이념과 관련되어 있는 이상 교실에서의 모든 교육적 행위는 일종의 정치적 뉘앙스를 가진 행위가 될 수 있다. 이런 점에서 학교와 교사가 보기에 당연한 지식과 정보가 학생과 학부모, 그리고 사회적 관점에서는 논란의 여지가 있는 문제로 보일 수 있다.

민주적인 사회에서 학교는 상급 학교 진학을 준비하는 기관으로서 정답과 오답이 분명한 지식을 다루며 옳고 그름의 최종 판단자 역할을 담당하는 곳이 아니라, 학생 스스로 사회적 이슈의 성격과 의미를 파악하고 의사 결정하는 역량을 가진 시민으로 성장할 수 있도록 돕는 민주시민교육기관으로서의 역할을 담당해야 한다. 이때 교사는 더 이상 '정답의 최종 판정자'가 아니라 생각하고 논의할 수 있는 '기회 제공자, 사고 촉진자, 안내자'로서의 역할을 담당해야 한다. 따라서 학교는 가르치는 주제와 가르치는 방식, 가르칠 내용 및 결론에 대한 관행을 유보하고, 사회적으로 복잡미묘한 상황에서 학교와 교사가 취할 바람직한 입장과 역할에 대해 끊임없이 논의해야 할 것이다.

참고문헌

1부

강영혜·양승실·유성상·박현정(2011). 민주 시민교육 활성화 방안 연구(연구보고서). 한국교육개발원.

구정화(1999). 사회과 학업수준별 논쟁문제 인식 및 수업에 관한 연구. 시민교육연구, 29, 1-16.

_____(2003). 초등 교사가 인식한 사회과 수업환경과 논쟁문제 수업. 시민교육연구, 35(1), 1-21.

_____(2009). 쟁점 중심 사회과교육 관련 연구의 동향: 2000년대 '시민교육연구'와 '사회과교육' 학회지를 중심으로. 시민교육연구, 41(1), 1-20.

김성연(2015). 정치적 태도와 인식의 양극화, 당파적 편향, 그리고 민주주의-2012년 대통령 선거 패널 데이터 분석. 민주주의와 인권, 15(3), 459-491.

김왕근(1995). 시민성의 두 측면: 형식으로 보는 관점과 내용으로 보는 관점. 시민교육연구, 25, 61-72.

노경주(2000). 초등 사회과에서의 쟁점중심교육. 시민교육연구, 31, 83-107.

박상훈(2015). 한국의 정치 양극화: 행태, 기원, 그리고 구조. 문학과 사회, 28(1), 294-313.

박윤경(2006). 사회과 교과서에서 사회적 논쟁 문제를 다루는 방식: 호주제를 중심으로. 시민교육연구, 38(2), 67-100.

_____(2020). 정치사회적 이슈 스토리 기반 토론에 대한 초중고 학생들의 반응 분석: 학교 민주시민교육에의 시사점. 시민교육연구, 52(2), 155-196.

박윤경·박정서(2018). 사회과 이슈 스토리 기반 학습 자료 개발. 시민교육연구, 50(4), 77-101.

박윤경·이승연(2015a). 초등학생의 정치·사회적 이슈 대화 및 토론 경험 분석: 청소년 시민성 교육에의 시사점. 시민교육연구, 47(1), 89-120.

_____(2015b). 초·중·고 학생들의 정치·사회적 이슈 및 이슈 토론 관련 인식 조사: 학교 시민 교육에의 시사점. 시민교육연구, 47(2), 53-84.

_____(2016). 사회과 이슈 학습 주제 영역에 대한 초·중·고 학생들의 선호 분석. 사회과교육, 55(4), 131-157.

박윤경·조영달(2020). 학교 수업에서 정치사회적 이슈를 다룬다는 것의 의미 이해: 서울 지역 중·고등학생들에 대한 질적 사례 연구. 시민교육연구, 52(4), 63-99.

오연주(2005). 공공쟁점 중심 사회과의 이념적 다면성. 사회과교육, 44(4), 111-127.

_____(2014). 공공쟁점 토론학습에서 논쟁성의 실천적 의미: 쟁점의 논쟁성과 사회과 교사의 역할 지향성 관계. 시민교육연구. 46(2). 201-227.

오연주·김종훈(2012). 공공쟁점 수업 참여 학습자의 토론에 대한 인식 변화. 시민교육연구, 44(2), 101-127.

이광성(2002). 교사의 역할에 따른 논쟁문제 학습의 효과 연구. 시민교육연구, 34(1), 229-250.

이윤호(2003). 논쟁적 경제문제의 기본적 쟁점구조. 시민교육연구, 35(2). 71-94.

장철준(2020). 정치적 양극화 시대의 표현의 자유-참여민주주의를 위한 기능적 가치 회복을 위하여. 사법, 1(51), 111-140.

정동준(2018). 2018년 지방선거 이후 유권자들의 정치적 양극화: 당파적 배열과 부정적 당파성을 중심으로. Oughtopia, 33(3), 143-180.

조영제(1998). 자유주의와 논쟁문제 학습. 시민교육연구, 27, 191-208.

차경수(1994). 사회과 논쟁문제의 교수 모형. 사회와 교육, 19(1), 225-250.

_____(2000). 현대의 사회과교육. 서울: 학문사.

한국교육개발원 보도자료(2020.02.17.). 초·중등학교 민주시민교육 어떻게 할 것인가?. 「학교 민주시민교육의 방향과 과제」연구결과 발표.

Andolina, M. W., Jenkins, K., Zukin, C., & Keeter, S. (2003). Habits from home, lessons from school: Influences on youth civic development. *PS: Political Science and Politics,* 36(2), 275-280.

Avery, P. G., Levy, S. A., & Simmons, A. M. M. (2013). Deliberating controversial public issues as part of civic education. *The Social Studies,* 104(3), 105-114. DOI: 10.1080/00377996.2012.691571.

Evans, R. W., Avery, P. G., & Pederson, P. (2000). Taboo topics: Cultural Restraint on Teaching Social Issues. *The Clearing House,* 73(5), 295-301.

Evans, R. W., Newmann. F., & Saxe. D. W. (1996). Defining issues-centered education. In R. W. Evans & D. W. Saxe (Eds.), *Handbook on teaching social issues. NCSS Bulletin 93* (pp. 12-15). Institutional Council for the Social Studies, Washington, D.C.

Gutmann, A. & Ben-Porath, S. (2015). Democratic education. In M. T. Gibbons (Ed.), *The Encyclopedia of Political Thought* (pp. 1-13). New York: John Wiley & Sons, Ltd.

Hahn, C. L. (1991). Controversial issues in social studies. In J. Shaver (Ed.), *Handbook of research on social studies teaching and learning* (pp. 470-480). New York, NY: Macmillan.

_____ (2010). Issues-centered pedagogy and classroom climate for discussion: A view from the United States. In K. J. Kennedy, W. O. Lee, & D. L. Grossman (Eds.), *Citizenship pedagogies in Asia and the Pacific* (pp. 315-331). Hong Kong: Comparative Education Research Centre, The University of Hong Kong: Springer.

Hess, D. E. (2004). Discussion in social studies: Is it worth the trouble?. *Social Education,* 68(2), 151-155.

_____ (2009). *Controversy in the classroom: The democratic power of discussion.* New York, NY: Routledge.

Hess, D. & Posselt, J. (2002). How high school students experience and learn from the discussion of controversial public issues. *Journal of Curriculum and Supervision,* 17(4), 283-314.

Hibbing, J. & Theiss-Morse, E. (2002). *Stealth democracy: Americans' beliefs about how government should work.* University Press: Cambridge, UK.

Hunt, M. P., & Metcalf, L. E. (1996). Rational inquiry on society's closed area. In W. C. Parker (Ed.), *Educating the democratic mind*, (pp. 97-116), Albany, NY: State University of New York Press.

Kelly, T. E. (1986). Discussing controversial issues: Four perspectives on the teacher's role. *Theory and Research in Social Education,* 14(2), 113-138.

McAvoy, P., & Hess, D. (2013). Classroom deliberation in an era of political polarization. *Curriculum Inquiry,* 43(1), 14-47.

McIntosh, H., Hart, D., & Youniss, J. (2007). The Influence of family political discussion on youth civic development: Which parent qualities matter?. *PS: Political Science and Politics,* 40(3), 495-499.

Mills, C. W. (1959, 2000). *The sociological imagination.* New York, N.Y. : Oxford University Press, Inc.

Ochoa-Becker, A. S. (2007). *Democratic education for social studies: Issues-centered decision making curriculum.* Greenwich, CT: Information Age Publishing, INC.

Oliver, D. W., & Shaver, J. P. (1966). *Teaching public issues in the high school.* Boston, MA: Houghton Milffin Co.

Sheppard, S., Ashcraft, C., & Larson, B. E. (2011). Controversy, citizenship, and counterpublics: Developing democratic habits of mind. *Ethics and education,* 6(1), pp. 69-84.

Torney-Purta, J., Lehmann, R., Oswald, H., & Schultz, W. (2001). *Citizenship and education in twenty-eight countries: Civic knowledge and engagement at age fourteen.* Amsterdam: International Association for the Evaluation of Educational Achievement.

2부

교육부(1997). 사회과 교육과정. 교육부 고시 제 1997-15호 [별책 7].

권미영·조철기(2012). 한·영 지리 교과서에 나타난 다문화교육 내용 분석: 인구 관련 단원을 중심으로. 한국지리환경교육학회지, 20(2), 33-44.

김경란(1998). 한국 고등학교 지리교과서에 반영된 인구교육의 분석. 전남대학교 석사학위논문.

김경희(2004). 호주제 폐지의 논쟁과 전망. 여성과 사회, 15, 379-392.

김범주·최병모·최인화·전석재(2005). 고등학교 법과 사회. 서울: 교학사.

_____(2006). 고등학교 법과 사회. 서울: 교학사.

김태헌·권상수·권부경(2001). 제4차 교육과정 이후 고등학교 사회과 교과서의 인구교육 내용 변화 비교. 사회과교육연구, 8, 133-155.

김태헌·박강용·권부경·강정애·이수영(2006). 저출산 시대에 대비하는 중학교 교과서의 인구 관련 내용 개선 방향. 교육과정평가연구, 9(2), 231-260.

김태헌·손병노·박선웅·박강용·유종렬(2005). 고등학교 사회·문화. 서울: 금성출판사.

노경주·이성권·여희수·구정화·조영제·유후봉·주은옥·김현진·서범석(2005). 고등학교 사회·문화. 서울: 천재교육.

민주사회를위한변호사모임(2003). 호주제 폐지를 위한 소송 백서. 서울: 민주사회를 위한 변호사모임.

박강용(2006). 저출산 시대에 대비한 사회과 교육의 방향 모색. 사회과교육연구, 13(1), 51-78.

박성혁·김현철·곽한영(2006). 청소년의 법과 생활. 서울: 대한교과서.

박윤경(2001). 제7차 교육과정 중학교 사회과 교과서 채택 과정에 대한 연구. 시민교육연구, 33, 109-139.

_____(2006). 사회과 교과서에서 사회적 논쟁 문제를 다루는 방식: 호주제를 중심으로. 시민교육연구, 38(2), 67-100.

_____(2012). 초등학교 사회 교과서의 인구 교육 내용 분석. 한국지리환경교육학회지, 20(2), 1-18.

_____(2013). 미국 초등학교 사회 교과서의 인구 교육 내용 분석: 사회과 인구 교육에의 시사점 도출. 시민교육연구, 45(4), 67-100.

법제사법위원회(2005). 민법일부개정법률안. 국회 법제사법위원회.

양현아(2002). 호주제도 위헌소송에 관한 법사회학적 고찰: '가족'의 변화를 중심으로. 한국사회학, 36(5), 201-229.

여성부(2005). 호주제 폐지. 여성부 홈페이지 탑재 자료.

옥일남(2003). 사회과 수업의 상호 작용에서 나타나는 학생 소외 연구. 서울대학교 박사학위 논문.

윤인경·남상준·차우규·조병은·신효식·권리라(2007). 저출산, 고령화 사회에 대비한 학교 교육의 목표 및 교육 구성에 관한 연구. 직업교육연구, 26(2), 89-104.

윤인경·박선영(2007). 저출산, 고령화 사회와 관련한 가정 교과 교과서 분석. 직업교육연구, 26(1), 180-199.

이재경(2004). 가족에 대한 정의는 필요한가?. 여성단체연합 심포지움 자료집.

이혁규(1996). 중학교 사회과 교실 수업에 대한 일상생활기술적 사례 연구. 서울대학교 박사학위 논문.

이희연(2003). 인구학: 인구의 지리학적 이해. 서울: 법문사.

전숙자·권태환·김용학·이문웅(2005). 고등학교 사회·문화. 서울: 교학사.

전숙자·권태환·김용학·이문웅(2006). 고등학교 사회·문화. 서울: 교학사.

조영달(2001). 한국 중등학교 교실 수업의 이해. 서울: 교육과학사.

최정윤(2006). 사회과 교육에서 성차별적 태도의 재생산 메커니즘 분석. 서울대학교 박사학위논문.

최현섭·전경수·천희완·박인호·박현희(2005). 고등학교 사회·문화. 서울: 중앙교육진흥연구소.

추병완(2010). 저출산, 고령화 사회에서 가족친화적 가치교육 방안. 초등도덕교육, 34, 225-250.

한국교원대학교 국정도서사회편찬위원회(2012a). 사회 4-1 초등학교 교사용 지도서.

_____(2012b). 사회 6-1 초등학교 교사용 지도서.

헌법재판소(2005). "헌법재판소판결문(2005.02.03.2004헌가5)".『헌법재판소판례집』.

황인표(2007). 학교 인구교육과 도덕과 교육과정. 도덕윤리과교육, 24, 63-86.

American Textbook Council (2012). *Widely adopted history textbooks*, http://www.history-textbooks. org/adopted.htm (2013.4.15.).

Barr, R. D., Barth, J. L., & Shermis, S. S. (1977). *Defining the social studies*. National Council for the Social Studies.

Berg, B. L. (1995). *Qualitative research methods for the social sciences* (2nd ed). Allyn and Bacon.

Bogdan, R. C., & Biklen, S. K. (1998). *Qualitative research for education: An introduction to theory and methods*. MA: Allyn and Bacon.

Bovill, C., & Leppard, M. (2006). Population policies and education: Exploring the contradictions of neo-liberal globalization. *Globalisation, Societies and Education, 4*(3), 393-414.

Brunswic, B. (1993). Editorial: Population education. *International Review of Education, 39*(1-2), 1-4.

Clarke, J. I. (1993). Education, population, environment and sustainable development. *International Review of Education, 39*(1-2), 53-61.

Crews, K. A. (1993). Population education in the USA. *International Review of Education, 39*(1-2), 136-142.

Education Commission of the States (2005). *State textbook adoption*. https://www.ecs.org/clearinghouse/57/75/5775.htm (2013.4.15).

Kelly, T. E. (1986). Discussing controversial issues: Four perspectives on the teachers' role. *Theory and Research in Social Education, 14*(2), 113-138.

Moor, J. (2008). Numbers, numbers, numbers: The role of population studies in social studies and global education. *The Social Studies*, July/August, 155-160.

Peer, C. V. (2006). Education on population matters in Europe: Results from a comparative survey among students in five European countries. *Compare, 36*(1), 105-123.

Population Reference Bureau (2011). *PRB's Population Handbook*(6th ed.).

Rath, F. J. C. M. (1993). Population problems: A constituent of general culture in the 21st century, *International Review of Education, 39*(1-2), 5-13.

Ratner, B. D. (2004). Equity, efficiency, and identity: Grounding the debate over population and sustainability. *Population Research and Policy Review, 23*, 55-71.

Sikes, O. J., Palacio, J., & Kerr, B. (1993). Key non-controversial concept of population education. *International Review of Education, 39*(1-2), 31-36.

UNESCO (1978). *Population education: A contemporary concern: International Study of the Conceptualization and Methodology of Population Education* (ISCOMPE).

Viola, H. J., Jennings, C., Bednarz, S. W., Schug, M.C., Cortes, C.E., & White, C. S. (2005a). *Houghton Mifflin social studies: Communities*. Boston: Houghton Mifflin Company.

_____ (2005b). *Houghton Mifflin social studies: Sates and Regions*. Boston: Houghton Mifflin Company.

_____ (2005c). *Houghton Mifflin social studies: United States History*. Boston: Houghton

Mifflin Company.

Wasserman, P. (2011). Our world of 7 billion: Population studies in today's social studies classroom. *Social Education*, 75(5), 274-276.

3부

강영혜·양승실·유성상·박현정(2011). 민주 시민교육 활성화 방안 연구. 한국교육개발원.
구정화(1999). 사회과 학업수준별 논쟁문제 인식 및 수업에 관한 연구. 시민교육연구, 29, 1-16.
_____(2003). 초등 교사가 인식한 사회과 수업환경과 논쟁문제 수업. 시민교육연구, 35(1), 1-21.
_____(2009). 쟁점 중심 사회과교육 관련 연구의 동향: 2000년대 '시민교육연구'와 '사회과교육' 학회지를 중심으로. 시민교육연구, 41(1), 1-20.
_____(2010). 초등학생의 논쟁문제 인식에 관한 연구. 사회과교육, 49(1), 1-13.
김태준·전인식·변종임·장혜승·반재천·조영하(2011). 한국 청소년의 시민역량 국제비교 연구: 국제시민교육연구(ICSS) 참여. 한국교육과정평가원.
노경주(2000). 초등 사회과에서의 쟁점중심교육. 시민교육연구, 31, 83-107.
모경환·김명정·송성민(2010). 한국 청소년의 시민의식 조사 연구. 시민교육연구, 42(1), 77-101.
박윤경·이승연(2015a). 초등학생의 정치·사회적 이슈 대화 및 토론 경험 분석: 청소년 시민성 교육에의 시사점. 시민교육연구, 47(1), 89-120.
_____(2015b). 초·중·고 학생들의 정치·사회적 이슈 및 이슈 토론 관련 인식 조사: 학교 시민 교육에의 시사점. 시민교육연구, 47(2), 53-84.
손경애·이혁규·옥일남·박윤경(2010). 한국의 민주시민교육. 서울: 동문사.
윤인진·송영호(2011). 한국인의 국민정체성에 대한 인식과 다문화 수용성. 통일문제연구, 55, 143-192.
이광성(2002). 교사의 역할에 따른 논쟁문제 학습의 효과 연구. 시민교육연구, 34(1), 229-250.
이종원·김영인(2009). 세대간 의식구조 비교를 통한 미래사회 변동전망 II: 사회·정치 의식 및 참여를 중심으로. 한국청소년개발원.

Riessman, C. K. (2008). *Narrative methods for the human sciences*. Thousand Oaks, CA: Sage publications, Inc.
Rossi, J. A., & Pace, C. M. (1998). Issues-centered instruction with low achieving high school students: The dilemmas of two teachers. *Theory and Research in Social Education*, 26(3), 380-409.

4부

강영혜·양승실·유성상·박현정(2011). 민주 시민교육 활성화 방안 연구(연구보고서). 한국교육개발원.

구정화(1998). 사회과 논쟁문제 수업에 관한 연구. 시민교육연구, 27, 167-190.

_____(1999). 사회과 학업수준별 논쟁문제 인식 및 수업에 관한 연구. 시민교육연구, 29(1), 1-16.

_____(2000). 사회과 논쟁문제 수업에서의 성 차이, 사회과교육, 33, 137-152.

_____(2003). 초등 교사가 인식한 사회과 수업환경과 논쟁문제 수업. 시민교육연구, 35(1), 1-21.

_____(2009). 쟁점 중심 사회과교육 관련 연구의 동향: 2000년대 '시민교육연구'와 '사회과교육' 학회지를 중심으로. 시민교육연구, 41(1), 1-20.

_____(2010). 초등학생의 논쟁문제 인식에 관한 연구. 사회과교육, 49(1), 1-13.

_____(2011). 사회과 쟁점 토론수업에서 금기주제 수용성 연구, 사회과교육, 50(1), 53-68.

노경주(2000). 초등 사회과에서의 쟁점중심교육. 시민교육연구, 31, 83-107.

_____(2009). 시민 교육을 위한 쟁점 협상 모형에 관한 연구. 시민교육연구, 41(2), 73-95.

박윤경(2020). 정치·사회적 이슈 스토리 기반 토론에 대한 초중고 학생들의 반응 분석: 학교 민주 시민교육에의 시사점. 시민교육연구, 52(2), 155-196.

박윤경·박정서(2018). 사회과 이슈 스토리 기반 학습 자료 개발. 시민교육연구, 50(4), 77-101.

박윤경·이승연(2015a). 초등학생의 정치·사회적 이슈 대화 및 토론 경험 분석: 청소년 시민성 교육에의 시사점. 시민교육연구, 47(1), 89-120.

_____(2015b). 초·중·고 학생들의 정치·사회적 이슈 및 이슈 토론 관련 인식 조사: 학교 시민 교육에의 시사점. 시민교육연구, 47(2), 53-84.

_____(2016). 사회과 이슈 학습 주제 영역에 대한 초·중·고 학생들의 선호 분석. 사회과교육, 55(4), 131-157.

박인기(2011). 스토리텔링과 수업 기술. 한국문학논총, 59, 411-435.

박지숙(1999). 사회과 웹 기반 토론수업 모형 개발에 관한 연구. 서울대학교 대학원 석사학위청구 논문.

오연주(2010). 공공쟁점 사회과 토론수업에서 학생들은 왜 말하지 않는가? 사회과교육, 49(2), 121-136.

_____(2014). 공공쟁점 토론학습에서 논쟁성의 실천적 의미: 쟁점의 논쟁성과 사회과 교사의 역할 지향성 관계. 시민교육연구. 46(2). 201-227.

오연주·김종훈(2012). 공공쟁점 수업 참여 학습자의 토론에 대한 인식 변화. 시민교육연구, 44(2), 101-127.

은지용(2001). 반성적 사고력 함양을 위한 쟁점중심 교육과정 시안 개발 -범위와 계열을 고려한 내용 선정 및 조직을 중심으로. 시민교육연구, 33, 245-268.

이광성(2002). 교사의 역할에 따른 논쟁문제 학습의 효과 연구. 시민교육연구, 34(1), 229-250.

임경수(2007). 교육주체자들의 금기주제 토론수업 수용성 비교 분석. 사회과교육연구. 14(2). 161-191.

차경수(1994). 사회과 논쟁문제의 교수모형. 사회와 교육, 19(1), 225-250.

_____(2000). 현대의 사회과교육. 서울: 학문사.

홍서영(2015). 초등학교 사회과 프로젝트 학습을 위한 스토리텔링 기반 학습 설계 및 적용 가능성 모색. 사회과교육, 54(2), 49-63.

Andolina, M. W., Jenkins, K., Zukin, C., & Keeter, S. (2003). Habits from home, lessons from school: Influences on youth civic development. *PS: Political Science and Politics,* 36(2), 275-280.

Egan, K. (1986). *Teaching as story telling: An alternative approach to teaching and curriculum in the elementary school.* Chicago: University of Chicago Press.

Ellis, G., & Brewster, J. (1991). *The storytelling handbook for primary teachers.* London: Penguin Books.

Evans, R. W. (2007). *This happened in America: Harold Rugg and the censure of social studies.* Charlotte, NC: Information Age Publishers.

Evans, R. W., Avery, P. G., & Pederson, P. (2000). Taboo topics: Cultural Restraint on Teaching Social Issues. *The Clearing House,* 73(5), 295-301.

Evans, R. W., Newmann. F., & Saxe. D. W. (1996). Defining issues-centered education. In R. W. Evans & D. W. Saxe (Eds.), *Handbook on teaching social issues. NCSS Bulletin 93* (pp. 12-15). Institutional Council for the Social Studies, Washington, D.C.

Hahn, C. L. (1991). Controversial issues in social studies. In J. Shaver (Ed.), *Handbook of research on social studies teaching and learning* (pp. 470-480). New York, NY: Macmillan.

Hess, D. E. (2004). Discussion in social studies: Is it worth the trouble?. *Social Education,* 68(2), 151-155.

_____ (2009). *Controversy in the classroom: The democratic power of discussion.* New York, NY: Routledge.

Hunt, M. P., & Metcalf, L. E. (1996). Rational inquiry on society's closed area. In W. C. Parker (Ed.), *Educating the democratic mind* (pp. 97-116). Albany, NY: State University of New York Press.

Lauritzen, C., & Jaeger, M. J. (1997). *Integrating learning through story: The narrative curriculum.* Boston: Delmar Publishers.

Mclntosh, H., Hart, D., & Youniss, J. (2007). The Influence of family political discussion on youth civic development: Which parent qualities matter?. *PS: Political Science and Politics,* 40(3), 495-499.

Newmann, F. M., & Oliver, D. (1970). *Clarifying public controversy: An approach to social studies.* Boston, ma: Little, Brown.

Ochoa-Becker, A. S. (2007). *Democratic education for social studies: Issues-centered decision making curriculum.* Greenwich, CT: Information Age Publishing, INC.

Oliver, D. W., & Shaver, J. P. (1966). *Teaching public issues in the high school.* Boston, MA: Houghton Milffin Co.

Onosko, J. J., & Swenson, L. (1996). Designing issue-based unit plans. In R. W. Evans & D. W. Saxe (Eds.), *Handbook on teaching social issues. NCSS Bulletin 93* (pp. 89-98). Institutional Council for the Social Studies, Washington, D.C.

Rugg, H. O. (1939). Curriculum design in the social sciences: What I believe, pp. 140-158.

In J. Michener (ed.), *The Future of the Social Studies*. Cambridge, MA: National Council for the Social Studies.

Woolever, R. M., & Scott, K. P. (1988). *Active learning in social studies: Promoting cognitive and social growth*. Glenviw, Illinois: Scott, Foresman and Company.

5부

박윤경(2020). 정치·사회적 이슈 스토리 기반 토론에 대한 초중고 학생들의 반응 분석: 학교 민주시민교육에의 시사점. 시민교육연구, 52(2), 155-196.

박윤경·이승연(2015a). 초등학생의 정치·사회적 이슈 대화 및 토론 경험 분석: 청소년 시민성 교육에의 시사점. 시민교육연구, 47(1), 89-120.

Hess, D. E. & McAvoy, P. (2015). *The political classroom: Evidence and ethics in democratic education*. New York, NY: Routledge.

6부

구정화(1999). 사회과 학업수준별 논쟁문제 인식 및 수업에 관한 연구. 시민교육연구, 29, 1-16.

_____(2003). 초등 교사가 인식한 사회과 수업환경과 논쟁문제 수업. 시민교육연구, 35(1), 1-21.

_____(2009). 쟁점 중심 사회과교육 관련 연구의 동향: 2000년대 '시민교육연구'와 '사회과교육' 학회지를 중심으로. 시민교육연구, 41(1), 1-20.

노경주(2000). 초등 사회과에서의 쟁점중심교육. 시민교육연구, 31, 83-107.

박윤경(2004). 사회과 교실 수업의 변화에 대한 사례 연구. 교육인류학연구, 7(1), 1-36.

_____(2020). 정치사회적 이슈 스토리 기반 토론에 대한 초중고 학생들의 반응 분석: 학교 민주시민교육에의 시사점. 시민교육연구, 52(2), 155-196.

박윤경·이승연(2015a). 초등학생의 정치·사회적 이슈 대화 및 토론 경험 분석: 청소년 시민성 교육에의 시사점. 시민교육연구, 47(1), 89-120.

_____(2015b). 초·중·고 학생들의 정치·사회적 이슈 및 이슈 토론 관련 인식 조사: 학교 시민 교육에의 시사점. 시민교육연구, 47(2), 53-84.

박윤경·조영달(2020). 학교 수업에서 정치사회적 이슈를 다룬다는 것의 의미 이해: 서울 지역 중·고등학생들에 대한 질적 사례 연구. 시민교육연구, 52(4), 63-99.

오연주(2010). 공공쟁점 사회과 토론수업에서 학생들은 왜 말하지 않는가?, 사회과교육, 49(2), 121-136.

_____(2014). 공공쟁점 토론학습에서 논쟁성의 실천적 의미: 쟁점의 논쟁성과 사회과 교사의 역할 지향성 관계. 시민교육연구, 46(2). pp. 201-227.

이쌍철·김미숙·김태준·이호준·김정아·강구섭·설규주·임희진·이지미(2019). 한국 초·중등학교 민주시민교육 활성화를 위한 방향과 과제. 한국교육개발원 연구보고 RR 2019-04.

조영달(2015). 질적 연구 방법론 실제편: 학교와 수업 연구의 새 지평. 서울: 드림피그.

조영제(1998). 자유주의와 논쟁문제 학습. 시민교육연구, 27, 191-208.

한국일보(2019. 12. 18.). "학교에서 사회현안 교육 어떡하나" 인헌고 사태 계기로 교사들 토론회.
    https://www.hankookilbo.com/News/Read/201912171703775108(검색일: 2020. 11. 1.).

LeCompte, M. D. & Preissle, J. (1993). *Ethnography and qualitative design in educational research* (2nd Ed.). San Diego, CA.: Academic Press.

Merriam, S. B. (1988). *Case study research in education: A qualitative approach.* San Francisco, CA: Jossey-Bass Inc.

Miles, M. B. & Huberman, A. M. (1994). *Qualitative data analysis.* Thousand Oaks: Sage Publications.

Patton, M. Q. (2002). *Qualitative research and evaluation method* (3rd Ed.). Thousand Oaks, CA: Sage.

찾아보기